パスカルの宗教哲学

パスカルの宗教哲学

——『パンセ』における合理的信仰の分析——

道躰 滋穂子

知泉書館

凡　例

一　パスカルの著書の底本として下記の版を使用した。
　Pascal, *Œuvres Complètes*, éd. par Michel Le Guern, Gallimard, 2000,（OCG と略記）
ただし、『パンセ』の断章番号は同版のそれではなく、便宜上、下記の版の番号を用い、番号の前に「B.」の略語を付した。
　Pensées, *Œuvres de Blaise Pascal*, Hachette, Les Grands Écrivains de la France（GE と略記）, XII ~ XIV, 1925（通称、Brunschvicg 版）。
その他、必要に応じて下記の版を使用した。
　Blaise Pascal, *PENSÉES*, éd. par L. Lafuma, Éditions du Luxembourg, 1952.
　Blaise Pascal, *Œuvres Complètes*, Desclée de Brouwer, 1991（OC と略記）
一　パスカルの著作に関しては、必要に応じて、他版のページをも示すが、邦訳書のページは示さない。ただし『恩寵文書』に関してのみ、読者の便宜を考慮して、邦訳書『パスカル全集 二』（白水社、一九九四年）のページを示した。
一　パスカル以外の著作家の著書に関しては、読者の便宜を考慮して出来得るかぎり邦訳書のページを示した。
一　聖書からの引用は日本聖書協会刊『舊新約聖書』（一九七四年）に拠り、訳文を適宜変更した。「知恵の書」（旧約聖書読編）からの引用は日本聖公会出版部刊『アポクリファ』（一九七六年）により、訳文を適宜変更した。
一　引用文はすべて著者による試訳である。既約のあるものはできるかぎりこれを参考にした。
一　原則として、原著者からの直接引用文ならびに語句は〈〉に入れ、研究書からの引用文ならびに語句、および著者による強調語句とキーワードは「」に入れた。

目次

パスカルの宗教哲学

――『パンセ』における合理的信仰の分析――

序

（1）表題について

本書執筆の目的は『パンセ』を哲学的に読解するにあった。が、同書は無論いわゆる哲学書の類ではない。原著者にも哲学書を物する意志はなかった。とはいえ、同書が、形而上学（存在論）、認識論、論理学なき読者を拒絶する記述を少なからず内包するのも確かである。それればかりではない。『パンセ』は実のところ哲学的方法に貫かれた文書である。〈疑うべきところで疑い、確言すべきところで確言する〉のが〈理性〉の本分であるとは［Cf. B.268］まさに哲学の核心を衝く記述である。これは哲学の要諦である。事実パスカルは真理を探究するのに論理的推論を以ってした。すなわち哲学的方法を以ってした。が、最終的に、パスカルは理性に制限を設けた。理性の〈最後の働き（démarche）〉とは〈理性を超えた無数の事象の存在を認識し〉［B.267］、〈服従すべきところで服従するにある〉［B.268］と明言し、かかる認識に至らぬ理性の〈虚弱〉なるを喝破した［B.267］。事実、パスカルが論理的推理に依拠して到達したのは実に〈理性には案出し得ぬ〉［B.445］結論、「超自然的真理」［Cf. B.267］であった。「理性」に制限を設けぬ理性万能主義的哲学は「超自然」に対して無力である。「超理性」に関する論理的推論は回避するに如くはない。因って、「超理性的真理」の存在を受け入れ、同真理に対する理性の服従を説く時、パスカルは哲学を超出する。超出して、いわば「宗教哲学」の領域に進入する。本書を『パスカルの宗教哲学』と題した所以であるが、理由はそればかりではない。以下に本書の概要を示し、表題の謂れを明らかにしたい。

（2）『パンセ』執筆の目的について

数学、化学、物理学の分野で、幼少の頃から頭角を現わし、〈フランス全土ばかりか全ヨーロッパ〉で〈称賛〉[1]を博していたブレーズ・パスカルは、三十一歳の秋の一夜、突然、〈神〉からの「離隔」[2]を痛感する。〈イエズス・キリスト〉を〈避け、棄て、十字架につけた〉との実感を深くする。すなわち決定的「回心」を経験する。而して〈[…]確実さ、直覚（sentiment）、歓喜、平和〉の裡にあって、〈現世〉を脱却し、〈神ならぬ一切〉を〈忘却〉して生きる決意を固める。[3]所懐を羊皮紙に認《したた》め、密かに普段着の上着の内側に縫い付け、爾後、聖意に悖るなき生を貫くも、四年余りの激しい闘病生活の後、一六六二年八月十九日、三十九歳で生涯を閉じた。

死後、膨大な覚書が発見された。いずれも断片的な手控えで、「分綴」されてはいたが、「秩序」をも「脈絡」をも欠いていた。[4]集中極めて「明瞭」かつ「完成に近い」と判断される断片が選別され、加筆訂正なきまま、主題を同じくすると覚しき断片が同一の題目のもとにまとめられ、[5]一六七〇年、『パスカル氏の死後遺稿集中に発見されたる宗教ならびにその他の諸問題に関する思想集《パンセ》』と題して刊行された。通称『パンセ』なる書物がこれである。爾来、同書は漸次増補改定されたが、内容の多面性の故か、実に多種多様な解釈を許容する結果となった。が、いずれの解釈を採るにせよ、遺稿の大部分が「キリスト教護教論」のための覚書であったとの事実を忘れてはなるまい。

パスカルは決定的回心以前に、一定の哲学的素養のある富裕階級の良識人、通称「オネットム（honnête

homme)」［B.30, B.35, B.36, B.38, B.68］と親交を結んでいた。大概はキリスト教に〈堅固な論証（discours solides)〉を見出さず［Cf. B.259］、ために同教を〈軽蔑〉し、〈憎悪〉して［Cf. B.187］、これを〈捨て去った〉人々である。〈理性〉への忠誠を謳い、不信仰を理の当然と心得る［Cf. B.226］「自由思想家《リベルタン》」[6]もしくは〈無神論者〉［B.228, B.394, B.222; Cf. B.225］である。

パスカルにおける「キリスト教を措いて真理なし」との確信の根底には様々なる思想閲歴の経験があった。決定的回心の際の「覚書《メモリアル》」が示すように、「確実さ」は、内面の「平和」は、無自覚なる所与ではなかった。獲得物であった。〈不幸〉［Cf. B.389］の真因を知る者の眼に、己れの不幸を自覚せぬオネットムの不幸は歴然としていた。「キリスト教護教論」執筆は友人等の「不幸」に触発された企てであった。「幸福の追求」は万人共通の生の動因である。「幸福」はこれを獲得するための手段の違いを超えた共通の目的である[7]［Cf. B.425］。ところで、オネットムは〈普通の人間〉［B.259］ではない。〈考えたくないことを考えずに済ませられる〉「思考嫌い」ではない。思考の習慣を手放せず、思考禁止命令を喰らえば、無理にも思考せずにはいられぬ類の「理性人」である。「幸福」ばかりではない、〈何らかの真理の確信〉［B.389］ばかりではない、〈真理をも幸福をも希求せずには済まされぬ〉［B.437］寧日《ねいじつ》なき人士である。が、〈願望して得られぬ（vouloir et ne pouvoir)〉［B.389］のがオネットムの現実である。

パスカルは「キリスト教の真実性」の論証から始める。オネットムの「真理獲得の願望」［Cf. B.437］を叶え、〈〔真理を〕知り得ず、而してこれを知るのを欲せざるを得ぬ〉不幸［B.389］からの開放を目指す[8]。

実はパスカル自身懐疑主義に惑溺した経験を持つ。〈〔懐疑主義者〕モンテーニュに読み取れる一切〉を他ならぬ自己の裡に〈見出す〉［B.64］ほどまでに懐疑主義的傾向を顕著にした一時期を持つ。信仰なきオネットムが内心密かに〈恐れている〉のは軽蔑と憎悪の念を抱いて棄教した後にキリスト教の真実性を知解して己れの誤りを認めざるを得ない仕儀となることであるとの認識をパスカルに与えたのは自己の過去の経験である［Cf. B.241; B.187］。軽蔑と憎悪の病を〈癒やす〉［B.187］ためにはキリスト教の合理性すなわちその論理的な真実性を〈示す〉のが先決である。理性への忠誠を誇る者の理性が〈途方もなく〉［B.226］強力であるのは理の当然だからである。

とはいえ、パスカルは神学者ではない。言わば所与としての信仰に依拠してキリスト教の真実性を哲学的に論証するのは当人の役目ではない。パスカルはむしろ一見信仰とは無縁の事象の認識から出発する。人間の「何たるか」を論じるべく、その複雑な現実（＝結果）の精密な観察と正確な分析に基づく人間学研究から始める。人間の現状（＝結果）の原因を探求するべく、哲学者の諸説を精査する。また教説を吟味する。而してキリスト教による説明に唯一の合理性を見出す。かくてパスカルは「キリスト教のみが真である」との結論を引き出す。これは優れて哲学的な方法である。理性による真理探究こそが他ならぬ〈哲学の源泉〉[9]だからである。

（3）パスカルは哲学者か

『パンセ』には哲学蔑視の寸言が散見する。同書にあって、哲学論はその不可能性を語るための方便であり、哲学の持ち分は皆無である[10]と評されるほどである。〈哲学を愚弄すること、それが真に哲学することである〉[11]［B.4］。〈およそ哲学なるものが一時間の労に値するとは考えられぬ〉［B.79］等々。上記の科白を額面通りに受け取れば、なるほどパスカルは紛れもない反哲学者としての面貌を露わにする。誤読の余地はない。が、哲学を知らぬ哲学者が無意味であるのと同様に、哲学を知らずして反哲学者になるのは不可能である。反哲学的言辞は哲学に通じた者の特権である。アリストテレスの言い種ではないが、〈哲学はおよそ論証なるものの母[12]〉であり、仮に〈哲学すべからず〉の立場を採るとしても、〈〔その所以を知るためには〕哲学すべき〉であり、因って反哲学者はすべて〈明らかに哲学している〉のである。のみならず反哲学とは由来〈哲学の存在を拒む論証〉すなわち「哲学」に基づく立場だからである。

　果たして「パスカルは哲学者なり」と揚言する研究者は多数に上る[13]。その科学的論考がデカルトの精神と方法に貫かれているのは周知の事実だが[14]、「幾何学的精神について」や「真空論叙説」の如き小品も一貫してデカルト主義の立場を取り、別けても後者に見られる科学と理性の進歩に対する「信仰」表明ならびに理性称賛の弁はその傾向を鮮明にする。が、上記の研究者等の一致した見解によれば、決定的回心以後、ジャンセニウスとサン・シランの道徳律に「魅了」されたパスカルは「堅固な理性」に迷いを感じ、遂には内なるデカルト主義自体が「窒息」するのである。のみならず、決定的回心に至るまでのデカルト主義者が反デカルト主義者となり[15]、果ては全哲学の敵対者となるのである[16]。ところで、回心以前にプラトン哲学に傾倒したアウグスティヌスのように、キリスト者たるに先立って哲学者であったパスカルは[17]、デカルト哲学を「素直に」受け入れていたのであるが[18]、実は決定的回心以後もデカルト主義の一端を覗かせる時があった。「ガリレオの有罪判決ならびに専ら理性によって決定されるべき場での権威〔の介入〕に対する抗議[19]」を表明する「プロヴァンシャル第十八書翰」などはその一例である。『パンセ』に残された「物理学的・形而上学的デカルト主義の痕跡」も僅少ではない[20]。例えば「宇宙の無限性、霊魂の本質としての思考、思考するものであるが故に非延長である知性的霊魂、獣の自動性、一般的な意味での機械論」等の思考がデカルトの「多大なる影響」の下《もと》にあるのは明白である[21]。「デカルト的にして反デカルト的である[22]」若干の断章における「暗々たるデカルト主義」の表出については言うまでもない、云々。[23]

ところで、決定的回心の直後にパスカルと面談した神学者ド・サシは哲学に対するパスカルの〈専心〉[24]振りを証言しているが、対談中にはデカルトの名は出て来ない。話題もデカルト哲学とは無縁である。実は、パスカルの著作中「デカルトの精神と方法に貫かれた」論述を盾に取って「パスカル即哲学者」説を成すことにはそもそも無理がある。哲学者とは単に哲学的思想の受容者であるに止まらず己れの哲学の所有者たるを要するからである。

とはいえ、全体「哲学」とは何か。何を哲学と言うのか。それが問題である。哲学の定義がすでに問題である。実は〈最難問〉[25]に属する問題である。が、既述のように、次の一事は確かである。明証的事実である。「哲学」とは本来「理性」による「真理探究」の学である。正確な「窮理」の学である。ならば探求の対象とは何か。主要なる領域とは何か。存在者の存在の究極原因を探求するのは形而上学である。人間の認識能力の範囲や構造を探求するのは認識論である。論理の整合性や矛盾を追究するのは論理学である。人倫を究明するのは倫理学である。[26]が、哲学の〈中心〉[27]は由来形而上学である。カントが「学問の女王」の座から引き摺り降ろそうとしたにもかかわらず、哲学の大本はやはり形而上学である。

しかしパスカルは明らかに一般的な意味での形而上学者ではなかった。認識論や論理学の専門家ではなかった。カント流の「理性」に由来するア・プリオリな「道徳律（Sittengesetz）」を前提とする倫理学とも無縁であった。

ところで、次の一事もまた確かである。疑い得ぬ事実である。哲学の探求の対象は「人間」である。「人間とは何か」である。領域の如何にかかわらず、哲学とは畢竟人間探求の学である。科学者がともすれば人間存在を捨象して宇宙と自然の存在様態ならびにその原因追求を専らにする傾向を示し勝ちであるのに対して、哲学者が人間を捨象するのは非現実的である。否、不可能である。むしろ哲学の探求の対象は他ならぬ「人間」である。終始「人間」である。哲学はまず人間の特質の探求を企てる。次いで理性の論理力と推理力に依拠してその存在の原因を探求し（形而上学）、認識構造を解明し（認識論）、さらには人倫の究明に努める（倫理学）。すなわち哲学とは人間に係わる諸々の真理探究の学である。

上記の定義が「真」ならば、パスカルは哲学者である。正真正銘の哲学者である。パスカルは人間の「何たるか」（本質）を認識するべく、同対象を仔細に観察してその存在様態を正確に把捉し、人間独自の「偉大さ」を指摘する。すなわち「思考力」を指し示す。が、他方、人間は動物の境遇にある。「悲惨さ」に甘んずる。思考する人間は「現在」に不満を抱き、「過去」を追想し、「未来」に希望を託する [Cf. B.172]。とはいえ、実のところ、過去の「経験」には「騙され続け」[Cf. B.425]、希望への「到達」の見込みはない [Cf. B.172]。確実なるは「不幸の頂点」である「死」の到来を措いて他にない [Cf. B.425]。が、「死」は、「死後」は、人間の偉大さの証しである「思考」の対象にはならない。思考は「死」に対しては完全に無力である。文字通り思考停止である [Cf. B.194]。ところで、人間は何をしているか。何を目論んでいるか。言うまでもない、「気晴らし」である [Cf. B.168, B.171]。自己疎外である。人間の現実（＝結果）からの逃避である。動物へのさらなる下降である。「偉大さ」と「悲惨さ」。人間ほど「背反的」な存在者はないのである [Cf. B.416, B.430]。

パスカルは人間の現実（＝結果）を正確に把握し、敢えて言えば文学的に描出する。が、決して文学者にはならない。あるいは文学者たるに甘んじない。人間の背反性もしくは相反性なる現実を直視して、その因って来たる原因の探求に邁進する。哲学に専心し、宗教を吟味する。が、満足の行く解答は得られない。納得の行く説明は得られない。どこにもない。皆無である。が、例外があった。唯一の例外があった。キリスト教である。「創造説」と「原罪説」である。キリスト教は人間の現実（＝結果）の原因を物の見事に解明していた。形而上学的かつ論理的に説明していた。人間は本来「偉大なるもの」「真に幸福なるもの」であった〔Cf. B.425〕。神の「似姿」として創造されたからである。が、「偉大さ」の高みから転落した。己れの意志で墜落した。その結果が人間の現実である。〈〔偉大さの〕空虚な痕跡〉〔B.425〕と成り果てた現実の人間である。パスカルは結論を下す。キリスト教は真なり、と。キリスト教のみが真なり、と。繰り返すようだが、パスカルの解答は所与としての信仰の結果ではない。〈全宇宙の絶対的なる最高原因は神なるがゆえに、最高の知者の名に値するのは神に関して考察する者なり〉(28)との神学者トマス・アクィナス流の推論の帰結ではない。パスカルは確かに哲学者デカルトと同様に専ら「自然的理性」に従い、論理的整合性を追求した結果、真理に到達したのである(29)。とはいえ、パスカルはやはりデカルトではない。信仰からの哲学の独立を希求する哲学者ではない(30)。哲学の限界を認識して決定的回心を遂げたキリスト者である。「習慣」の力を藉《か》りて信仰の強化を図るべく〔Cf. B.245〕「教会のミサ」に精勤する〔Cf. B.233〕信仰者である。

（4）『パンセ』における原罪の形而上学

パスカルはキリスト教を〈堅固な論証〉〔Cf. B.259〕で固めた。真理探究者の欲求を満たした。が、まだ何が不足しているというのか。何がオネットムを躊躇《ためら》わせるのか。他に原因があるのか。無論、原因はある。未だ満たされぬ欲求がある。万人の欲求、「幸福の欲求」〔Cf. B.425〕である。ならば、キリスト教の与える〈善福〉の真実性を立証しなければならぬ〔Cf. B.187〕。

パスカルは人間の「偉大さ」を指し示した。「悲惨さと不幸」の意識を呼び覚ました。人間の背反性もしくは相反性を活写した。が、依然として為すべきことがある。言うべきことがある。「偉大さ」の因って来る原因についてはすでに見た。人間は偉大である。あるいは偉大であった。少なくともその痕跡をとどめている。然らば「悲惨さ」は何に起因するのか。何故に人間は「不幸」であるのか。理由は簡単である。単純である。悲惨さは、不幸は、偉大さの喪失の結果である。〈悲惨さは偉大さの帰結〉［B.416］である。パスカルは聖書の記述に論理性と整合性を与える。既述のように、神は人間を「神の似姿」として創造した。「偉大さ」として。〈完全さの段階〉に位置するものとして。〈安んじて真理と浄福を享受〉し得る存在者として［B.434］。然るに、人間の意志は、自由意志は、遺憾ながら、「高慢さ」の餌食となる。神たらんとして、神からの離反を敢行し、神の勧告に背反する罪を犯す。人間は転落する。「完全さの段階」から滑落して「真理と浄福」を喪失する。堕落して無知と不幸の支配する「悲惨さ」の底に沈む。「悲惨さ」の度合いは無論転落した距離に比例するからである［Cf. B.416］。

とはいえ、創造者による被造物の遺棄は論理的に不可能である。「完全さ」と「偉大さ」の極致である神による人間の「悲惨さ」の閑却は不条理である。イエスの贖罪の業による「完全さの段階」への人間の送致は必然である。神が人間となり、人間に代わって贖罪を果たす。キリスト教のみが教示し得る回復実現の業である。『パンセ』は上記の文脈からして宗教哲学の様相を呈する。イエスとしての神の「受肉」は合理的かつ必然的である。が、やはり「理性」との完全な合致を実現しない教義ではある。いわば「神秘」である。とはいえ、イエスの贖罪の意味は明らかである。「完全さ」と「偉大さ」の極致である神がひたすら人間の〈回心〉に〈関心〉［B.553］を示すのは当然である。「理性的人間」を自認する者が同教義を理解するのは理の当然である。イエス・キリストを認識し愛するのは理の当然である。或いは自然である［Cf. B.187］。〈愛と認識〉は由来人間の生得の能力である。神は人間が神を認識し愛するためにこれを人間に残して置いたのである。

しかしなおも逡巡する者がいる。イエスを受け入れるのを躊躇《ためら》う者がいる。おそらくは「見ずして信ずる」(Cf. ヨハネ、20·29)のを厭うからである。平俗な意味での経験に執着するからである。何故に信じないのか。見ないからである。何故に見ないのか。探さないからである。何故に探さないのか。偏狭な経験主義的理性に拘泥するからである。「探せよ、然《さ》らば見出さん」(マタイ、7·7)。なぜなら「完全さ」と「偉大さ」の極致である神は「完全さ」と「偉大さ」の故に悲惨なる人間の救済に対する己れの意志表示を欠かさぬからである(Cf. イザヤ、65·1; B.713)。人間による神認識を恒常的に希求するからである。理の当然である。ならば、探して見出す〈確率〉[B.236]は極限値を示すはずである。苟《いやしく》も〈理性的人間〉[B.194]を自任する者が探求を躊躇うはずはなかろう。況《ま》して拒むはずはなかろう。

パスカルがオネットムを「神の探求」[Cf. B.247; B.246]に駆り立てるべく用いた方法は他にもある。が、これもやはり哲学的方法ではない。「神の存在証明」に依拠した方法ではない。他ならぬ「自然的諸根拠」に基づく「神の存在証明」にしてからが、哲学好きを自認するオネットムに対して〈無益〉[B.556]であるのをパスカルは経験的に熟知しているからである。既出のアリストテレスの科白のもじりではないが、哲学的な「神の存在証明」を知悉するが故の「無益さ」の認識である。パスカルはむしろ相手の「気晴らし」への欲求を利用する。賭け事を好む性質を逆手に取る。「神の存在」に賭ける利益を論証して、相手の欲望を刺戟する。現世的利益の見地からすれば、神の「存在」と「非存在」のいずれに賭けようが結果に変りはない。利益も損失も発生しないからである。が、「死後」となれば、話は別である。偏狭なる経験的理性には予測のつかぬ世界となれば、事情は格別である。疑いもなく利害得失が生ずるからである。否、無限の利益と無限の損失が計上されるからである。

神が「非存在」であれば、「存在」と「非存在」のいずれに賭けようが、死後における利害得失は零である。が、神が「存在」であれば、「存在」に賭けた者の利益は甚大である。否、無限である。〈無限に幸福なる無限の命〉［B.233］を獲得するからである。逆に「非存在」に賭けた者の損失は甚大である。否、無限である。滅尽の可能性があるからである。永遠の「罰」を受ける恐れがあるからである。理性的人間を自認するオネットムは反論しない。むしろパスカルの理論を〈論証的〉と捉える。が、依然として踏ん切りがつかぬ。神の「存在」の方に賭ける決心がつかぬ。〈勝負の内幕〉［B.233］が気になるのである。今ここで神を見出したいのである。しかし話は元に戻る。把捉するためには探求すれば済むからである。探求するためには偏狭なる経験主義的理性を脱却すれば済むからである。が、どこに探求するのか。どこに見出すのか。無論、聖書の中に探求するのである［Cf. B.233］。「教会」と教会の信者の裡に探すのである。そこを措いて他に神を認識もしくは感知する場は地上にはないからである。

オネットムは決断しまい。「探求」を敢行しまい。仮令《たとい》「探求」したところで、結果は空しかろう。欲得ずくの探求者が神を見出す可能性は薄かろう。神が「隠れている」からではない。既述のように、己れの「完全さ」と「偉大さ」の故に、悲惨なる人間の救済に対する意志表示を欠かさず、人間による神認識を恒常的に希求する神は〈衷心より神を探す者〉〈真摯に神を探す者〉［B.430］に対しては顕現するのを欲し、〈衷心より神を忌避せる者〉［B.430］に対しては「露わに現われざる」を欲するからである。ならば、欲得ずくの「探求者」の思惑もまた外れよう。

イエス・キリストの「完全さ」と「偉大さ」に対する尊敬と愛をオネットムに注入するのがパスカルの窮極目的である。真の尊敬と愛の対象が「隠れている」かに思われる時、「衷心から真摯に探す」のを拒む人間などあり得ないからである。

第一章　パスカルと哲学

I 『ド・サシ師との対話』におけるパスカルと哲学

(1) 序

数学、化学、物理学の分野で、幼少のころから神童の名を恣《ほしいまま》にし、〈フランス全土のみならず全ヨーロッパ〉で〈称賛〉[1]の的となっていたブレーズ・パスカルは、三十一歳の秋の一夜、突然、己れが〈神〉から〈離れていた〉[2]ことを痛感する。〈イエス・キリスト〉を〈避け、棄て、十字架につけた〉ことを実感する。すなわち決定的「回心」を経験する。而して〈[…] 確実さ、直覚（sentiment）、歓喜、平和〉の裡にあって、〈現世〉を脱却し、〈神ならぬ一切〉を〈忘却〉して生きる決意を固める。[3]

パスカルから事情を聴いた妹ジャクリーヌは自らが所属するポール・ロワイヤル修道院で信仰指導を仰ぐことを兄に勧める。翌年、パスカルはパリの同修道院を訪ねるが、聖職者等は来訪者を郊外のポール・ロワイヤル修道院に送った。そこにはパスカルの才能に幻惑されるはずのない大神学者アントワーヌ・アルノーやド・サシ師などの優れた神学者が滞在していたからである。聖書を初めてフランス語に翻訳したド・サシ師とパスカルとの会見はかくして実現した。

ところで、決定的回心の際の「覚書（*Mémorial*）」に認《したた》められた〈アブラハムの神、イサクの神、ヤコブの神にして、哲学者・識者等の神にはあらず〉[4]の一句を取り上げ、また『パンセ』に散見する哲学蔑視の寸言、〈哲学を軽蔑することこそが真に哲学することである〉[5]［B.4］とか〈私にはおよそ哲学なるものが一時間の労に値するとは考えられぬ〉［B.79］等を取り上げ、これを額面通りに受け取る向きは、得てしてパスカルを単なる反哲学者に仕立て上げるものだが、ド・サシ師の証言によれば、実は当時パスカルはむしろ何よりも哲学に〈専心していた〉[6]のであった。哲学関係の書物を読むのに勤しんでいたのであった。ならば、まずは『ド・サシ師との対話』に関する考察から始めるのが筋であろう。

ド・サシ師の問いに対して、パスカルはこう答えている。自分が〈最も慣れ親しんでいる哲学書〉はエピクテトスとモンテーニュのそれである、と。ところで、パスカルにおけるデカルト主義が若年の頃にまで遡ることは夙に多数の研究者の指摘するところであるが、ここにはなぜかデカルトの名は挙がっていない。ならば、何故にデカルトにあらずしてエピクテトスとモンテーニュであるのか。なるほど、十七世紀において、両者の教説が〈再び日の目を見ていた〉[7]のは確かである。再評価されていたのは確かである。が、哲学史上、両者が「中心的」役割を果たした時代あるいは時期はない。「主流」[8]であった例《ためし》はない。体系的な思想家ではなかったからである。哲学中の哲学である形而上学の研究者ではなかったからである。が、パスカルはともかくもエピクテトスとモンテーニュを選んだ。なぜか。両者を〈世界に最も名高い二学派の明々白々たる擁護者〉と見做していたからである。しかも〈他に類を見ない理に適った擁護者〉[9]として捉えていたからである。パスカルは付言する、〈何人《なんぴと》もかかる二本の道（routes）の片方を辿る他に術《すべ》がないのである〉[10]と。「二本の道」とは文脈上、形而上学的なそれではなく、道徳的な「道」を指す。つまり、パスカルは哲学全体を言わば「非歴史的な観方」によって、単純な「二本の道」に集約せんとする意志を示しているのであって、「哲学史の体系的な解釈」の試みは本人の意図するところではないのである。(11)

由来パスカルは、形而上学・認識論等の、道徳には直結しない哲学をさして重んじてはいなかったと言えよう。『対話』の終盤で、パスカルはこう語っている。かかる哲学研究の眼目は〈精神の諸々の所産が、本質的なる徳 (la vertu essentielle) を、〔一方では〕避けながらも〔他方では〕これを模倣すべく行なう諸々の努力を、当の精神の所産の内に見定め、同所産がどの点でそこに到達し、どの点でそこから逸脱するかを見定める(12)〉ことにある、と。同様の主張は『パンセ』にも見られる。〈熟慮に努めるべし。これすなわち道徳の原理である〉[B.347]。パスカルは考える、何よりも「熟慮」が肝要である、と。それが形而上学的・認識論的真理の発見に寄与するからではない。他ならぬ「道徳」の原理に触れるからである、と。『対話』に哲学者デカルトの名が見当たらぬ理由もここにあろう。デカルト哲学の基盤は形而上学と自然学であって、道徳学ではなかったからである。

一方、『対話』の記録者によれば、ド・サシ師は、エピクテトスにせよモンテーニュにせよ、いずれもキリスト者を〈益(13)〉すること甚だ少なき輩《やから》であると捉えていたのみならず、〈常日頃からみだりに読むまじき(14)〉思想家であると心得ていた。〈その汚物から立ち昇る黒煙〉によって〈〔唯でさえ〕頼りない信仰を曇らせ(15)〉挙句の果てに〈悪魔の餌食や蛆虫の餌〉となる事態を避けるためには、遠ざけておくに如くはない哲学者である、と。これに反して、パスカルはむしろ肯定的な立場を取る。両者を〈総合する (joindre)(16)〉ことがキリスト教の「益」になることを示唆する。『対話』の終わりにド・サシ師が指摘するように、ここにパスカルの独創性がある。ところで、パスカルはそもそもエピクテトスの哲学に何を読み取っていたのか。

（2）　パスカルとエピクテトス

エピクテトスはストア派の流れを汲む哲学者であるが、西洋社会に強い影響を与えた同哲学の倫理は実のところその形而上学に源を発する。とはいえ、パスカルがストア哲学の形而上学に論評を加えた形跡はない。パスカルの関心はひたすらその倫理に向けられている。

パスカルによれば、エピクテトスは人間の〈義務（devoir）〉あるいは〈本分（le propre）〉[17]の何たるかに深く通じた哲学者のひとりである。エピクテトスの言う義務とは〈神を主たる目的と見做すこと〉、〈神は一切を正しく支配するとの確信を持つこと、進んで神に服従すること、神が何事をも絶大なる智慧なくしては行なわない以上、何事によらず自発的に神に従うこと〉、つまり一切の事象に〈神の意志を認め〉、〈過酷極まる試練にも安んじて耐えるべく精神を馴致する〉ことに他ならない[18]。

エピクテトスは人間が己れの生命・財産等を意のままにする自由すなわち外的自由を認めなかった。が、〈精神〉と〈意志〉の〈能力〉の自由を認め、同能力による人間の自己完全化の可能性を肯定的に捉えた[19]。すなわち〈神が人間に義務のすべてを履行する手段を与え〉、人間が当の手段を用いる能力を有する以上、人間は己れの能力によって〈完全に神を認識し〔且つ〕愛する〉に至るのみならず、遂には〈一切の徳を体得し〉、自ら〈聖なるもの〉と化し、〈神の伴侶となる〉との見解を表明した[20]。エピクテトスは願望と実現を等号で結んだ。すなわち人間の〈無力さ〉に関する自覚を欠いていた。否、人間と神とを同一視した。己れは完全なりと考える者が〈高慢さ（présomption）〉を免れるのは難しい。否、不可能である。エピクテトス流の〈高慢さ〉はキリスト教にあっては最大の罪とされる。パスカルの表現に従えば〈悪魔的な尊大さ（superbe diabolique）〉と言うべきである[21]。優れた道徳観の持ち主であったエピクテトスにおける〈悪魔的尊大さ〉は、パスカルによれば、人間の

〈無力さ〉と〈腐敗〔堕落〕（corruption）〉に関する認識不足に基づく。[22]が、かかる不見識の由って来るところをパスカルは（少なくとも『対話』では）説明していない。

人間の「無力さ」や「腐敗〔堕落〕」振りを無視して〈偉大さ（grandeur）〉[23]ばかりを強調する遣り口は実はエピクテトス固有の論法ではない。ストア哲学者全員に共通する悪弊である。悪弊の由って来るところは同派の信奉する形而上学である。既述のように、パスカルは形而上学には言及しない。とはいえ、例外的に、ストア派の形而上学に触れて、エピクテトスは人間の〈霊魂〉を〈神的実体の一部（une portion de la substance divine）〉と見做す〈誤謬〉を犯したとの批判を挾《さしはさ》む。[24]同批判を構成する表現は正確には〈アリアノス録するところの〉エピクテトスの『要録』の言葉ではなく、同書の翻訳書の欄外に記された一文から採られたものと考えられる。曰く〈霊魂は神の本質の一部と考えられていた。ストア哲学者等の誤謬である〉。上記の寸評からストア形而上学の特徴を割り出すのも不可能ではない。この形而上学はつまるところ以下のように要約されよう。

（3）ストア哲学の形而上学

ストア哲学は紀元前四世紀頃、古代ギリシャで成立し、紀元一、二世紀のローマ帝国において最盛期を迎えた。同哲学の当時の代表者としては、皇帝ネロの家庭教師であったセネカや皇帝マルクス・アウレリウスなどが挙げられる。解放奴隷エピクテトスも同時代のストア哲学者のひとりである。同哲学は倫理と形而上学の一致を特徴とするが、形而上学の方は、「一元論」「唯物論」「汎神論」「循環史観」等の術語で要約される。ストア派を含む古代ギリシャの哲学者は自然に関して〈見解〉を同じくしていた。[25]曰く〈在らぬものからは何ものも生成せず〉と。宇宙は、万物は、「在らぬもの」すなわち「無」の帰結ではない。「すでに在るもの」からの、既存物からの生成物である、と。ただし「すでに在るもの」すなわち「最初の存在」の何たるかに関しては見解に相違があった。ストア派によれば、「最初の存在」すなわち「第一原理」は〈火〉とも〈気息《プネウマ》〉とも呼ばれる物質である。〈火〉は己れの〈気息〉によって膨張や変様を繰り返すがゆえに、また〈気息〉の名でも呼ばれる。宇宙は、万物は、その帰結である。〈火〉は言わば〈命あるもの、または神〉である。ストア哲学が「一元論・唯物論・汎神論」の名でよばれる所以である。が、ストア哲学者は現存する宇宙の有限性を見抜いていた。その永遠ならざるを見通していた。一定の時間が経ち、一定の時が来れば、〈世界消尽〉と呼ばれる大火が発生し、一切が焼き尽くされ、遂に〈火〉の他に〈何ものも残らぬ〉状態が現出すると考えていた。が、〈火〉は命あるもの、または神であるから、他ならぬ〈火〉から〈新たな世界が再生し、従前の通り秩序ある宇宙が回復する〉と。[26] その意味で、宇宙はまた永遠であるとも言われる。かかる循環史観的〈法則《ロゴス》〉が宇宙・万物を支配している。宇宙が、宇宙の生成が、「必然」とも呼ばれる所以である。が、〈火〉は如上の必然性と法則性によって宇宙・万物を支配するがゆえに〈理性《ロゴス》〉とも〈精神《ヌース》〉とも呼ばれるのだが、また万有を生起させ且つ支配するがゆえに〈神〉とも〈父〉とも称せられるのである。

上記の「循環史観」はキリスト教の歴史観と鋭く対立する。聖書によれば、不生不滅の「存在」は物質ではない。〈火〉ではない。物質ならざる「神」である。不生不滅の「神」が宇宙・万物の創造主であり、被造物は必ず「終末」を迎えるのである。古代キリスト教最大の教父アウグスティヌスがストア哲学の「唯物論」「汎神論」「循環史観」に対抗して構築した理論によれば、万物は〈無〉からの創造物である。万物は被造物である。正確を期して言えば、神は〈無〉の只中に最初の〈無形の質料（*materia informis*）〉を創造し、そこから万物を創造した。しかも創造は一回限りの出来事である。一定の時が経ち、「終末」が来れば、宇宙は滅尽する。現世は消滅する。いよいよ永遠の「神の国」が到来するのである。[27] キリスト教は物質の循環を認めない。万物の「永劫回帰」を認めない。キリスト教は「終末」を説く。その形而上学がストア派のそれと鋭く対立する所以である。ド・サシ師がエピクテトスを〈みだりに読むまじき〉哲学者扱いしていた理由も恐らくはそこにある。優れた神学者がアウグスティヌスの創造論を知らぬはずはないからである。周知のように、アウグスティヌスはストア派の説く古代ギリシャの形而上学と対決し、これを駁するのに情熱を傾けた司祭・神学者であった。

(4) ストア哲学の倫理

ストア派の宇宙論によれば、万物は〈火〉なる〈神〉の変様である。既述のように、人間の霊魂もまた神的実体の一部である。ストア派は上述の形而上学に基づく〈賢者〉の生を理想とする。賢者とは言わば神に近接する霊魂を有する人間の謂いである。宇宙もしくは自然の必然性と法則《ロゴス》を理性《ロゴス》によって認識し、「理性」に合致した生活もしくは「自然」に則した生活を営むのが〈賢者〉である。一切を神の意志と見做し、激情や情念から解放され、強い克己心によって泰然自若《アパティア》の生を貫くのが賢者である。そればかりではない。ローマ帝国時代のストア哲学者は身分を越えた〈友愛〉を称揚した。同じ〈神〉の変様である人間は、異邦人であれ奴隷であれ〈同胞〉である。同胞ならば身分を越えて同等である。同等ならば愛するべく努めねばならぬ。賢者の任務がさらに広がるのである。

ストア派は〈根本的な社会的要求〉である〈正義〉と〈愛〉を〈古代に例を見ぬほどまでに〉称揚した。[28] 同派はキリスト教とは異なる形而上学に依拠してキリスト教の倫理に接近する。キリスト教史的観点からして、ストア哲学はキリスト教の発展に寄与した。既述のように、ストア主義はキリスト教がローマに進出する直前に、外面的な善を軽視すべしとの教えを説き、厳格な禁欲的道徳を推奨し、世界なる現象が〈最高の存在〉すなわち〈父〉の裡に具体化されているとの説を成して、民族や身分を越えた普遍的「人間愛」を要求していた。ストア派の教説はキリスト教道徳との不思議な一致を示していたが、それは古代ギリシャの知識人等には無縁の思想であった。ローマ帝国の知識人ならびに支配階級はストア哲学を受容した。さもなくば、キリスト教が同帝国の知識層に伝播するにはさらなる時間を要したはずである。ストア哲学は確かにキリスト教のための地盤を用意したのである。(29) とはいえ、同哲学を奉じるローマ帝国の支配階級は実際には先祖伝来の宗教と思想を墨守した。外来のキリスト教は厳しい迫害を被った。ストア哲学者・皇帝マルクス・アウレリウスによる激しい弾圧はその一例である。

ところで、パスカル駁するところのストア派の形而上学的命題〈人間の霊魂は神の本質の「一部」なり〉が正当であれば、人間の霊魂が本質的に〈神を知悉し且つ愛する〉のは当然であろうし、人間が〈一切の徳を体得して聖なるものとなる〉可能性も無きにしもあらずである。〈神の伴侶となる〉のも不可能ではなかろう。(30) が、如上の説は無論人間の実態を無視した空論である。空言《そらごと》である。人間の〈無力〉や〈腐敗（堕落）〉振りを閑却し、その由って来たるところを合理的に説明するための論拠を忘失した暴論である。エピクテトスが〈高慢〉の罪を犯し、〈悪魔的に尊大なる〉原理を導入するは当然の成り行きである。原因はパスカルが言及しないストア派の形而上学にあったのである。

(5) パスカルとモンテーニュ

パスカルによるモンテーニュ思想の要約はエピクテトス思想のそれの数倍に及ぶが、纏まりに欠けている。が、原因はむしろモンテーニュの側にある。パスカルは『パンセ』の中で言う。モンテーニュは〈直線的方法の欠陥を痛感していた〉[B.62] がために、これを〈避け〉て〈洒脱な味〉を出すべく〈話題から話題へと飛び移り〉、却って〈混乱〉に陥ったのである、と。事実、『エセー』における論理性の薄弱さと冗漫さは覆うべくもないのである。

パスカルは言う、モンテーニュが自ら〈カトリック信仰〉を表明したことは何ら異とするにたりない。〈キリスト教国〉に生まれた人間だからである。が、ある〈仮定〉のなかに己れの〈基本方針（principes）〉を立てたのである、と。人間に生得的な《ア・プリオリ》〈信仰の光〉がなければ、理性はいかなる道徳を人間に〈課することになるのか〉を考察せんと欲したのだ、と。(31) パスカルは続ける。上述の仮定に立てば、〈世にも堅固で〉〈当然至極〉(32) とされる観念のすべてが崩壊する。〈物質〉〈時間〉〈空間〉〈延長〉〈運動〉〈一個〉等の万人の〈共通観念〉と、〈本質的真理〉との〈一致〉を保証するのは実は他ならぬ生得的「信仰」だからである。縦《よ》しんば共通観念や公理と「本質的真理」との一致が真であるとしても、「本質的真理」とは実のところ人間を〈誑《たぶら》かすための偽物〉もしくは〈狡猾邪悪なる存在〉による〈形成〉物ではあるまいかとの当然の疑念が生じるからである。(33) のみならず、共通観念の意味内容の万人における完全なる同一性を保証するのは他ならぬ生得的信仰だからである。(34) すなわち上記の〈共通観念〉は定義し得ぬ観念である。説明のつかぬ観念である。(35) 由来人間生活を〈囲繞する〉基本的諸観念はすべて〈定義不能（impossible de définir）〉(36) である。にもかかわらず、万人が如上の諸観念と本質的真理との一致を信じ、本質的真理の偽物ならざるを信じ、諸観念の意味内容の普遍性を信じて疑わない。すべては自然的・生得的な《ア・プリオリ》〈信仰の光〉の然らしめるところである、云々。(37)

〈真理〉〈善〉等の抽象的観念についても同断である。その何たるかを正確に説明し得る者がどこにいようか。(38)

〈霊魂〉とは何か。〈実体〉か、〈偶有性〉か、〈身体〉か、〈精神〉か。物質性ならば、〈推理〉し得るのか。精神性ならば、いかにして特定の〈身体〉と結合してその〈情念〉を感取するのか。〈霊魂〉は〈肉体とともに果てるのか〉。上記の問いにまともに答えられる学者は皆無である。〈存在〔する〕＝有〔る〕（être）〉の観念についても同断である。かくまでに〈普遍的〉な観念を説明するのに万人が論点先取の虚偽を免れぬ有り様である。「何々は何々である」との表現形式が始めから付いて回るからである。[39] すなわち、その何たるかを正確に説明するのは不可能である。〈確信のすべてを嘲笑する〉懐疑論者が出現する所以である。[40]

のみならず、とパスカルは続ける、モンテーニュによれば、真正なる懐疑論者には〈一切が不確実である〉とも「真理は存在しない」とも断言し得ない。「断言」すれば断言内容の「真」なることが措定されるからである。「真」は懐疑を阻む。正真正銘の懐疑論者とは由来〈何事をも確言せぬ〉[41]者の謂いである。ならば、ソクラテスの科白は禁句である。「我、己れの何事をも知らざるを知る」は禁句である。断言内容（「何事をも知らず」）が「真」となるからである。「我〔…〕知る」も禁句である。「我〔…〕知る」が「真」となるからである。ゆえに真の懐疑論者による懐疑の表明は必然的に〈我、何を知るや（Que sais-je?）〉という疑問の形式を取る。[42]

「人間に生得的《ア・プリオリ》な〈信仰の光〉がなければ」との仮定は固よりモンテーニュ流の仮定である。が、仮定が仮定に止《とど》まらなかった。懐疑が懐疑者を底なしの泥沼に引きずり込んだ。モンテーニュの内部で〈不確実性〉が歯止めのかからぬ車輪のように回り始めた。[43] 懐疑者はやがて仮定をも懐疑し、遂には〈己れの懐疑の有無すら懐疑〉するに至った。〈普遍的懐疑〉の虜となったのである。[44]『パンセ』の表現に従えば、モンテーニュは〈懐疑すらままならぬ〉［B.389］身となったのである。懐疑は思考の産物である。而して思考の〈永続的中断〉［B.73］であり、言わば思考の放棄に他ならない。事実、モンテーニュは〈真と善〉に関しては思考を〈中断〉し、問題の考察を人任せにし、本人は〈〔同問題の〕深みにはまらぬよう、〔表面を〕軽く滑る（couler）〉に止《とど》める。上面《うわつら》を軽く撫でるに止める。[45] が、パスカルによれば、思考は道徳の基盤である。原理である［Cf. B.347］。果たせるかな、思考の〈永続的中断〉はモンテーニュを怠惰なる生へと導く。漂流者は〈異教徒〉[46]のように振舞う。〈無知と無頓着〉を〈心地よい枕〉とし、〈便宜と平穏無事〉を〈行動の基準〉とする。〈苦痛と死〉から目を逸らし、〈習慣に押し流され〉、〈無邪気に、気楽に、軽薄に、陽気に〉、〈言わば羽目を外して〉、〈平穏無事な怠惰さ〉の上に〈ぐったりと寝そべり〉、〈惹かれるものに随いて行く〉だけの人間になる。[47] 後にパスカルは『パンセ』の中でモンテーニュを批判して言う。〈モンテーニュの欠陥たるや大である。扇情的な言葉、［…］軽信、［…］無知、［…］自殺や死に関する感覚（sentiments）。［…］死に関する異教徒然とした感覚。［…］著書を通覧するに、頭にあるのは気の抜けた緩慢な死だけなのである〉［B.63］。

因みにパスカルのモンテーニュ観の背後には相当の哲学的・形而上学的知見の蓄積がある。『エセー』は「実体」なる語を用い、その対語である「偶有性」を含まない。[48] が、パスカルのモンテーニュ批判は同対語を用い、用法は正確である。「本質的真理」と「観念」との関係はプラトン主義的「イデア」としての「永遠普遍の実在的真理」とこれを分有する「現世界」の諸真理との関係を思わせるが、両概念の関係は『パンセ』における「本質的真理」と「現世における部分的に真で部分的に偽である個々の事象」（chaque chose est ici vraie en partie, fausse en partie）［B.385］との関係に相当しようし、「賭けの断章」［B.233］における〈実体的真理〉と〈真理自体ならざる諸々の真なる事象〉との関係にも相当しよう。『パンセ』で用いられる〈実体〉［B.862］、〈本質〉［B.430］、〈本質的真理〉［B.385］なる用語と用法はパスカルがアリストテレス形而上学の諸概念に一定の価値を認めていた証拠であると主張する研究者もいる。[49] パスカルの哲学的知識を過小に評価するのは危険である。

（１）　アウグスティヌスと懐疑主義

ド・サシ師はパスカル描くところのモンテーニュ像からアウグスティヌスを想起する。キリスト教に帰依する前のアウグスティヌスはモンテーニュと同様に〈わざわざ自分で棘を作り出し、わが身を刺し、引き裂く〉ほどの懐疑の虜となっていたからである。(50) アウグスティヌスを懐疑主義の〈悪疫の如き快楽（*jucunditas pestifera*）(51)〉から完全に解放したのは自ら獲得した「確実な真理」なるものである。ド・サシ師の目にモンテーニュが時代錯誤の〈憐れむ〉べき〈哲学者〉と映るのもやむを得ぬ仕儀であった。ド・サシ師は言う。

〈［アウグスティヌス以前の］アカデメイア哲学者の名で呼ばれた往古のかの哲学者等が一切を懐疑したことは大目に見てもよかろう。が、モンテーニュは今やキリスト者には戯言《たわごと》と思われている教説を何用があって気楽に蒸し返したのであろうか(52)〉。

ところで、後にアウグスティヌス主義者と目されるパスカルは『ド・サシ師との対話』ではなぜかアウグスティヌスに関しては一言も発していない。ド・サシ師の方もアウグスティヌスの懐疑主義とそこからの脱却に関する分析的言辞を控えている。しかし後に詳述するように、実は他ならぬパスカル自身が、脱懐疑主義のための苦闘を身を以って経験していたのであった。とはいえ、無論パスカルはアウグスティヌスではない。両者の辿った道には隔たりがある。が、アウグスティヌスの経た曲折を回顧するのも強《あなが》ち無駄とは言えないのである。

アウグスティヌスもまたモンテーニュと同じく「普遍的懐疑」から出発した。古代ギリシャの懐疑論者ゴルギアスやアカデメイア派はおよそ「真理」なるものの存在を懐疑し、己れの存在の確実性を含む一切の明証的判断の可能性に関する判断をも保留したが、アウグスティヌスもその例に漏れない。が、さらなる合理的分析の結果、アウグスティヌスは懐疑主義的言説に「偽推理」を見出す。およそ真理なるものの存在に関する懐疑（懐疑論）が、あるいは少なくとも己れの存在の確実性を含む全明証的判断の可能性に対する否定的立場（不可知論）が、逆に真理の存在とその認識可能性を証明するとの事実を発見する。というのは、後にモンテーニュも指摘するように、「人間は何事をも知る能わず」という命題は、「人間は何事をも知る能わず」という「真理」を現に「知っている」ことを意味するからである。何事に関する〈疑い〉であれ、〈疑う〉者は紛れもなく〈思惟する〉者であり、〈己れの知らざるを知る〉者である。[53] 由来、否定は否定的真理認識である。しかし、アウグスティヌスはモンテーニュではない。アウグスティヌスはモンテーニュのように己れの無知を断言するのを避けて〈我、何を知るや〉との疑問形で思惟の不徹底を糊塗するような真似はしない。疑う者は確実性を〈欲する〉者であり、〈己れの疑うを知解せる〉[54]者だからである。

のみならず、本質的真理なるものは〈狡猾邪悪なる存在〉による形成物であって、人間を誑《たぶら》かすための〈偽物〉[55]の疑いありとのモンテーニュ流の懐疑精神からもすでにアウグスティヌスは十分に解放されている。何ものかに誑かされて誤謬を犯しているのではあるまいかとの疑念（懐疑心）は却って懐疑する主体の「存在」の確実な証明となるからである。存在しない者は誤謬を犯すはずもないからである。犯しようもないからである。すなわち〈我、欺かれるならば〔我、誤るならば〕、我存在す（*Si enim fallor, sum*）〉[56]との逆説的「真理」がアウグスティヌスを懐疑主義から解放したのであった。

「懐疑」による自己の存在証明は十三世紀後のデカルトの有名な第一原理〈我、思惟す、ゆえに我存在す（*Cogito, ergo sum*）〉の先行形式とされる。しかし後に詳述するように、パスカルの考えは違っている。『幾何学的精神』中の当人の表現に従えば、何人《なんぴと》も〈同一の事象を語って、同様に把捉するとは限らない〉からである。〈我、思惟す、ゆえに我存在す〉なる「原理」についても同断である。〈生命と力に満ちた人間〉の措定した上記の命題も、他人が言えば、〈死んだ〔ような〕人間〉の口から出る死んだ言葉ともなりかねないのである。パスカルはむしろデカルトを弁護して言う、縦《よ》しんばデカルトの命題の由って来るところが〈偉大なる聖人（＝アウグスティヌス）〉であったとしても、同命題の定立者は飽くまでもデカルト本人である、と[57]。いずれにせよ、事の正否を論ずる前に、デカルトによる第一原理抱懐の過程を瞥見する必要があろう。

（2）　デカルトと懐疑主義

アウグスティヌスの懐疑は真理の存在と認識に関する考察に胚胎した。一方、デカルトのそれは「方法的懐疑」である。デカルトは完全なる学問習得の方法として、始めにすべてを懐疑した。学問の基礎を磐石の固きに置かんと欲する者は〈生涯に一度は[58]〉一切を根底から覆し、基礎を固めるのが肝要であると考えた。〈いささかなりとも疑念を抱かせるものはすべて絶対に偽として放擲する[59]〉のが正確な認識の前提条件である、と。

先ず疑うべきは〈感覚（sens）〉である。感覚による認識は正確さを欠く。例えば〈微細なるもの〉〈遠方にあるもの〉は正確には把捉されない[60]。因って〈感覚が想像させるが如きものは一切存在せず[61]〉と仮定することが可能となる。「理性」もまた〈偽推理〉を行なう可能性を持つ。例えば〈ごく単純なる幾何学の問題〉を解く際にも〈誤謬を犯す〉危険に晒される。[62] 因って理性に基づく推論をも「偽」として廃棄する正当なる理由がある。最後に〈己れの精神に侵入した一切の事象〉を〈夢幻〉の如き「真ならざるもの」として排除する必要がある。覚醒時の思念と睡眠中のそれとが一致し、同思念の真偽の判断がつかぬ時があるからである。[63] かくてすべてが疑われ、すべてが斥けられる。一切は畢竟不確実だからである。ところで、仮令《たとい》確たるものは皆無であろうとも、少なくとも「真」なるものは存在する。疑い得ないものは実在する。〈世に確たるものは皆無である〉[64] との命題がそれである。また「懐疑する主体は『存在』する」との命題がそれである。仮令《たとい》〈一切は偽なり〉と考えるにせよ、かかる考えを有する者が「無ならざる」限り、[65] かかる考えを有する者は〈必然的に何ものかであらねばならぬ〉からである。〈私は考える、ゆえに私は存在する（Je pense, donc je suis）〉との命題が絶対的な確実性と明証性を有する所以である。[66]

　デカルトはさらに懐疑の道を進む。懐疑に懐疑を重ねる。上記の命題は、否、上記の真理は、〈有能至極、老獪至極〉なる〈ペテン師（*deceptor*）〉による幻惑ではあるまいかとの懐疑にまで達する。[67] アウグスティヌスのように。而して以下のような結論を手に入れる。アウグスティヌスのように。曰く〈ペテン師、我を欺かば、〔欺かるべき〕我の存在するは疑わしからず（*Haud dubie igitur ego etiam sum*）〉と。〈私が己れを「何ものか」であると考える限り、ペテン師にも断じて相手を無に至らしめる方途は見つかるまい〉と。ゆえに〈我在り、因って我実在す（*Ego sum, ergo exist*）〉なる命題は、当人がこれを口にする限り、これを抱懐する限り、〈必然的に真なり〉と言わざるを得なくなる。[68] 同真理は〈懐疑論者の不法極まる仮定のすべてを以ってしても微動だにせぬほどまでに堅固にして確実である〉と言わざるを得なくなる。[69] 学問における不動の原理を樹立する方法としての懐疑から出発したデカルトは、かくてアウグスティヌスと同様に、懐疑する主体の存在の確実性の認識に依拠して懐疑の歩みに終止符を打ったのである。

(3) カントの〈コギト〉批判とパスカルの〈コギト〉擁護

デカルトの上記の命題に異議を唱える者もあった。「私は存在する」というのは他の任意の行為からも同様に引き出される結論ではないのか、と。前段は「私は考える」に限定されないのではないか、と。例えば「私は歩行する、ゆえに私は存在する」との命題も同様に成立するのではないのか、と。デカルトの答えはこうである。〈我に取りて我が思惟を措いて他にいかなる活動も確実ならざる〉がゆえに、「私は歩行する、ゆえに私は存在する」なる定立は〈歩行に関する〔内的〕意識(*ambulandi conscientia*)が他ならぬ思惟である限りにおいて初めて〉推断するのを許される命題である。なるほど「私が歩行する」のを「私」が意識する限り、かく意識する〈精神の存在〉を推断する余地はあるが、〈夢〉の中では身体の運動を伴わぬ「歩行」を歩行と錯覚する可能性があり、因って〈歩行する身体の存在〉は「懐疑」に耐え得る明証的存在とは言い難いのである、云々。(70)

第一原理は「三段論法」ではないとデカルトは主張する。〈ある種の第一認識(*prima quaedam notio*)〉である、と。(71) 因みに、およそ一世紀後のプロイセンの哲学者カントは同原理を紛れもない三段論法の帰結であると見做した。〈思惟するものはすべて存在する〉という〈大前提〉に立って初めて〈我、思惟す〉なる命題から〈我、存在す(meine Existenz)〉なる命題が推論されるのである、と。(72) ただし、カントは、上記の大前提に立ったところで、実は〈我、存在す〉なる帰結が得られるわけではないと考えていた。大前提における主語と述語を入れ替えた命題、「存在するものはすべて思惟するものである」は成り立たぬからである。ならば、大前提の意味するところは、〈主語としてしか思惟され得ぬものは主語としてしか存在せざるものにして且つそれは実体（Substanz）である〉と言わねばならぬ。[73]大前提は詰まるところ〈主語としてしか思惟され得ぬ諸物（Dinge）〉に関する規定なのである。[74]

他方、〈我、思惟す〉なる命題（小前提）の主語と述語を倒置した命題、「思惟するものは我なり」は成り立たない。因って、同命題を構成する「我」は常に「思惟する」の主語と〈見做されねばならぬ〉。つまり〈単に述語の如く思惟に付着するものとは見做され得ぬ「あるもの」と見做されねばならぬ〉。[75]すなわち小前提は〈自我が意識の主体の役を果たすのを常とするが如き思惟〉に関する命題であって、〈諸物〉に関するそれではないのである。[76]

デカルトは（カントが不可欠と判断した）大前提と（己れの提示する）小前提を構成する同一の動詞「思惟する」に〈相異なる意味〉を与えた。大前提における「思惟」が〈客体〔客観〕一般〉に係わる「思惟」なら、小前提におけるそれは単に〈自己意識〉との関係において成立する「思惟」を指し、〈客観（Objekt）〉を排除する。[77]かくてデカルトは意味を異にする二種の「思惟」の同一性を前提とした帰結を提示するのである。カントは指摘する、上記の大前提と小前提は〈我は我が存在（Dasein）を思惟して、単に我を判断の主体〔主語〕たらしめる〉との結論に至る前提に過ぎず、〈我の存在の仕方（die Art meines Daseins）〉に関する説明にはならぬ、と。[78]小前提が含意する〈思惟するものとしての「我」〉は〈内的感覚の対象（Gegenstand des inneren Sinnes）〉すなわち〈霊魂〉であるが、[79]この場合、「我」すなわち「霊魂」が〈我の表象能力（meine Vorstellungskraft）〉の〈外〉に存在するか否かは無論不明である。[80]因って、デカルトの第一原理なるものは〈誤謬推理〉である、云々。

一方、「コギト」はアウグスティヌスの命題の焼き直しであると指摘したのはソルボンヌで教鞭を取っていたポール・ロワイヤルの神学者アントワーヌ・アルノーである。[81] 指摘を受けたデカルトはこれを批判とは受け取らず、アウグスティヌスとの〈一致〉をむしろ奇貨とした。最大の教父との一致には「第一原理」を葬り去ろうとする小心者を沈黙させるだけの威力があると考えたからである。[82]

既述のように、パスカルはデカルトの「コギト」をアウグスティヌスの「二番煎じ」とは観ていない。『ド・サシ師との対話』の数年後に書かれた『幾何学的精神』において、パスカルは言わば自発的にデカルトの弁護役を買って出る。パスカルは〈偏見なき人々（personnes équitables）〉に問う、同じ科白も同じ認識の表れであるとは限らないのではないか、と。[83]「我、思考す、ゆえに我存在す」なる原理が、デカルトと千二百年前の教父において〈真に同一の〉意味を持つとは限らないのではないか、と。[84] パスカルは続ける、デカルトの命題は〈物質的本性と霊的本性との区別を証明する一連の結論〉の前提であり、〈自然学全体の堅固な一貫した原理〉の原理である。一方、アウグスティヌスのそれは熟慮の末の結論などではなく、言わば偶成の所感に過ぎない。前者は〈生命と力に満ちた人間〉の言葉であるが、後者は言わば〈死んだ人間〉のそれのようである。したがって、たとえ示唆を与えたのが〈偉大なる聖人（＝アウグスティヌス）〉であるとしても、デカルトの当該命題は本人の言にあらずなどと言う気持ちには〈到底なれない〉[85]のである、云々。

周知のように、パスカルはアウグスティヌス神学に格別の敬意を払い、「デカルトの神」を厳しく批判した。しかし、こと「コギト」に関する限り、両者に関する評価は逆転する。恐らくはデカルトの「コギト」がパスカルには人間の思惟に対する賛辞と感じられたがためである。デカルトの命題が「物質」（巨大なる宇宙）に対する「非物質」［Cf. B.349］としての人間の「精神」（思惟）の永遠の優越性に関する定立と受け取られたがためである。パスカルは、他でもない、人間の〈思考（思惟）〉にその〈尊厳〉を見出す。存在理由を見出す。『パンセ』の〈考える葦〉をめぐる一連の考察［B.347; B.346; B.348］を読めば、パスカルの言わんとするところは明らかである。人間は巨大な〈宇宙〉の重圧に対しては為す術《すべ》を知らぬ。何ら為すところを知らぬ。〈物質〉としての人間は洵《まこと》に非力である。無力である。が、非力な人間は、無力な人間は、実は宇宙よりも〈遥かに高貴〉である。〈己れに対する宇宙の優勢〉を認識しているからである。〈己れの死すること〉を〈承知している〉からである。宇宙は何も〈知らぬ〉からである。物質としての、身体としての人間は〈脆弱この上ない葦〉である。が、ただの〈葦〉ではない。無知だからである。人間が宇宙よりも遥かに〈高貴〉である所以である。身体の一部の欠損した人間は想像に難くない。〈手も足も顔もない人間を想像する〉のも強ち無理とは言えない。が、「考えない人間」を想起するのは困難である。否、不可能である。〈思惟なき人間を想像するのは不可能である〉。これは勝れてデカルト的な表現である(86)。要するに人間の本質は〈思惟〉である。ならば〈そこから立ち上がる〉べきである。己れの手に余る〈空間と時間〉から〈立ち上がる〉のではない、他ならぬ〈思惟〉から〈立ち上がる〉のである［B.347］。〈人間の偉大さを形成する〉のは〈思惟〉だからである［B.346］。〈人間の尊厳〉は他ならぬ〈思惟〉だからである［B.347］。

パスカルは、人間の偉大さを、尊厳を、「思惟」に見出す。「そこ」に限定する。が、始めからそうしていたのではない。実はデカルトの「コギト」の弁護役を買って出た頃からである。既述のように、『幾何学的精神』に先立つ『ド・サシ師との対話』において、人間の〈偉大さ〉は〈義務感〉にあるとされているからである。しかし「コギト」擁護の一文を草した後に書かれた『パンセ』は、「人間の偉大さを形成する」のは他ならぬ「思惟」であるとの立場を鮮明にする。恐らくはデカルトの「コギト」が人間の偉大さに関するパスカルの考えを変えたのである(87)。とはいえ、パスカルは主体の「存在」を証明するのに「思惟」を以ってしたわけではない。後に詳述するが、パスカルによれば、「存在」は言わば生得的《ア・プリオリ》観念であって、「思惟」の結果ではないからである。

(4) パスカルと懐疑主義

真理探究の端を開くのは常に「懐疑」である。パスカルもまた「懐疑」から出発する。が、パスカルはデカルトではない。『方法叙説』に類する精神の軌跡を辿る記録作者ではない。しかし、若年のパスカルが「正真正銘の懐疑主義者」モンテーニュに魅了されていたことは『ド・サシ師との対話』から明らかである。何故《なにゆえ》に魅了されたのか。モンテーニュの叙する一切がパスカル本人の〈内部〉に〈見出され〉たからである[88][B.64]。既知の思想だったからである。実際、『パンセ』の中に懐疑主義的表現を見出すのは然《さ》して困難ではない。一例を挙げよう。

〈〈奇妙なことに、かかる事象はこれを定義すれば必ず明瞭さを欠くという結果を生ずるのである。始終話頭に上《のぼ》る事柄であるにもかかわらず[89]〉誰もが同じように解していると誰もが仮定しているのだが、そう仮定する理由が何もないのである。誰も何の証拠も握ってはいないからである〉[B.392]。

定義によって逆に不明瞭さを生ずるのが、〈空間〉〈時間〉〈運動〉〈数〈の比例関係〉〉〈相等〈等しさ[90]〉〉〈人間〉〈存在〉〈多数〉〈減少〉〈全体[91]〉等の観念であることは『幾何学的精神』から明らかである。『ド・サシ師との対話』における表現に従えば、人間生活を〈囲繞する[92]〉〈当然至極な、堅固この上なき[93]〉かかる観念が、まさにそれゆえに〈まったく説明のつかぬ[94]〉表象となっているのである。かかる「生得的」諸観念[95]の「定義」は、定義された観念の〈説明〉となるどころか、当の観念をむしろ〈曖昧〉[96]にし、〈不明瞭〉［B.392］にする。パスカルは『幾何学的精神』の中で、某哲学者による「運動の定義」を一例として挙げる。曰く、〈運動とは［…］可能態における存在の現実態である〉[97]と。哲学者名は明かされてはいないが、無論アリストテレスである。同運動論は十七世紀後のトマス・アクィナスがキリスト教の「神の存在証明」に利用した権威ある定義である[98]が、同定義は、パスカルによれば、万人が解する〈普通の意味〉の〈運動〉を少しも説明しない〈唯名〔論〕的定義（définition de nom）〉である[99]。言わば〈名目の押し付け（l'imposition d'un nom）〉であり、対象の本質や本性を全面的に明示するとは言い難い非本質的定義である[100]。

〈定義不能〉の観念に関する〈万人共通の理解〉を保証する〈根拠〉などはあり得ない。『パンセ』の前掲断章B.392は「運動の観念」に関して以下のように指摘する。

〈同一の物体が位置を変える度《たび》に、同物体を目撃する二人の人間はいずれも「動いた」という同じ言葉でこれを表現する。用語の一致から、観念の一致に関する強力な憶測が引き出される。しかし、同憶測は、まず間違いなく肯定されるべきものであるとはいえ、絶対的な確信に基づく絶対的に明証的なるものとは言えない。周知のように、相異なる仮定からしばしば同一の結論が引き出されるからである〉［B.392］。

「運動」は定義し難く、ために万人が「運動」なる言葉を同じ意味に解しているという保証はなく、因って「運動」は一ならずとする懐疑論も十分に成り立つというのである。

懐疑をさらに推し進めるとどうなるか。パスカルがすでに『ド・サシ師との対話』において要約したモンテーニュの言葉通りになる。仮に人間が〈共通観念（notion commune）〉を持ち、〈公理〉を有するとしても、〈真理の原理を蔵するか否か〉(101)は現に不明であり、〈公理ならびに共通観念〉と〈本質的真理〉との〈一致〉(102)も事実上証明し難いのである。ならば、〈共通観念〉を、〈公理〉を、〈真なり〉と断定するための〈確証（certitude）〉[B.434] はどこにもないはずである。つまり〈懐疑派は大いに面目を施した〉[B.392] ことになる。が、結局のところ、パスカルがかかる論理に搦め捕られる気遣いはなかった。懐疑のための懐疑の泥沼にはまり込む惧れはなかった。盲目的・確信的反懐疑主義者だったからではない。恐らくは二種の論理に支えられていたからである。

第一の論理は言わば幾何学的論理である。〈空間〉〈時間〉〈運動〉〈数〔の比例関係〕〉〈相等〉等の〈定義〉の困難さを認めざるを得ないと考えるのはパスカルとて同様である。が、パスカルは言う、およそ上記の諸観念を抜きにした幾何学的命題は成立しない。存在し得ない。しかし、〈定義し得ぬ〉、「証明し得ぬ」[Cf. B.395] 如上の諸観念、諸術語から成る幾何学は、現に確実この上ない学問と見做されている(103)。而してその理由を説明するのは何人《なんぴと》にも不可能である。ならば、〈自然〉が〈万人〉に与えた〈共通観念（idée pareille）〉が「定義不可能性」なる〈欠陥〉を補い(104)、〈自然が無言のうちにそれ〔定義されぬ諸術語〕に関する理解力を与え〉(105)、当の術語自体が〈言語を理解する者に、ごく自然に、その意味するところを明かしている〉(106)と考える他はない。ならば、上記の術語は〈始原語（mot primitif）〉(107)と称するべき基本語であると言わねばならぬ。因って、〈始原語〉の観念とは言わば人間の生得的な《ア・プリオリ》〈自然的諸原理〉[B.434] なのである。〈両義性を完全に脱した〉説明と同様の〈自信〉と〈確信〉(108)に支えられた〈始原語〉から成る諸命題が幾何学において何らの〈混乱〉をも不都合をも生じない所以である(109)、云々。

しかし懐疑主義者はやはり承服しまい。相手は直ちにこう反論しよう、生得観念なる〈自然的感覚（sentiment naturel）〉も〈説得的な真理の証し〉［B.434］にはならぬ、と。果たしてモンテーニュは以下のように主張していたのである。〈人間は専ら信仰によって知っているのである、〔公理と共通観念が〕〉人間に「真」として賦与されているのは、至善の「存在」（Être）が真理を知らしめるべく人間を創造したからである、と。ならば、かかる光明なくして［…］その不確実ならざるを誰が知ろうか〉(110)。確かに自然的諸原理は〈狡猾邪悪なる存在（un être faux et méchant）〉(111)の与えた偽物にはあらずという保証はない。まったくない。〈信仰（foi）〉と〈啓示〉を措いて他にその真偽を判断する手掛かりはどこにもない［B.434］。そもそも人間を〈創造〉したのが〈善神〉か〈魔神（un démon méchant）〉か、はたまた〈偶然〉か、これまた判然としないのである。ならば、覚醒と睡眠との違いを〈得心〉させるのも他ならぬ〈信仰〉であり［B.434］、〈信仰を措いて他に〉〈確実なるは皆無なり〉［B.434］と言わざるを得ない(112)。

上記の如き根源的懐疑に対してパスカルが用意したのは純理的反論ではなく、言わば「実存的」反論であると思われる。他ならぬ「善神」への「無自覚な信仰」を措いて他に「生」を可能にするものは皆無であるというのである。以下に引用するのは『パンセ』B.434の一節である。

〈〔懐疑論者は〕優柔不断（neutre）である、何方《どっち》つかずである、己れを含むすべてに対して態度を保留している（suspendu）。［…］人間はそもそもこういう体《てい》たらくでどうしようというのか。［…］自分が目覚めているのか、つねられているのか、焼かれているのか、それさえも疑うというのか。疑っていることまで疑うのか。己れの存在まで疑うのか。まさかそこまで疑うのは無理である。断言するが、いまだかつて歴《れっき》とした完全なピュロン主義者〈懐疑主義者〉などいた例《ためし》はないのである。自然本性が無力な理性を支えて、そこまで常軌を逸した真似はさせないのである〉。

パスカルは言う、己れの存在まで疑ってかかるのは土台無理である、と。自己の存在に関する懐疑などは空事《そらごと》である、と。読者は図らずもアウグスティヌスやデカルトの「コギト」を想起する。ただし、パスカルは、「懐疑する主体」の「懐疑」の明証性による己れの「存在」の明証性を、後二者ほどには力説していない。むしろ〈無力な理性〉を支える〈自然本性（nature）〉による自己規制の事実を強調する。パスカルは「存在」を、「定義」し得ぬ〈始原語〉のひとつに数える。〈自然（nature）〉が万人に与えた共通観念が「定義不可能性」なる〈欠陥〉を補い(113)、やはり〈自然〉が人間に「定義不可能」なる諸術語に関する理解力を〈無言のうちに〉与え(114)、因って当の術語自体が言語を解する人間に〈ごく自然に〉その意味するところを明かしていると考える(115)からである。実際、〈存在する（ある）〉と言わずして成立する命題は皆無である。「存在」は〈始原語〉の中の〈始原語〉である。

のみならず、パスカルにとって〈存在する（ある）〉は論理学的始原語にとどまらず、デカルトのそれよりもはるかに「実存的」な意味をもつ。デカルトの「コギト」にあって、「存在する（*sum*）」は、後にカントが批判するように、現実性の欠如した、言わば「霊魂としての存在」の証しであるに止《とど》まる。一方、パスカルの言う「存在」は、身体あるいは「感官を伴う存在」、現実存在、すなわち「生」を意味する。現に〈つねられている〉者が〈つねられている〉のを、〈焼かれている〉者が〈焼かれている〉のを「疑うはずはない」からである［Cf. B.434］。「完全なる懐疑主義」は所詮空言《そらごと》に過ぎないのである。

したがって〈いまだかつて歴とした完全な懐疑主義者などいた例がない〉という一句は文脈上「完全な懐疑論者には『生きる』方途がない」という意味を含む。第一諸原理や自然的諸原理［B.434］の理性による定義や証明の欠如を論《あげつら》い、同諸原理を懐疑する者、あるいは共通観念ならびに公理と本質的真理との一致を懐疑する者は「生」を断念する他はない。例えば〈空間〉〈時間〉〈運動〉〈数〔の比例関係〕〉〈相等〉〈人間〉〈存在〉〈多数〉〈減少〉〈全体〉(116)等の、万人における一義性を懐疑すれば、日常生活は直ちに崩壊しよう。農作業も衣服の縫製も建築も不条理な行為となろう。また「完全な懐疑主義者」ならば、日々の糧の無毒なることも常に疑わねばなるまいが、懐疑を貫けば餓死は必至である。パスカルは明言する。〈人間は［…］己れの認識対象のすべてに関与する。己れの占める場所、存続するための時間、生存するための運動、己れを構成する諸元素、生育するための熱と食料、呼吸するための空気を必要とする。光を見る。諸物体を感覚する。つまり一切が己れと連結している〉［B.72］。

何人《なんぴと》にも懐疑は付き物である。しかし生者はまた行為者である。行為は常に反懐疑の形式を取る。完全なる懐疑はいかなる行為の原因にもならない。自称懐疑主義者も、生者である限りは、行為者である限りは、「懐疑不能」［Cf. B.389］の状態に陥っている。懐疑を中断し、自然的諸原理と本質的真理との一致に対する無自覚の「信仰」に身を委ねている。「生」とは言わば懐疑の〈恒常的中断（suspension perpétuelle）〉に他ならない。すなわち〈いまだかつて歴とした完全な懐疑主義者が存在した例はない〉のである。懐疑論者も〈本音を言えば（en parlant de bonne foi et sincèrement）〉［Cf. B.434］、〈諸原理の疑うべからざる〉［B.434］を認めざるを得ないのである。〈専ら第一諸原理との闘いを事とする懐疑論者〉の奮闘は畢竟〈徒労〉に終わる他はない［B.282］。世の「完全な懐疑論者」なる者は所詮〈愚直な懐疑主義者（brave pyrrhonien）〉［B.73］に過ぎない。

「賭けの断章」の冒頭の一節を引く。〈人間の霊魂は身体に投入され、そこで、数、時間、諸次元を見出す。霊魂はそれに基づいて推理し、それを自然、必然と呼ぶ。霊魂にはその他のものは信じられない〉(117)［B.233］。自然的諸原理に支配された世界に生を享けた人間は「それ」に基づいて思考し生活するが、何の不都合も何の混乱も生じない。自然的諸原理がまさに「自然」と呼ばれ「必然」と称される所以である。由来〈人間にはいかなる懐疑論にも征服されぬ真理の観念がある〉［B.395］。「観念」とは言い条、実は自然的諸原理ならびに公理と本質的真理との一致に対する「無自覚な信仰」なのである。が、本来「信仰」や「信念」の類を目の敵にするのが懐疑論者の懐疑論者たる所以である。パスカルは別の断章で、自然的諸原理への無自覚な信仰を〈心情による認識〉と呼び替えて、独特の認識論を展開する。

〈真理の認識は独り理性の働きであるに止まらず、また心情のそれでもある。第一諸原理の認識は後者による。同原理とは無縁な理性的推理力（raisonnement）が同原理に戦いを挑んだところで無駄である。［…］例えば、空間、時間、運動、数のごとき第一諸原理に関する〔心情的〕認識は理性的推理力による認識のいずれにも劣らず堅固である。［…］心情は、空間の三次元なることを、数の無限なることを知覚する。次いで、理性が、一方が他方の二倍である二つの平方数の存在しないことを論証する。諸原理は〔心情によって〕知覚され、諸命題は〔理性的推理力によって〕論証される。筋道は異なるが、すべてが確実に行なわれる。〔したがって〕第一諸原理を承認しようがために、理性が心情に証拠〔の提出〕を求めるのは無益かつ滑稽である。同様に、心情が理性の論証する全命題を認容しようがために、同命題に関する直覚（sentiment）を理性に要求するのはお笑い種《ぐさ》だろう〉［B.282］。

常に定義と証明に依拠して真偽を判定する理性には、自然的諸原理と本質的真理との一致もしくは不一致に関する認識は不可能である。が、人間には生得的《ア・プリオリ》に別の認識機能が備わっている。「心情」がそれである。「心情」は自然的諸原理と本質的真理との一致をいとも簡単に「直覚する」。「心情」による認識〔知覚〕がまた〈本能〔直観〕による認識〉［B.282］の名で呼ばれる所以である。因みに、パスカルは別の断章にはこう書いている、〈〈自然的〉諸原理〉は仮令《たとい》〈幾何学的精神〉には〈明白〉ならずとも、〈繊細の精神〉には〈感覚し得るほどまでに明瞭〉［Cf. B.1］である、と。同断章に言う「幾何学的精神」が「理性」に、「繊細の精神」が「心情」にそれぞれ対応するのは明らかである。

「心情」による認識と「理性」による認識とを区別するパスカルの認識論はある意味ではカントのそれに似ている。カントもまた人間の認識能力を〈感性（Sinnlichkeit）〉と〈悟性（Verstand）〉とに大別し、後者を前者の後衛と見做したからである。が、カントは、〈数学と科学〉による説明の範囲を、〈感性〉の〈ア・プリオリな形式〔空間ならびに時間〕〉と〈悟性〉の〈ア・プリオリな形式〔範疇〕〉とによって規定された〈現象〉に限定した[118]。したがって、〈現象〉と外的世界との一致に関する判断が明証的ならぬことは論を俟たぬ。一方、パスカルの主張は、既述のように、以下の如くである。人間の有限なる認識が部分的に迷妄と誤謬を含むのは不可避であるといえども、人間の〈心情〉と〈理性〉による外的世界の認識がともかくも真理認識であるのは確かである、と[119]。パスカルとカントの認識論における違いはここにある。

ところで、パスカルは心情と理性による相異なる認識を一見等価と見做したかの印象を与えるが、前掲断章B.282の引用箇所の直後にこう追記している。〈人間はむしろ理性をまったく必要としない方がよかったろう。全事象を本能〔直観〕と直覚とによって認識した方がよかったろう〉。理性は自然的諸原理と本質的真理との一致に対する「無自覚な信仰」を肯じ得ぬ概念的認識能力である。ならば、キリスト教信仰はなおさら理性の能く到達し得るところにあらずとの思いが上記の一文には込められているのかもしれぬ。しかし周知のように、「決定的回心」の際に記された「覚書《メモリアル》」には〈確実、確実［…］〉の文字が読み取れる。ならば、自然的諸原理と本質的真理との一致に関する「心情的確信」ならびに同諸原理に基づく新たな理性的真理認識の可能性に関する確信がパスカルに上記の語を書き取らせたとの解釈も成り立たぬわけではない。既述のように、「確実性の認識」は懐疑を空言化する。あるいは破砕する。パスカルは「懐疑主義の快楽」と訣別する。とはいえアウグスティヌスやデカルトの道を選び取ったのではない。パスカルは無自覚的・生得的《ア・プリオリ》信仰に基づく独自の論理を展開する。神はパスカルをまさにド・サシ師の所謂〈悪疫の如き快楽（*jucunditas pestifera*）〉から〈引き戻した〉[120]のである。

第二章　神の存在証明

Ⅰ　哲学者たちによる「神の存在証明」とその批判

（1）序

既述のように、アウグスティヌスとデカルトは共に「懐疑」から出発した。すべてを疑って掛かった。而して遂に絶対的に「確実なるもの」を把捉するのに成功した。「思惟する自己の存在」の「絶対的確実性」の認識に到達した。が、実は「絶対的確実性」を脅かす事実がある。これを揺るがす事象がある。自己の「存在」と「認識」の有限性がそれである。実際、「存在」の根拠が、「認識」の基盤が、「絶対的なる無限の存在」でなければ、「神」でなければ、「思惟する自己の存在」の「絶対的確実性」も空文と化する惧れがある。空事《そらごと》になる危険がある。両者が「神の存在証明」へと思惟を進める所以である。

一方、両者と同じく懐疑主義に接近し、最終的に「懐疑」を脱したパスカルは、周知の通り「神の存在証明」はこれを行なわぬ旨を言明する［B.556］。仮令《たとい》〈熱烈なる信仰〉の持ち主［B.242］には〈資する〉［B.543］ところ無しとせぬ論証といえども、〈信仰と恩寵の欠如せる者〉［B.242］には〈無益〉であると考えるからである。とはいえ、「神の存在証明」に関するパスカルの見解は見掛けほど単純ではない。一筋縄で行くものではない。後に詳述するが、『パンセ』には伝統的な「神の存在証明」を髣髴させる記述が確かに散見するからである。何のための言説か。その目的とするところは何か。なるほど、世には〈考えずにはいられぬ（qui n'ont pas le pouvoir de s'empêcher [...]de songer）〉人間が存在する。〈禁じられれば禁じられるほど考え〉[B.259]、〈堅固なる論証〉を見出さぬ限り〈真の宗教〉をも〈手放して〉憚らぬ人間が存在する。パスカルはそれをよく知っている。『パンセ』中の如上の記述はかかる人士のための堅固なる論証用の手控えか、それとも他の目的のための書き込みか。かかる疑問を解くためには、キリスト教における代表的な「神の存在証明」とその是非に関する論議をともかくも通覧する必要があろう。

（2）アウグスティヌスの「神の存在証明」

アウグスティヌスは仮令《たとい》相手が「良き意志」を持つ無神論者であろうとも、直ちに神の存在証明を展開するのは避け、先ずは聖書を提示し、書中の「諸々の証言の価値を明確にし、諸々の預言を力説する」のを良しとした。すなわち証明するに先立って、相手の信仰を涵養するのである(1)。経験上、〈何人も、後に獲得すべき知識を、先ず信じてかかるにあらざれば、神を見出すにふさわしき者とは言い得ず(2)〉と考えるからである。が、〈知らざる者はこれを愛し得ざる(3)〉のもまた確かである。すなわち、アウグスティヌスによる「神の存在証明」の企ては、神を「知らざる者」は神を「愛する」能わずとの考えに立つ。論理的に言えば、「神の現存の発見」は「信仰の前兆」なのである。上記の観点からすれば、アウグスティヌスはパスカルの先駆者であるにも増してトマス・アクィナスの先駆者であると言うべきだろう(4)。

既述のように、アウグスティヌスは「懐疑」が「懐疑する主体の存在」の確実性の明白な証拠であるとの逆証明を行なった。然らば懐疑する〈精神〉は〈己れが知解し（*intelligere*）、存在し（*esse*）、生存する（*vivere*）を知る〉のである。[5]つまり「懐疑」とは「存在者」「生存者」「知解者」としての自己発見に他ならない。ところで、「存在」「生」「知解」の内で最も〈優れたる〉名辞は〈知解〉である。[6]なぜなら、上記の三名辞中〈二または一を欠く〉名辞よりも三名辞のすべてを含む名辞が最も〈優れたる〉名辞であると考えるならば、〈石〉の如きは〈存在〉すれども〈生命〉と〈知解〉力を欠き、〈動物〉の如きは〈生き〉て〈存在〉すれども〈知解〉力を欠くのに対して、人間は〈生き〉て〈存在〉して〈知解〉するのみならず、[7]〈認識を認識対象と結合し、存在ならびに生を自己と結合して〉、[8]〈知解〉を他の二名辞を含む最も〈優れたる〉名辞たらしめているからである。[9]而して人間は認識能力によって存在者の最高位に立つ。とはいえ、認識能力とはそもそもいかなる能力か。

アウグスティヌスによれば、人間の認識に最初に関与するのは〈感覚（*sensus*）〉である。認識は先ず感覚から始まる。とはいえ、単一の〈感覚〉を以ってしても〈物体〉を十全に認識するには至らない。ある物体、例えば「金塊」に関して、視覚は「色」「形」を、触角は「堅さ」「滑らかさ」等を、聴覚は「音」を、嗅覚は「匂い」を感取するが、個々の「感覚」を以ってしても対象が「金塊」であるとの判断はつかぬ。つまり〈全感覚に共通に関係する対象の何たるか〉の〈識別〉を個々の「感覚」に委ねるわけには行かぬ。ならば、何が対象を十全に認識するのか。〈理性（*ratio*）〉である。[10]諸感覚の所与を統括し、他の後天的知識を持ち来たし、対象を「金メッキの塊」ならぬ本物の「金塊」であると判断するのは理性である。ならば「感覚」を有して「理性」を有せぬ「動物」に「金メッキ」と「金」の違いが捉えられようはずはない。すなわち「理性」が「感覚」の上位に立つのは明白である。[11]

然らば理性の認識の正否を判定するのは何か。例えば理性が七と三の和を九と判断した時、「解」を偽と判断するのは何か。他でもない、〈7＋3＝10〉という〈不変の真理〉である。ところで、人間の「理性」は可変的である。上記の「解」を変更する可能性を有するからである。ならば〈真理〉は〈理性〉の所産ではない。「人間精神から独立した」[12]普遍的法則である。人間が「真理」として発見する不変の理である。因って〈何某の真理〉なるものは存在しない。〈不変の「真」を洞察する〉者に〈公の光の如くに〉等しく〈現前して〉〈己れを手渡す〉のが他ならぬ〈真理〉である。[13]

人間精神から独立し、理性の認識に評価・判定を下す「真理」は、それゆえに理性の上位に立つはずである。ところで、真理の上位に立つのは何か。真理を超えるものとは何か。差し当たり真理を真理たらしめるものの存在が考えられよう。しかし、この系列の極点に位置するのは何か。無論、諸々の真理を評価判定しかつ諸々の真理から評価判定されぬ〈永遠不変〉[14]の真理である。自存的真理である。[15]ならば、〈人間精神を超えた〉[16]諸々の真理の「真理」を、〈至上のもの（*id quod est nullus superior*）〉を、〈神〉と呼んだところで何の不都合もないはずである。[17]事実、神は「真理自体」である。人間の〈内なる教師〉である。果たしてキリストは言う、〈我は真理なり〉（ヨハネ、14·6）と。〈汝等もし我が言葉に留まらば［…］真理を知らん、而して真理は汝等を解放せん〉[18]（同、8·31-32）と。

とはいえ、繰り返すようだが、かかる「神の存在証明」をアウグスティヌスが過分に評価したわけではない。証明によって神を認識する哲学者の中には己れの能力を過信し、神に救いを求めぬ高慢なる人士が散見するからである。[19]事実、アウグスティヌス自身にもまた、〈知者扱いされようとの欲求〉を抱き、己れの〈罪〉を顧みず、〈智慧〉に〈奢り高ぶる〉時代があったのである。当人はやがてイエス・キリストの〈謙遜〉を〈土台〉とした

〈愛〉を知るのだが、〈土台〉を教えたのは哲学書ではない。聖書である。アウグスティヌスは確かに〈プラトン学派の書物に読みたる真理〉を聖書にも見出すのだが、プラトン学派の書物にはしかし、人間の罪に関する、神の恩寵と救済に関する記述が完全に欠落していた。そもそも神の呼びかけがなかった。以下は神に対するアウグスティヌスの赤裸々な「告白」の一節である。

〈〔プラトン主義哲学者等の書物の〕章句は［…］敬虔さの相貌を持たざるなり。告解の涙も、汝の〔捧げし〕犠牲も、苦悩に拉《ひし》がれし霊魂も、痛悔と謙遜の心情も、民の救済も、〔神の〕新婦《はなよめ》なる国も、聖霊の保証〔手付け〕も、我等の救いの杯も[20]〉。

仮令《たとい》「真理なる神」を知り得ようとも、「謙遜を土台とせる愛」であるイエス・キリストを求めずんば何の意味やあらん。「神の存在証明」の意味と価値に関するアウグスティヌスの見解は後述するパスカルのそれと物の見事に一致しているのである。

(3)　スコラ神学者による「神の存在証明」

(a)　アンセルムスの証明

スコラ神学者カンタベリーのアンセルムスの証明は後に「存在論的証明」の名で呼ばれるはずの諸家の証明の嚆矢となった。同証明は〈神の名〉に関する論考すなわち「神」の定義から始まる。アンセルムスによれば、神とは〈考えの及ぶ限り最大のもの（*aliquid quo nihil maius cogitari potest*）〉である。ところで、と論者は問う、専ら〈知性〉の内に〈存在する〉ものと〈知性〉ならびに〈事物（*res*）〉の内に〈存在する〉ものの「大小」を比較すれば、いかなる解が得られるか、と。つまり純然たる「概念」としての存在（者）と、「概念」として存在しかつ「現存」する存在（者）の、いずれが「大」で、いずれが「小」であるか、と。論者は続ける、後者が前者よりも「大」であるのは明白であり、因って〈考えの及ぶ限り最大のもの〉すなわち神が「現存する」のは明白である、と。(21)

しかし一世紀後の神学者トマス・アクィナスは如上の証明を「証明の体をなさぬもの」として退ける。なぜなら、トマスによれば、第一に、「神の名は考えの及ぶ限り最大のものである」との命題の普遍性には疑義があるからであり、第二に、アンセルムスによる神の定義なるものから、「故に神は現存する」との結論は得られないからである。〈知性の把捉の内に存在する〉神は〈事物世界（*rerum natura*）にも存在する〉神であると言い条、かかる「神」は畢竟「知解者」の〈知性の把捉の内に存在する〉神である。同論証は明らかに論点先取の虚偽の産物である。「考えの及ぶ限り最大のもの」の現存に関する論証が欠如しているからである。(22)

トマスによる如上の批判は後述するカントの「神の存在論的存在証明」批判の先駆けと言えよう。

（b）トマス・アクィナスの証明

アンセルムスの証明を批判したトマス・アクィナスも、しかしながら、〈神は存在する（*Deus est*）〉なる命題がキリスト者には〈自明〉であることを承認する。神はモーセの需《もと》めに応じて、「名」を、つまり「本質」を告知した。我は〈ヤーヴェ〉なり、と。すなわち「在りて在る者（*Ego sum qui sum*）」または「我在り（*Qui sum*）」である、と。(23)それならば神は「永遠に在り続ける者」「絶対に必然的な存在者」である。当然のことながら、イエス・キリストもまた上記の神の「名」を追認し、「我は在る（*Ego sum*）」と宣言した。[24]
神が「最高の存在」であれば、「神は存在する」という命題は〈自明〉である。主語と述語が同一内容を指し示す「分析判断」に当たるからである。しかしトマスによれば、人間は差し当たり〈神の何たるか〉を知らぬ。因って、上記の命題は〈自明〉ではない。ならば、神の存在は確かに〈論証を要する〉事案である。が、概念に始まり概念に終わるアンセルムス流の証明を御破算にして神の「現存」を証明するためには「事物世界」に依拠した証明が要求される。〈事実としての〉結果（*effectus*）〉を踏まえた証明すなわち「経験」に基づく証明が不可欠となる。「結果＝事実」の存在が明白であれば〈原因（*causa*）〉が〈先在する（*praeexistere*）〉のは〈必然〉である。[25]

トマスは「結果＝事実」に基づく五種の経験的証明法（五通りの〈道〉）を提示する。が、本書では「第三の道」と「第五の道」のみを取り上げる。本章の目的、すなわちパスカルにおける「神の存在証明」の意義に関する論究ならびに同論究に必要なデカルトの証明あるいはカントの批判に、直接関連するのは上記の「道」に限られるからである。

「第三の道」とは〈可能的なるもの（*possibile*）〉と〈必然的なるもの（*necessarium*）〉に依拠した証明であり、後述のカントの分類を適用すれば「宇宙論的証明」に属するものと言えよう。〈可能的なるもの〉とは〈存在することも存在しないことも可能なるもの〉すなわち〈生成し消滅する〉ものを言う。つまり〈恒常的に（*semper*）存在する能わざる〉ものの謂いである。「経験」は世界が「可能的なるもの」に満ちていることを教える。自己の存在を〈既存物〉に負い、「自己が自己の存在根拠とはなり得ない」[26]ものに満ちていることを。しかし世界が純然たる〈可能的なるもの〉の集合体であれば、〈恒常的に存在する能わざる〉世界には〈何ものも存在せざる時〉があったはずである。否、「自己の存在根拠とはなり得ない」世界自体が始めから存在しなかったはずである。つまり「始め」であれ「途中」であれ、完全な「無」の「時」があったとすれば、世界は今もなお「無」でなければなるまい。「絶対無」からの存在の生成の不可能なることは文字通り自明だからである。(27)

現実に照らしてみれば事は明らかである。因って、世界の〈存在者〉のすべてを〈可能的なるもの〉とするのは不条理な判断である。「存在する」ことが「必然」であるもの、己れの存在を他の存在に負わずして永遠に存在しかつ「存在」を賦与し得るもの、すなわち〈必然的なるもの〉が存在しなければならない。かかる存在を一般に〈神〉と称する。(28)

「第五の道」は〈諸事物の統治〉の事実に依拠した証明であり、後述のカントの分類を適用すれば「自然神学的証明」に属するものと言えよう。自然界には〈思惟〉すなわち知性を欠く多数の〈自然的物体〉が現存する。人間はかかる物体が〈目的〉のために〈最善〉の方法で〈働く〉のを〈観ている〉。すなわち経験している。トマスは具体例を挙げてはいないが、例えば知性の完全に欠如した天体の「秩序《コスモス》」を現出する整然たる運行や、同じく知性を欠く蜘蛛や蜂などの生存目的に適った見事な営巣などを想起すれば足りよう。上記はいずれも最高の知性体である人間のまったく関与し得ぬ事象である。しかも同事象は〈常にあるいは頻繁に同一の様態にて〉出来《しゅったい》する。事は〈偶然に（*a casu*）〉ではなく、〈意図的に（*ex intentione*）〉為されるのである。ところで、「思惟」を欠く「自然的物体」の「意図的」な活動なるものがあり得ようはずはない。目的を〈理解し認識せるもの（*aliquid cognoscens et intelligens*）〉によって〈指向〉せしめられぬ限り、同物体が目的を指向するはずはない。的《まと》に向かって飛ぶ〈矢〉は〈射手〉が「意図的」に放った〈矢〉である。ならば、自然的物体を〈目的〉へと方向づける〈何らかの知性的認識者（*aliquid intelligens*）〉の存在が不可欠である。かかる存在は〈神〉の名で呼ばれるべきである。[29]

（４）デカルトの証明

デカルトは「懐疑する主体の存在」の確実なるを証明するのに、他ならぬ「懐疑」を以ってし、〈我思惟〔懐疑〕す、ゆえに我存在す〉なる命題に「第一原理」の名を与えた。が、同命題を〈真〉にして〈確実〉ならしめる根拠は、「思惟する我」が思惟すれば存在せざる能わざることを、「我」が〈極めて明確に認識する（voir）〉との認識を措いて他にない。とはいえ、デカルトは同認識に依拠して、〈己れの明瞭判然と了解せる（concevoir）事象はすべて真なり〉との命題を〈普遍的法則〉と為し得るとの判断を得る。[30]が、〈己《おの》が精神の目にて能う限り明証的に見ると信ずる事象に関してすら、我を過たしめるのが神の望みであれば、それは神には容易なりと告白せざるを得ぬ〉[31]のであり、因って、神の存在とその非欺瞞性とが証明されねばならない。ところが、デカルトは「神は欺くか否か」に関して証明らしき証明を行なったわけではなく、単にこう言ったに過ぎない。神の定義からして〈神を「欺く者」と見做すべき何らの理由もなし〉[32]と。なぜなら〈奸計と欺瞞がなべて何らかの欠陥に起因する〉[33]のは〈自然の光〉に照らして〈明瞭〉であるのみならず、〈神〉とは〈〔デカルトの〕思惟が何とか到達し得る完全性のすべてを有し且ついかなる欠陥（*defectio*）をも完全に免れし〉[34]者の謂いであれば、かかる想定は整合性を欠く謬説と言わざるを得ないからである、と。

なるほど、神はまさか「欺く者」ではなかろう。ペテン師ではなかろう。が、それで神の問題が片付いたわけではなかろう。証明が済んだわけではなかろう。

デカルトは第一原理を摑《つか》む前に己れを捉えた「懐疑」の由って来る原因を問う。デカルトは考える、〈認識は完全さにおいて懐疑に勝る〉と。[35]〈完全なる者〉は〈完全なる本性〉を有し、一切を完全に認識するがゆえに「懐疑」を知らぬ。懐疑は、〈存在〉の〈完全（tout parfait）ならざる〉ものの、すなわち〈完全なる本性〉を有せざるものの特性である、と。よろしい。ならば、デカルトは如上の〈完全なる者〉の〈観念〉をどこから得たのか。〈完全性において優るものが完全性において劣るものの結果である〉[36]とは明らかな〈背理（répugnance）〉であるから、同観念は不完全なるデカルト本人に由来する表象ではない。無論〈無〉の表象ではあり得ない。「無からの生成」は不可能である。[37]「無」は無表象である。ならば、「完全性」の「観念」は、〈我〔デカルト〕よりも真に完全なる本性〉によって、つまり〈我にも幾分かは抱懐し得るが如き完全性のすべてを内包する本性〉によって、〈要するに〉〈神〉である〈本性〉によって〈我の内に置かれた〉と考える他はない。[38]すなわち、神は存在する。

以上が所謂「第一証明」の概要である。ところで、同証明は「完全さの観念」の由って来る原因としての「神」の証明にはなり得るとしても、神の現存の証明にはなり得ていない。「第一証明」が証明する神は言わば観念上の神に止《とど》まる。デカルトは神の「現存」を証明する必要がある。が、こちらの方は「第一証明」に比して聊か明快さに欠ける憾みがある。デカルトは仮説を立てる。すなわち己れは〈現存する唯一の存在〉である、と。〈唯一にしてかつ他の何ものにも依存しない〉[39]存在である、と。これが真であれば、デカルトは、当人の言によれば、〈無限、永遠、不変、全知、全能〉の如き完全性を〈自ら所有し得た〉はずである。否、〈完全性のすべて〉[40]を現に所有しているはずである。ところが、デカルトは現実には〈完全性〉の幾分かを〈所有〉するに過ぎない。ほんの〈僅か〉ばかり所有するに過ぎない。にもかかわらず、デカルトは実のところ〈己れの所有せざる完全性の某《なにがし》か〉を抱懐し得る。つまり〈知っている〉。所有せずして知っている。ならば、単なる知識としての完全性は、

「僅か」ばかりの既得の完全性と共に〈完全なる存在〉から〈分有せる（participer）〉ものである。そう考える他はない。そう断ずる他はない[41]。そう断じた上で、デカルトは以下のように推論する。己れは「現存する唯一の存在」ではない。〈己れよりも完全なる別の存在が絶対に不可欠である〉。〈己れは同存在に依存する〉。〈己れは己れの所有物の一切をそこから得たのである[42]〉。〈世界〉に〈存在する〉〈完全さには程遠い本性〉の〈存在〉は〈神の力に依存せざるを得ず、［…］神なくしては一瞬も存在し得まい[43]〉。すなわち神は存在し、不完全なる存在者はすべて神に依存する、云々。

デカルトは上記の論証を行なうに際して〈自由に〉〈スコラ哲学の用語〉を用いる旨の断り書きを挟《さしはさ》んでいるが、スコラ哲学風の論証は目に触れこそすれ、実のところ同用語の使用はほとんど認められない。同論証の不分明さの原因もそこにある。試しに、既述のトマス・アクィナスの「第三の道」の語彙を適用すれば、デカルトの論証はより明快になろう。トマスはデカルトの言う〈唯一にしてかつ他の何ものにも依存せぬ〉存在を〈必然的なるもの〉と呼ぶ。ところで、デカルトの存在は実のところ「他のもの」に依存する。己れの存在を現出し得ぬデカルトの存在は他者を必要とする。トマスは〈存在することも存在しないことも可能なる存在〉を〈可能的なるもの〉と呼び、以下のように言う。〈可能的なるもの〉の存在は常に「既存物」に起因するが、「存在」の系列の起源が「絶対無」であれば、いかなる存在も生起し得ず現出し得ぬことは「自明の理」である。ならば、己れの存在を「他の存在」に負わずして「永遠」に存在し、且つ「存在」を「分与」し得る「第一の存在」が不可欠となる。トマスはかかる存在を〈必然的なるもの〉と称し、〈神〉と呼んだのである。

『省察』中の「第三省察」の論法は『方法叙説』のそれよりも明快である。〈結果（*effectus*）はその実在性（*realitas*）を原因（*causa*）以外の何から引き出し得ようか。また原因が実在性を有せずして、いかにして結果に実在性を与え得ようか。因って、無からは何ものも生起しえぬばかりか、「より完全なるもの」すなわち「実在性をより多く内包せるもの」が「より不完全なるもの」から生起し得ぬことは理の当然である〉(44)。

デカルトがトマス・アクィナスの証明を熟知していたとは思われない。が、例えば「第三省察」の次の一句にトマスの間接的な影響を見るのは強ち無理とも言えない。〈我の存在が他ならぬ我に起因すれば［…］我は神であったろう〉(45)。しかし、思うに、デカルトの証明には神の「存在」よりもその「完全性」を強調する傾きがある。「己れの所有せざる完全性の某か」を「抱懐する」とは言い条、現に所有する「完全性の僅少」なるを知る「我」は到底「現存する唯一の存在」ではあり得ぬとの主張に論理の眼目が置かれているからである。ところで、「唯一にしてかつ他の何ものにも依存せぬ」存在すなわちトマスの所謂「必然的なる存在」は万有に「存在」を分与し得る唯一の存在なるがゆえに、当然「無限、永遠、不変、全知、全能」の如き「完全性」の一切を内包しようが、トマスの「神の存在証明」は完全性に関する論究を含んでいない。一方、デカルトは「第三省察」において、〈神〉の〈名〉で〈知解〉し得る存在として、先ず第一に〈無限の、独立せる、知的この上なき、有能この上なき実体〉(46)を挙げ、然る後に〈我ならびに現存する可能性のある現存者の一切を創造せる実体〉を付加するのである。

当然のことながら、『方法叙説』の第二証明とトマスの「第三の道」との間には微妙なずれが生じる。自己の現存を確証する現実のデカルトは「己れの所有せざる完全性の某かを知る」ばかりで、現に所有するものの「僅少」なるを認めざるを得ない。すなわち当人は「現存する唯一の存在」ではない。「不完全なる現存者」デカルトの有する「僅少なる完全性」を当人に「分与」する「存在」が、当人の「所有物の一切」の由って来る原因である「完全なる存在」が、デカルトに対する他者として存在しなければならぬ。

デカルトは最後に「完全なる存在」としての神をさらに確実なる真理たらしめるべく論証を試みる。明証的かつ確実なる真理の最たるものは〈幾何学の論証〉に基礎を置く真理であろう。しかしこの論証は命題の真なるを確証するも、〈対象〉の〈現存（existence）〉はこれを証明しない(47)。「三角形の内角の和は二直角なり」との命題は「三角形」の「定義」であり、確実なる真理である。が、同定義は世界における三角形の存在を〈保証〉する真理ではない。「現存」を含意する概念ではない。

問題は「神の現存」である。既述のように、神の〈本質〉は〈存在〉である。〈完全なる存在〉である。而して同〈本質〉は間違いなく〈現存〉を含意する。「現存の欠如せる存在」は由来「完全なる存在」の名に悖る存在だからである。不完全なる存在だからである。因って〈この完全なる「存在」である神は存在する、すなわち現存する〉(48)。これが後に「存在論的証明」の名で呼ばれることになる「第三証明」である。同証明は「完全なる存在」としての神の「名」すなわちその「本質」に基づく証明である。同証明の当否は神の「本質」の捉え方如何《いかん》に懸かっている。後述するように、カントによるデカルト批判はこの点を衝いたものであった。しかしデカルトは飽くまでも「神の本質」即「完全なる存在」論をあたかも自明の理のように提示するのである。ならば、そこにはやはり格別の意味があると言うべきだろう。既述のように、「本質」と「存在」の一致せる「神」とは他ならぬユダヤ・キリスト教の神である。「我在り」である。デカルトは敢えて「在りて在る者」に固執する。さもなければ神を別様に定義するのも不可能ではなかろう。デカルトは、あるいはカントの批判を免れたかもしれぬ。が、デカルトは言う。〈現存の欠如せる神すなわち「最高の完全性の欠如せる完全この上なき存在者（*ens summe perfectum*）」なるものを思惟することは我が自由にはあらざればなり（*neque enim mihi liberum est*）(49)〉。

（5）デカルトの「神の存在証明」に対する同時代人の批判

「第三証明」は既述のカンタベリーのアンセルムスの証明に〈息子の如くに〉類似すると言われる。[50] すでにデカルトの同時代人の中にもこれを指摘し、証明の有効性に疑問を呈する者があった。この証明はアンセルムスの「神の定義」すなわち「考えの及ぶ限り最大のもの」を単に「完全なる存在」に置き換えただけの代物であり、因ってその有効性に関しては既述のトマス・アクィナスのアンセルムス批判が適用されるというのである。[51] ところが、デカルト本人はアンセルムスの証明に〈明白なる形式上の誤謬〉を指摘し、むしろトマスの批判に賛意を表したのである。デカルト、曰く、〈考えの及ぶ限り最大のもの〉なる神の〈名〉の〈意味する〉ところを〈理解〉する者は確かに〈神が事物と知性のいずれにも存在する〉の意をそこに〈知解〉するが、[52] 同上の〈名〉は、しかし、神の「実在」を含意するものではない、と。一方、デカルトの証明は「完全なる存在は現存する」なる命題に要約される。既述のように、これは分析判断である。「完全なる存在」なる主語が「現存する」なる述語を内包するからである。両者の内包に齟齬を来す惧れはない。神の「現存」が絶対的真理として帰結するのである。[53]

アンセルムスの「神の存在証明」は確かに「思惟する我」の「現存」に関する確証を欠いている。「神は現存するものなり」ではなくして「かかるものとして思惟されねばならぬ」というのがこの証明の帰結である。一方、デカルトは真っ先に「思惟する我」の「現存」を論証する。同論証が真であれば、「不完全なる我」の「思惟」が捉えた「完全なる本性を有するもの」の「現存」は、「不完全なる我」の「現存」を超えた確実性を以って証明されるはずである。つまるところ、デカルトの三通りの「神の存在証明」は各々完結しているのではなく、言わば三幅で一対を成しているのである。「第三省察」において、デカルトは言明する、拙論は〈神が真に現存せざる限り［…］神の観念を抱懐する我の現存はあり得ず〉との認識に関する論証を眼目とする、と(54)。また、〈我は現存する、而して完全この上なき存在者（*ens*）なる神の観念が我の裡にあらば、神の現存もまたまさにそこから極めて明証的に論証されるのである〉と(55)。

かくてデカルトの証明全体は以下の一文に要約される。「我は思惟する、ゆえに我は存在する、ゆえに神は存在する(56)」。とはいえ、デカルトは「受肉によって人間になり、人間の方へと降り来《きた》る神(57)」を蔑ろにして、専ら「理性的方法によって神へと上昇する人間」を論じたという非難は不当である。というのは、デカルトの証明は「神なくしては存在し得ぬ人間存在」に関するそれであって、神へと「上昇」し得る人間の問題など始めから念頭にはなかったからである。のみならず、「受肉によって人間になり、人間の方へと降り来る神」の証明は由来人間理性の能く為し得るところではないからである。この点に関して聖アウグスティヌスと聖トマス・アクィナスは見解を同じくしていた。なるほど、パスカルがデカルトの証明を批判したのは確かである。が、前者はイエス・キリストの「受肉」を証明し得ぬ後者の方法を批判したのではない。「受肉」が理性の光の及ばぬ秘儀であることは固よりパスカルの熟知するところであった。が、デカルトには聖アウグスティヌスや聖トマス・アクィナスとは異なる点がある。両聖人は神の存在証明を行なう〈前後に〉、「賭けの論証」［B.233］を行なう際のパスカルと同様に、〈己れのすべてを従わせる〉べき〈無限なる不可分の存在〉である神に〈祈る〉べく〈跪いた〉はずである。聖人等の証明は、パスカルの論証は、言わば信仰の所産である。しかしデカルトの「信仰」は神への絶対的服従を誓う者のそれではない。後者は敢えて「哲学」と「信仰」とを切り離す。「哲学」は「普遍的理性」による学であり、普遍的真理に至る道である。が、「信仰」は然《さ》にあらず。人を〈天国へと導く天啓の真理(58)〉に基づく心的行為であり、かかる真理の検証には〈格別なる天助〉が不可欠である。デカルトはそう考えていた。哲学者デカルトには跪いて祈る必要はなかったのである。同哲学者の証明は言わば純然たる理性の所産である。とはいえ、デカルトが専ら「理性を頼りに、信仰の光の差さぬ所で」(59)証明した「神」は既述のように他ならぬ「キリスト教の神」(60)であった。「幼時に教会にて学びしことどもの記憶表象《レミニセンス》」(61)に基づく神だったのである。ならば、デカルトの「証明」も畢竟するに「信仰」の間接的所産と言わねばなるまい。が、「理性主義者」デカルトがこれを認めるはずはない。パスカルがデカルトを批判するのは当然の成り行きであった。

(6) カントによる「神の存在証明」批判

デカルトの「神の存在証明」の論理的欠陥を指摘し批判したのはまたしてもカントであった。『純粋理性批判』の著者は〈理性〉による〈神の現実存在(Dasein Gottes)〉の証明法〉を三種に限定する。〈存在論的証明〉、〈宇宙論的証明〉、〈自然神学的証明〉がそれである。(62)如上の分類の恣意性を論《あげつら》うのは容易いが、後に本書で「パスカルと神の存在証明」を論ずる際に、実は上記の分類法が妙に有効性を発揮することになる。したがって、ここでカントの理論を要約しておくのも強《あな》ち無駄ではない。

〈存在論的証明〉は、カントによれば、要するに〈デカルト的証明〉と同義であるが、(63)厳密に言えば、その「第三証明」を指す。すなわち、〈神〉を〈最高存在者(*ens summum*)〉あるいは〈絶対的に必然的なる存在者〉なる概念で定義し、同概念に必然的に内包される概念が〈非存在〉ではなくして〈現実存在(Dasein)〉であるがゆえに、〈神〉は一切の〈実在性(Realität)〉を有する、つまり「神は存在する」との結論を引き出すのが上記の証明である。(64)

カントはこの証明を駁して言う。なるほど、〈最高存在者〉あるいは〈絶対的に必然的なる存在者〉の〈存在〉

の〈可能性〉は必ずしも想定し得ぬものではない。が、〈ただ単に可能性に従って思惟せんと欲した何ものか〉の概念に〈現存〉なる概念を〈投入〉するのは明白なる〈自家撞着〉である。[65] なぜなら、この証明は実は単に〈絶対的に必然的なる存在者〉なる〈主語〉の概念分析から〈現実に存在する〉なる〈述語〉を引き出した〈分析判断〉に止《とど》まるからである。つまり、同証明の帰結は主語の〈無意味なる同意語反復〉から成る〈中身のない〉命題に止まるからである。〈ものの概念〉としての〈実在性〉と〈述語の概念〉における〈現存〉とは別物である。[66] かくかくのものが〈実在する〉と言うためには〈主語概念に付け加わりかつこれを拡大する述語〉を備えた〈総合判断〉の適用が不可欠である。[67] 単なる概念としての百ターレル（ドイツの旧貨幣）は言わば〈可能性〉としての百ターレルである。ならば、現金で百ターレル持つ者が、概念としての、「可能性」としての百ターレルの所有者よりも〈多く〉所有するのは理の当然である。[68] 因って〈総合的認識の可能性の徴標（Merkmal）〉はこれを常に〈経験（Erfahrung）〉の内に求めるべきである。[69] ところで、〈必然的存在者〉の〈特性の何たるか〉を〈経験的論拠〉に基づいて闡明するのは不可能である。因って〈総合判断〉はこの場合成立しない。[70] ならば、〈経験〉を完全に〈捨象〉し[71]、単なる〈概念〉に依拠して〈純然とア・プリオリに〉〈最高原因の現実存在〉を推論するが如き〈存在論的〔デカルト的〕証明〉[72] すなわち〈最高存在者の現実存在〉を〈概念〉から推論する類《たぐい》の証明は〈無駄骨に終わった〉と言わざるを得ないのである、云々。

　第二の〈宇宙論的証明〉は以下のように要約される。〈何ものかが現存するのであれば、絶対的に必然的なる存在者もまた現存しなければならぬ。ところで、少なくとも私自身は現存する。ゆえに絶対的に必然的なる存在者は現存する〉。[73] 如上の証明において、〈小前提〉は〈経験〔「私自身」〕〉を含み、〈大前提〉は〈経験一般〉に基づく推論すなわち「必然的なるものの現存在」を含む。つまりこの証明は〈経験〉に基礎を置く証明である。[74] 全面的に〈ア・プリオリに〉行なわれる〈存在論的証明〉との違いは明らかである[75]。この証明が〈宇宙論的証明〉と呼ばれる所以である。〈一切の可能的経験の対象を宇宙（Welt）と称する〉からである。が、他面、この証明は〈超験的自然法則（das transzendentale Naturgesetz）〉[76]としての〈因果律〉に基礎を置く。存在において〈私自身〉は〈偶然的なるもの〉である。が、〈一切の偶然的なるもの〉には〈原因〉があるのみならず、〈原因〉もまた〈偶然的〉であれば、〈原因〉にも〈原因〉があるはずであり、かくして〈相互依存的なる原因の系列〉は〈絶対的に必然的なる原因において終局を迎えねばならぬ〉。さもなくば〈同系列は完全性を有せぬはず〉だからである。ところで、同〈因果律〉は、カントによれば、〈経験〉を超えて〈延長するべからざる〉[77]系列である。然るに、先の推理は〈経験〉を超えている。証明が中途から〈存在論的証明〉と同じ誤りを露呈しているからである。「必然的なる存在者」の「特性の何たるか」は経験的論拠の埒外にあるにもかかわらず、〈絶対的に必然的なる存在者は現存する〉との結論が引き出されているからである。因って、この証明もまた成立しない。

カントはライプニッツの〈宇宙の偶然性に基づく証明〉をこの種の証明の典型と見るが[78]、既述のように、実はデカルトの「第二証明」は固より、トマス・アクィナスの「第三の道」にしてからが、同じ流れを汲む証明なのである。カントの立場からすれば、無論両者の証明も成立しない。ところで、デカルトの証明の場合、小前提を構成する「経験的現存在」なるものは「我」を含む「不完全なる存在者」一般であり、一方トマスの証明における「我」ではなくして、飽くまでも「可能的なるもの」一般であった。実は、小前提における経験的「現存在」を「我」のみに絞り、そこから〈自然の内には永遠・無限の必然的存在がある〉[79]との結論を導き出すのが、他ならぬパスカルなのである。が、それについては後に詳述する。

カントは最後に〈自然神学的証明〉を取り上げる。この証明の要点は下記の通りである。論者は先ず始めに

〈深慮（große Weisheit）を巡らして完成された〉〈秩序〉の存在に触れ、〈一定の意図に従う〉同秩序の〈判然たる印しが宇宙の至るところに見出される〉[80]との認識を示す。つまり宇宙もしくは「自然」の内に「合目的性」を見出す。次いで〈宇宙の事物〉に対する合目的性の〈根本的他者〉性もしくは〈偶然〉性あるいは外在性を論証し、最後に合目的性の原因としての〈崇高かつ叡知的なる原因〉すなわち「神」の現存を推論する。『純粋理性批判』にはこの証明を行なった哲学者名の記載はないが、カントはトマス・アクィナスが「第五の道」で採用した如上の方法を〈最も古く、最も明確な、一般的人間理性に最適なる〉証明と評して〈敬意〉を表する。[81]〈明確な経験ならびに同経験によって認識された感性界の個別的な性質に依拠し、因果律の法則に従い、宇宙の外なる最高原因へと遡る〉[82]底《てい》の証明だからである。とはいえ、この証明の〈根底〉には畢竟するに〈宇宙論的証明〉が潜んでいる。[83]したがって、同証明法では〈宇宙構築者（Weltbaumeister）〉の存在は推論し得ようとも、構築〈資材〔質料〕〉を含む一切を創造する〈宇宙創造者（Weltschöpfer）〉すなわち〈一切充足的な根源的存在者〉の存在は証明し得ないのである。[84]因って、この証明もまた不完全である。

カントは〈神の現存の証明法〉のすべてに不備を指摘する。『純粋理性批判』によれば、神の「現存」は永遠に不明なのである。

ところで、カントが一定の理解を示した「自然神学的証明」に異議を唱えたのが他ならぬパスカルである。したがって、今や「パスカルと神の存在証明」へと論を移さねばならぬところだが、それに先立って、後世のキリスト教思想家キルケゴールの「神の存在証明」批判を一瞥する。同問題に関するパスカルの普遍性と独創性が際立つと思われるからである。

（7） キルケゴールの「神の存在証明」批判

周知のように、キルケゴールは青年時代に哲学に強い関心を示した。パスカルが哲学書に親しんだように。別《わ》けてもヘーゲル哲学がキルケゴールの精神を深く領した。しかし哲学とキリスト教との〈和解〉[85]の不可能なるを痛感したキルケゴールは哲学的思考に訣別し、爾来イエス・キリストへの聴従を説く特異な文筆家となる。己れの信仰生活の根底にある「罪の意識」から己れを解放し得るのはイエス・キリストを措いて他にはないと悟り得たからである。

キルケゴールは『哲学的断片』の中でこう指摘する、「神の存在証明」は〈神の存在〉を〈前提〉として初めて形を成す証明である、と[86]。しかもこの前提は〈決定的〉なる前提でなければならぬ。前提の〈疑わしき〉は由来前提の用を成さぬ代物だからである、と。論者は一例を挙げる。例によってソクラテスの話である。伝承によれば、ソクラテスは〈自然神学的証明〉によって〈神の現存〉を証明したが、同証明は常に「神の現存」を〈前提とした〉証明であり、専らこの前提に依拠して〈自然〉の〈合目的性〉なる思想を帰結せしめんとしたのである[87]。そもそも賢才にしてなお〈未知なるもの（das Unbekannte）〉としての〈神〉の存在証明を企てる者があろうか。〈神が存在するか否か〉が〈真に未決定〉であれば、〈証明を始める〉ことからしてすでに〈不可能〉である。神が非存在であれば、証明が〈不首尾に終わる〉〈恐れ〉があるどころか、元々証明のための〈手掛かり〉がどこにもないのである[88]。否、神が非存在であれば、その存在証明の〈不可能〉なるは始めから〈明らか〉である[89]。そればかりではない。〈何ものか〉の〈存在〉に関する〈証明〉の企ては本来〈必ず不首尾に終わる〉ほどまでに〈困難な問題〉である[90]。なぜなら〈何ものかの存在（daß etwas da ist）〉の〈証明〉は証明すべき〈当のものの存在を常に前提とする〉からである。ならば、推論が「その前提に依拠した推論のさらなる〈展開〉」の形を取るのは理の当然である。[91] 結果は惨憺たるものである。〈現存（Dasein）〉を証明するのに〈現存から推論する〉はめになるからである。何も〈思考の世界〉に限った話ではない、〈感覚的に触知可能なる世界〉に関しても同様である。「石の存在」が証明されるのではない、〈現に存在するのは石なり〉との命題が証明されるばかりである。[92]

現代のトマス主義哲学者風に言えば、さしずめ以下のようになろうか。「事物が存在する」、ならば、「その何たるか」に関する「言説の余地」は十分にある。概念による「事物の本質・法則等の把捉ならびに定義」は可能だからである。が、他ならぬ「事物の現存」に関する「言説の余地」はない。なぜなら「現存」もしくは「存在」は「現存する事物の究極の原理あるいは第一原理」だからである。[93] すなわち「存在」とは現存する一切の「事物」を「存在せしめ」かつ「事物を現状の事物たらしめる」根源的なる「活動」の謂いである。因って「『存在』の本質・法則等の把捉ならびに定義」は不可能である。「人間理性」による「存在」の説明は不可能である。[94]

とはいえ、如上の論理学的批判はキルケゴールの本来意図するところではない。論者の眼目はむしろ人間と神との「絶対的異質性」の認識に立脚して神認識の不可能性を説くにある。然り、人間と神は「絶対的に異質」である。前者は後者と根本的に相違する。然らば〈相違点〉とは何か。[95] 両者はどこが違っているか。無論、先ず挙げるべきは〈罪（Sünde）〉である。人間の側の罪である。キルケゴールは人間に〈己れの責任ゆえに負わされた〉[96] 罪を認める。「原罪」を見出す。「罪」の有無が彼我の第一の相違点である。神に対する「罪」に沈む人間が「罪」とは無縁の神を完全に認識するのは土台無理である。完全なる「神の存在証明」は不可能である。

〈かの「未知なるもの」〔神〕を多少なりとも正確に認識せんと欲するならば、［…］彼我の絶対的相違を認識する必要がある。が、これは悟性の能く為し得るところではない。〔…〕そもそも「絶対的に異なるもの」をどうして悟性が認識し得ようか(97)〉。

とはいえ、「悟性」は人間と神との「絶対的相違」をいかにして認識するのか。「未知なるもの」「絶対的に異なるもの」を正確に認識し得ぬ〈悟性〉がどうして相違を弁別するのか。キルケゴールは答える、いかにもキルケゴールらしい答え方で。曰く、かかる問いを発する者は否応なく〈逆説〉に突き当たる。神の絶対的異質性を認識するにも〈神を必要とする〉からである。彼我の絶対的相違を認識するには神の教示に俟つ他はないからである、と。しかしキルケゴールはカントではない。「神の存在証明」の可能性は否定したが、「神の存在不明」論を唱えたわけではない。不可知論を展開したわけではない。神の存在は不明ではない。不確定ではない。キルケゴールによれば、悟性が「存在証明」を断念した瞬間に、神は人間の〈罪の意識(98)〉に対して〈急激に出現する(hervorgehen durch einen Sprung)〉からである(99)。忽然として現われるからである。人間の不意を衝くからである。然り、神は、神の「存在」は、「急激に出現する」。卑賤なる下僕の姿で。イエス・キリストとなって。

「罪の意識」がなければ「神認識」は無論不可能である。異教徒であるソクラテスの〈躓き〉の原因もそこにある。〈人間通〉を自任し、「神の現存」を前提として「神の現存」を「自然神学的」に証明したこの哲学者には「罪の意識」が決定的に欠如していた(100)。〈罪〉の何たるかを〈教える〉のは神である(101)。キリストである。神は人間に人間の〈罪〉を〈理解〉させるべく「人となる」道を選んだ。〈個々の人間と同等の〉関係を築く方法を講じた。〈逆説〉が現実化した。のみならず、〈逆説〉が〈二重性(Doppelheit)〉を帯びるに至った。「逆説」は「二重性」を通してその〈絶対性(das unbedingte)〉を露わにした。キルケゴールは当時流行中のヘーゲル哲学を援用し、弁証法的に解説する。曰く、同〈逆説〉は〈「反」として（im Nein）罪の絶対的差異性を明確にし、「正」として（im Ja）同絶対的差異性を絶対的同等性へと止揚せんとする〉と。[102] それならば、如上の〈逆説〉はまさしくキリスト教の秘義そのものである。「無辜」の神が「罪」を犯した人間との「絶対的差異性」を消滅させるべく、卑賤この上ない人間の姿で出現し、人間の罪を贖う。而して人間は「絶対的同等性」へと「止揚」される。「無辜」（「正」《テーゼ》）と「罪」（「反」《アンチテーゼ》）との「絶対的差異性」が「絶対的同等性」（「合」《ジンテーゼ》）へと高められるのである。

　パスカルとヘーゲルとの間には一世紀半の隔たりがある。のみならず、パスカルは元来弁証法哲学とはおよそ縁のない宗教思想家である。しかしパスカルが準備していた「護教論」が構造的に弁証法的プロセスを現出しているのは確かである。論理的に段階性・発展性を示しているのは確かである。[103] 「偉大さ」と「悲惨さ」の「背反性」を露呈する人間性の由って来る原因として「原罪」を挙げ、無辜の神による人間の救済を謳っているからである。パスカルの人間観ならびに「原罪」思想の詳細については後述するが、パスカルとキルケゴールの「血縁性（parenté）[104]」はパスカルとアウグスティヌスのそれに必ずしも従属するわけではないのである。

Ⅱ　パスカルと「神の存在証明」

『パンセ』は伝統的な「神の存在証明」の影響下にあると覚《おぼ》しきさまざまなる表現を内包する。のみならず、かかる表現は既述のごときカントの「三分類」等に基づく分析を可能にする。

（1）「存在論的証明」との関連

パスカルは言う。〈神の形而上学的証明は世人の推理から掛け離れているばかりか、大いに錯綜しており、為に印象が薄い。或る者には役に立つかもしれぬが、それも当人が論証を見ている束の間のことであり、一時間後には本人も騙されたのではないかと不安になる〉［B.543］。「形而上学的証明」は一般に「存在論的証明」を意味する。パスカルがその証明に重要性を認めていないのは確かである。しかしパスカルが神を語るのに〈無限にして不変なるもの〉［B.425］なる存在論的表現を用いているのみならず、「存在論的証明」を引き合いに出さぬ限り理解し難いと思わせる表現が『パンセ』中に散見するのもまた確かである。一例を挙げよう。〈「永遠の存在」はひとたび存在すれば常に存在する（L'Être éternel est toujours s'il est une fois）〉［B.559 bis］。上記の文例と下記の一文との間には恐らく密接な関連がある。

〈およそ神〔の存在〕を示すものが一度たりとも出現した例《ためし》がなければ、この永遠の欠如は［…］神性

（divinité）そのものの不在に関わるものでもあろう。［…］が、神が恒常的ならずとも時折り出現するのであれば、紛らわしさ（l'équivoque）は霧散する。神はひとたび出現するや、恒常的に存在する（il est toujours）。因って神は存在する（il y a un Dieu）と結論する他はない［…］〉[B.559]。

上記の一節は疑いもなくデカルトの『第五省察』における「存在論的証明」の帰結の文とも照応する。デカルトの結論はこうである。

〈今或る神が現存するならば、かかる神が永遠の昔から現存し且つ永遠の未来へと存続することの必然的なるを我は熟知する（*posito quod jam unus existat, plane videam esse necessarium ut & ante ab æterno extiterit, & in æternum sit mansurus*）〉[105]。

既述のように、デカルトは〈証明の根拠〉の一切を已れの〈明瞭かつ判然たる認識〉に求める。ところで、神とは「本質」が「存在」に内属する無二の存在、〈二つとは考えられぬ〉存在である。つまり「完全なる本性」の保有者であり、本性（「本質」）と存在との一致を現出する唯一者である。言い換えれば、「他者から自己の存在を受け取らぬ存在者」にして且つ「存在せざる能わざるもの」である。これが明瞭かつ判然たる神認識である。ならば、〈或る神の現存〉が、〈かかる神の永遠の昔からの現存ならびに永遠の未来への存続〉を〈必然的〉に意味するのは当然である。

パスカルの前掲の主張とデカルトのそれとの間には若干のずれがある。前者は「永遠の存在である神」が「ひとたび存在すれば」とか「ひとたび出現するや」との仮言的書式を用いながらも、「神が恒常的ならずとも時折り出現する」ことを是認する。パスカルはカントではない。前者の神は感官の働きとは無縁の「純粋理性」の「理想」なるものではない。パスカルは神の出現を現実の「事実」として提示する。すなわち、聖書の記述を事実として受け容れる。聖書によれば、神は実際に「時折り出現する」のである。遥か昔、神はアブラハムに親しく声をかけ、モーセにはみずから「存在それ自体（ヤーヴェ）」と名乗ったばかりか、この人を守護したのである。のみならず、千七百前にはついにイエス・キリストという「人の子」となって人間の前に姿を現わしたのである。とはいえ、これは無論哲学的論証なるものではない。

蓋し、パスカルは前掲の断章において、「存在論的な神の存在証明」の形式を借りて、イエス・キリストの「受肉」と「復活」を説くのである。「人の子」の姿で人間に現前し、復活によって永遠の生命を証明する神の業《わざ》を明記するのである。確かにキリスト教の神は「存在」である。「存在そのもの」である。無論パスカルの神とて「存在」ならぬ神ではない。「存在」である。「存在そのもの」である。が、パスカルの神は単なる「哲学的なる神」ではない。思弁的なる神ではない。「人の子」である。救霊主イエス・キリストである。「回心」と「祈り」を捧げるべき神である。パスカルが単なる「存在としての神」なる哲学的な表現を排除する所以である。〈無限にして部分なき〔不可分なる〕存在〉〔B.233〕とは優れて「存在論的」な表現であるが、かかる「存在」に〈己れのすべてを捧げる〉パスカルは、理性に訴える「賭の論証」の執筆の前後に、同「存在」に〈祈り〉を捧げたとの告白を為し、以下のように説く、〈真の回心〉とは〈かかる普遍的存在〉〔B.470〕に対して〈己れを無にすること〉を言い、〈真の宗教〉はすべからく〈万物の唯一の始源〉〔B.489〕を〈崇拝〉し〈愛する〉ことを教えるべきである、と。

（２）「宇宙論的証明」との関連

〈何ものかが現存するのであれば、絶対的に必然的なる存在者もまた現存しなければならぬ。ところで、少なくとも私自身は現存する。ゆえに絶対的に必然的なる存在者は現存する〉[106]。既述のように、如上の証明はカントの言うところの「宇宙論的証明」である。トマス・アクィナスの「第三の道」、デカルトの「第二証明」はその好例である。が、これまた既述のように、『パンセ』もまた典型的な「宇宙論的証明」を含む。しかも、トマスの提示する「小前提」においては、経験的なる「現実存在」の具体例が「我」ではなくて「可能的なるもの」一般であり、デカルトのそれが「我」をも含む「不完全な存在者」であるのに対して、パスカルは「我の思惟」を以って「我の現存」を基礎づけ、かくして「絶対的に必然的なる存在者」すなわち「神」の存在を確認するのである。

〈私は己れが存在しなかった可能性があるのを感じる。なぜなら「我」とは我が思惟（ma pensée）より成れるものだからである。したがって、私が霊魂を付与される（être animé）前に、私の母が殺されていれば、思惟する我（moi qui pense）は存在してはいなかったろう。ゆえに、私は必然的存在なるもの（être nécessaire）ではない。同様に私は永遠でもなければ無限でもない。ところが、私は自然の内に（dans la nature）永遠無限の必然的存在があるのを熟知しているのである〉[107][B.469]。

パスカル研究者の中には、上記の断章に「デカルト哲学の最後の痕跡」を指摘する者がある。しかも「他の影響におさおさ劣らぬ小さからぬ痕跡」を見出し[108]、特に『哲学原理』中の以下の一節と関連づける者がある。

〈［…］精神（âme）は己れの内なる諸観念（idées）ならびに諸概念（notions）に関して検討を加え、そこに完全無欠なる全知全能の存在を見出す時、［…］かかる〔存在の〕観念のうちに覚知されるものによって、容易にかく判断する、かかる完全無欠の「存在」なる「神」は存在する、と。もしくは現存する、と。なぜなら、精神は他の多くの事物に関して判然たる諸観念を持つとは言い条、同観念の対象の現存を保証する何ものをもそこに認めることがないからである。これに反して、精神は、この「現存」の観念のうちに、他の諸事物に知覚されるが如き可能的現存のみを知覚するのではなくして、絶対的に必然的なる永遠の現存を覚知するのである。精神は知っている、三角形の観念には「内角の和が二直角に等しい」との事実が必然的に含まれていることを。［…］同様に、或る完全無欠なる存在の観念には永遠の必然的現存が含まれていることが覚知されるとの一事に照らしても、精神はかく結論せねばならぬ、かかる完全無欠の存在は存在する、と。もしくは現存する、と〉。[109]

しかし、ここには、パスカルの言う「母」と「子の存在」との直接的関係に類する出自の問題への言及はない。確かにデカルトは別の著書において問う、〈我は何によって存在するか（*a quo essem*）〉と。しかし「〈両親〉の存在」は単に可能なる一回答の域に止まっている。[110] のみならず、デカルトは以下のように明言する、「我」の〈精神（*mens*）〉は〈両親によって創り出されたものにはあらず〉と。[111]〈両親〉は単に我が〈質料〉（つまり「身体」）の内に〈或る種の資質（*dispositio*）を置きたるのみ〉と。[112] しかし、既述のように、純粋なる〈思惟的存在〉としての「我」に基づく証明は神をも〈思惟的存在〉に限定する危険を伴う。

一方、パスカルは主張する、「思惟する我」といえども〈私が霊魂を付与される前に私の母が殺されていたら存在してはいなかったろう〉と。つまり「思惟する我」(「霊魂」)といえども、いわば質料的存在である母によってもたらされる他はないのである、と。それならば、パスカルという〈思惟する我〉は「質料」たる「身体」とともにある(すなわち「現存する」)ことになる。つまり〈思惟する我〉は質料的〈自然〉の〈内にある〉ことになる。しかるに、母を通じて「現存在」に到達する〈我〉は〈必然的存在〉ではなく〈永遠無限〉でもない。既出のトマス・アクィナスの「第三の道」の表現に従えば、「我」は「存在するも存在せざるも可能なるもの」すなわち「可能的なるもの」である。〈我〉の「現存」の媒介者たる母も、そのまた母も同様である。しかるに、トマス・アクィナスが指摘した通り、世界が純然たる「可能的なるもの」の集合体であれば、つまり「自己の存在根拠とはなり得ないもの」の集積であれば、世界は「無」でなければならぬ。「絶対無」からの存在の生成が不可能なるは自明である。ところが「可能なるもの」である〈思惟する我〉の「現存」は明白である。ゆえに「可能的存在者」の窮極に〈永遠無限の必然的存在〉である「神」が「現存する」と言わねばならぬ。しかも〈思惟する我〉が質料である身体とともに「現存する」以上、「我在り」である「神」が、質料である自然の内に現存すると言わねばならぬ。(113)

他方、当該断章とラ・ブリュイエールの『自由思想家論(Des Esprits forts)』の一節との関連を指摘する研究者もいる。(114) ラ・ブリュイエールは言う。

〈私は四十年前には存在しなかった。而して存在する可能性が私の内にあったわけではない。同様に、ひとたび存在することとなった私には「もはや存在しない」自由はない。ならば、私が存在し始め且つ存在し続けているのは、私とは別箇に存在し且つ私の亡き後も存在し続ける何ものかのお蔭である。私よりも優秀かつ強力なる何ものかのお蔭である。この何ものかが神でなければ、それはつまり何だと言うのか〉。

確かにラ・ブリュイエールもまた「我」を「存在」せしめる能わざる「我」の「存在」に関する認識から出発して神の存在を推論する。が、ここには、デカルトやパスカルの存在論がない。「第一原因」に関する論証がない。「思惟」を措いて他に「我の存在」を確実ならしめるものなしとの認識もない。母や両親への言及もない。媒介者の存在も「我」も「可能的なるもの」であるとの記述もない。したがって「永遠・無限の必然的存在」の絶対的現存に関する論証も明確ではない。パスカルの記述はラ・ブリュイエールのそれに比して遥かに哲学的である。

とはいえ「宇宙論的証明」もまたパスカルを十分に満足させる「神の存在証明」ではない。人間は〈何ものか〉ではあるが[115] [B.72]、〈全(tout)ではない〉からである。すなわち〈人間の有する存在(ce que nous avons d'être)〉が〈無から生じる諸元素〉に関する〈認識〉を人間から〈掠め取り(dérober)〉、逆に〈人間の有する微々たる存在(le peu que nous avons d'être)〉が〈無限〉への〈展望〉を〈遮る(cacher)〉からである。なるほど人間は「存在」を有する「何ものか」ではある。が、飽くまでも「可能的なる存在」である。「存在するも存在せざるも可能なるもの」である。人間の有するかかる「存在」が諸存在の真の起源(「第一原理」)に関する認識を妨げる。哲学者はともすれば起源を「可能的なるもの」に求めようとする。古代ギリシャの哲学者等のように。デモクリトスは「諸原子」にそれを求めた[Cf. B.72]。タレスは「水」に、アナクシメネスは「空気」に。誰もが「可能的なるもの」と「永遠・無限の必然的存在」とを取り違えた。アウグスティヌスが確立した「無からの創造」論(「諸元素の生成」論)に関する無理解のゆえに。人間の「現存在」の確実性が「無」を思考から排除し、存在の起源を「既存在」に求めさせ、逆に、人間の「有限存在」が、その「微々たる存在」が、「永遠無限」の「存在」に関する完全な認識を妨げるのである。

(3)「真理自体」としての「神」

パスカルは当該断章 B.469 の結びで〈自然の内に〔は〕永遠無限の必然的存在がある〉とは言わず、補足的に〈私は〔そのことを〕熟知している〉と言った。ところで「実体的真理」あるいは「真理のイデア」（それはアウグスティヌスによれば「神」である）と照応しない認識は正当な認識ではない。したがって、パスカルが当該断章を記述する際に、アウグスティヌスの「神の存在証明」を「想起しなかったとは言い切れない」(116)と主張する研究者がいるのも故なしとしない。

確かに、パスカルは別の箇所（「賭の論証」［B.233］の欄外）にはこう書いている、〈真理自体ではないかくも多数の真なる事象（choses vraies）が目に見える（voir）にもかかわらず、一なる実体的真理は存在しないのであろうか〉と。(117)既述のように、パスカルは「完全なる懐疑論」の不可能性を立証した。のみならず、科学者として、数学者として、「安定性、必然性、永遠性」をともなう〈多数の真なる事象〉の把捉の可能性を確信していた。ところで、〈多数の真なる事象〉の存在は、その真なることを保証する〈実体的真理〉の存在を前提とする。ならば〈実体的真理〉は存在しているはずではないか。これがパスカルの言わんとするところであり、同断章には確かにアウグスティヌスの証明に通じるものがある。が、パスカルは〈実体的真理〉を神とは呼んではいない。

別の断章 B.288 では、〈神を認識する者に二種あり〉として、〈謙虚なる心〉を有し〈己れの卑小さを愛する〉者とともに、〈仮令《たとい》いかに異存があろうとも、真理を見るだけの精神〔力〕を持ち合わせたる〉者が挙げられる。

「真理」とは文脈上「真理自体」すなわち「実体的真理」を指す。仮に「実体的真理」と「神」とが同一であれば、後者が〈神を認識する〉のは確実である。ひたすらに真理を追求する人間だからである。が、パスカルはここでも実体的真理と神との同一性を説いているわけではない。

そもそも〈仮令《たとい》いかに異存があろうとも、真理を見るだけの精神〔力〕を持ち合わせたる者〉と書いたとき、パスカルは例えば誰を想定していたのか。少なくとも、同時代の理神論者ではない。パスカルは同論者等を「みずからのうちに混乱した感情を育む者」と評し、「プラトンほどの能力もない思索者」と見做していたとの証言が残っているからである。(118) とはいえ、他者の証言に基づく上記の評語が異教の哲学者プラトンに対する一定の評価を表しているのは確かである。プラトンは「多数の真なる事象」の認識から実体的真理の存在に関する認識を深め、同真理を「神的なるもの」と見做したからである。パスカルのプラトン観は確かにアウグスティヌス伝来のものであったろう。アウグスティヌスはプラトンを「神の現存」の「発見者」として高く評価し、プロティノス等の「プラトン主義哲学者」を「神の存在と霊魂の不死を断言したる者にして、人間の幸福は神へと帰還するにありと主張したる者」との賛辞を呈したばかりか、同哲学者等に「キリスト教に最も近い思想家」を見出していたのであった。(119)

当該断章B.288にはまた〈かくも聖なる神を知るに値せぬ高慢なる知者等に神が出現しなかったことには感謝しなければならぬ〉とも書かれている。〈真理を見るだけの精神〔力〕を持ち合わせたる者〉といえども、〈謙虚なる心〉を有し、〈己れの卑小さを愛する〉者にあらざれば「神を知る」能わずというのである。これもまた他ならぬアウグスティヌスの主張である。アウグスティヌスはプラトン主義哲学者を評して、〈好奇心によりて見出したるものを高慢さによりて失いし〉者と述べているが、(120) パスカルはこれを別の断章〔B.543〕でそのまま引用している。「真理を見るだけの精神〔力〕を持ち合わせたる者」といえども「高慢」であれば、真の神認識を奪われるのである。

プラトンならびにプラトン主義哲学者等を「高慢」にする原因はその形而上学にある。その形而上学はキリスト教のそれではない。後者によれば、世界も人間も神ではなく、神の被造物であるが、前者の主張するところによれば、人間は神の被造物などではない。例えば、プロティノスは人間の「霊魂」を「一〔者〕（すなわち神）」から「発出」して地上に落下した存在と見做した。かかる「霊魂」は自己の本性（神性）を「忘却」したとは言い条、「想起」能力は保持しており、為にあらゆる「物質的心象を脱却」して観想生活を続けるならば、みずからの「神性」を想起するばかりか、神への帰還も可能であるという。「帰還」の過程における神の助力は一切不要である。すべてが人間の力で行なわれる。「神は自己忘却の可能性はあろうとも、救済される必要はないからである」[121]。「救済者としての神」は不要なのである。が、アウグスティヌスやパスカルに言わせれば、哲学的〈好奇心〉によって〈神〉を〈見出したる〉者は、人間と神とを同一視するという〈高慢さ〉のために、真の神を〈見失う〉はめになるのである［B.543］。

アウグスティヌスはプラトン主義哲学に傾倒しながらも、ついにその形而上学に与することはなかった。キリスト教を真と見做すアウグスティヌスには、プラトン主義的人間観は許容し難いものであった。聖書は人祖の神に対する悖反《はい》を説く。所謂「原罪」である。人祖の行動は人間の有する真理の認識能力に限界のあることを意味する。ならば人間が「神の光」に照らされずして実体的真理を認識するのは不可能である[122]。人間と神とを同一視し、自力で神を認識し得ると考えるプラトン主義哲学者は「高慢」の誇りを免れない。ゆえにアウグスティヌスは、既述のように、こう説いたのである、仮令《たとい》「神」を「実体的真理」として認識し得ようとも、〈イエス・キリストなる謙遜の土台のうえに徳を築いて行くあの愛〉を求めぬ限り、根本的な誤謬を犯す他はないのである、と。

前章で述べたように、パスカルもまた、一度はストア哲学者エピクテトスを高く評価したものの、最終的にはその〈高慢さ〉を非とした。〈神を主なる目的と見做す〉ことを〈人間の義務〉と心得る者が、その実、人間を神と同一視する汎神論を掲げていたからである。パスカルによれば、「真理を見るだけの精神〔力〕」を持ちながら、「高慢さ」のゆえにそれを〈見失う〉はめになったのは、独りプラトンやプラトン主義哲学者ばかりではない。ストア哲学者は固より、異教的ギリシャの全哲学者が同じ過ちを犯したのである。『パンセ』の別の断章から引く。

〈数の比例が非物質的なる永遠の真理であり、〔…〕それが神と呼ばれる第一真理に依拠していることを得心したところで、救いに向かって大きく足を踏み出したことにはなるまいと思う。

キリスト者の神は単に幾何学的諸真理〔…〕の創造神であるに止《とど》まらぬ。それは異教徒〔…〕の考えである〉[B.556]。

パスカルが「真理自体」を直ちに神と呼ばぬ理由は明らかである。真の神とは、人間を〈救う〉ために、人間の〈惨めさ〉と神の〈無限の憐れみ〉を〈内的に感知させ〉、人間と〈魂の奥底で結び付き〉、〈謙虚さと喜び〉と〈信頼と愛〉とで人間を〈満たす〉存在に他ならぬからである[B.556]。ゆえに〈イエス・キリストを無視した神の認識などは不可能であるのみならず、また無益でもある〉[B.549]と言わざるを得ないのである。

（４）「自然神学的証明」との関連

パスカルにはカントの所謂「自然神学的証明」なるものはない。自然界の「合目的性」から神の存在を導き出す論述はない。が、『ド・サシ師との対話』には以下の発言が記載されている、〈自然の営為は神の反映（image）であるがゆえに、前者には後者の何らかの性質が認められるのであるが、かかる営為のすべてに神を描出せんとする自然本来の欲望を当の自然の裡に見出すのが快適なことであれば(123)〔…〕〉。

また、パスカルが計画していた『護教論』には、〈人間の認識からの神への移行〉と題する章が挿入される予定であった(124)。その中の一断章に言う、〈全自然の高く全き威容を熟視する〉者は、〈想像力〉を超える〈自然〉を前にして、〈当の想像力が相手を受け容れるのに困憊《こんぱい》する〉のを覚えようが、実にこれこそが、〈神の全能の最大の可感的特徴なのである(125)〉［B.72］と。これは確かに、〈自然〉の〈威容〉の〈認識〉から、自然の創造主たる「神の認識」へと読者を「移行」させるのを目的とした言説である。またこの断章は以下の記述をも内包する、〈自然は万物に己れの像（image）と創造主のそれとを刻み込んだ(126)〉のであるから、「極小」と「極大」は〈神においてて、否、神においてのみ巡り会うのである(127)〉。

別の断章には以下の表現が見出される。〈無限の運動、全体を満たす点、静止せる運動、不可分で無限の、量なき無限(128)（infini sans quantité）〉［B.232］。これもまた〈無限大〉と〈無限小〉を「動体」において結び付け、さらに「神」に結びつけるのを目的として書かれた文章の一部であると解せられる。同断章と、〈自然の結果（effet de nature）(129)〉から「神の存在」を「証明」する以下の断章との間には密接な関連がある。

〈神が「部分なき無限」であるとの説を非現実的と思うのか。それならば、無限にして且つ不可分のもの

〔すなわち分割不能なる無辺の神の有り様《よう》（une image de Dieu en son immensité indivisible）〕を貴君にお教えしようか。それは至るところを無限の速度で動いている一箇の点である。なぜなら、それはどこにあっても「一《いち》」であり、各所において「全体」だからである。〔…〕かつて貴君にはあり得ないものと思われていたこの自然の結果（effet de nature）を知って、まだ己れの認識しない自然の諸結果のあり得ることを貴君が認識してくれればよいのだが[130]〔…〕〉［B.231］。

確かにパスカルの「証明」は「自然の合目的性」に基づく証明ではない。が、自然に依拠した「自然神学的証明」の試みであることは間違いない。

また聖書には、自然を探求しながらも、遂に神を見出すに至らなかった人間を譴責する記述がある。パスカルがそれを知らなかったはずはない。例えば「知恵の書」（13・1,9）に言う、〈〔不信仰者等は〕目に見ゆるよきものによりて、存在そのものなる御方を知る力を持たず、被造物を前にして、創造主を認むることを知らず〔…〕宇宙の働きを知り、そを見極むるほどの力あらば、いかなればそを支配せる主を速やかに見出さざりしや〉。また、使徒パウロも言う、〈神の〔…〕永遠の能力《ちから》と神性とは宇宙の創造されし時以来被造物に現れ、これにより て神を知るべければ、〔不義を以って真理を阻む者には〕弁解の余地なし〉（ロマ、1・19-20）。

自然学者を兼ねたデカルトは、上記の二聖句を典拠として、〈非信仰者〉に〈宗教〉を納得させるべく、〈自然的理由（*ratio naturalis*）〉に基づく神の証明の必要なるを第一に説き、神の問題に関する論議を神学から奪回し、これを哲学に返還しようとした[131]。

パスカルの著作中には、前掲の二聖句を引用した箇所は見当たらぬが、或るキリスト者宛の書翰は前掲の「ロマ書」の該当箇所を典拠としたと覚《おぼ》しき次の一文を含む。〈神を覆う自然の被い《ヴェール》は、聖パウロの言う如く、可視の自然を通して不可視の神を認識した若干の不信心者の見抜くところとなりました〉[132]。文中の〈不信心者〉とは、例えば、ストア派の如き古代ギリシャの哲学者を指す。彼等は確かに「可視の自然」を通して「不可視の神」を「見抜いた」のである。が、見抜かれた「神」はキリスト教の創造神ではなく、「可視の自然」と不可分の汎神論的な神であった。ストア派の哲学者は〈自然の諸結果（effets naturels）〉を認識しながらも〈これを自然に帰し〉、〈創造主〉の存在に〈思い至らぬ〉がゆえに、確かに〈不信心者〉なのである[133]。

断るまでもなく、キリスト教の神は創造神である。創造主である。ゆえにパウロは言う、〈神の永遠の能力と神性〉は宇宙の創造されし時以来「被造物に現れている」のであり、因って、それを認識し得ぬ者には文字度通り〈弁解の余地はない〉のである、と。パスカルが同書翰中に、〈すべてに神を認めねばならぬ〉[134]と記した所以はここにある。

ポール・ロワイヤル修道院の創設者サン・シランもまた「自然」の「美」と「秩序」の認識に基づく神認識の可能性を説く。

〈[…] 世界の美と秩序を通して神はいかにして認識されるか——美しい家、よい家具を備えた家を見る者は、それが卓越した精神の持ち主によって建てられ、且つ装飾を施されたに相違ないと判断する。同様に、世界の美、被造物の秩序、時間や季節の順行を見る者は、その創造者、その統治者の偉大さと知恵を認識する〉[135]。

そういう次第であるから、仮にもポール・ロワイヤルに与したパスカルが、しかも卓越した物理学者であったパスカルが、「自然神学的証明」を非とするはずはないのである。

ところが、『パンセ』には、実は〈自然的諸根拠（raisons naturelles）〉に基づく神の存在証明の我意に染まぬことを述べた箇所が含まれているのである［B.556］。理由は他でもない、〈頑迷なる無神論者を説得するだけのものを自然の裡に見出すほど己れが有能（fort）であるとは感じられない〉からだと言うのである。パスカルは〈自然〉に〈欠陥〉［B.580］のあることを指摘し、自然は完全なる神認識の妨げになっているのだと言う。そもそも〈宇宙（monde）〉が人間に〈神を教示すべく存続している〉［B.556］のであれば、〈宇宙の各所で〉〈神性（divinité）〉が〈歴然と輝いている〉はずであり、無神論者などは存在するはずもないのであるが、現実には多数の無神論者が存在する以上、宇宙は神性のよき教導者たり得ないのである、と。

パスカルは独特の自然観を持つ。曰く、〈自然〉は〈数々の完全性〉を備えている。その点では〈自然〉は〈神の像（image）である〉。が、他面、〈自然〉には〈数々の欠陥〉がある。その点では〈自然〉は畢竟〈神の像に過ぎない〉のである、と[136]［B.580］。パスカルが、パウロの言葉に倣って、「自然神学的証明」を思わせる断章を残しながらも、「自然的諸根拠」に基づく神の存在証明を非とする立場に立った所以はここにある。

「自然」は確かに上記の二面性を持つ。なぜか。パスカルによれば、人間に〈二通りの真理〉を〈同時に教える〉［B.556］ためである。すなわち、人間の〈自然本性（nature）〉には〈腐敗〉があり、それが〈人間を神に値しないものにしている〉との真理を教えるためである。のみならず、〈神は存在する、而して人間は神を受容し得る（capable）〉との真理を教えるためである。それならば〈世界（宇宙）〉は専ら人間にその〈堕落〉と〈贖い〉とを教えるために「存立している」［B.556］ことになる。

上記は明らかに「原罪」説に基づく自然観である。すなわち、被造物なる人祖は己れの自由意志に基づき、

「善そのものである神」に対する悖反《はいはん》の罪を犯したがために、その〈自然本性（nature）〉は〈腐敗〉［B.242］し、「神に値しないもの」［B.556］となった。〈神は人間を盲《めしい》たるがままに放置〉［B.242］した。人間は神を認識し得ない状態に陥った。が、神が人間を遺棄することはなかった。人間をして再び神を受容せしめんがために、イエス・キリストである神が自らの命で罪を贖ったのである。イエス・キリストの恩恵に与かる者が神を認識し得る所以である。人間が盲目の状態を〈脱する〉には〈専らイエス・キリストに拠る他はない〉のである。ならば〈宇宙〉は畢竟〈ただイエス・キリストにより、イエス・キリストのためにのみ存立している〉［B.556］のである。〈イエス・キリストから離れれば、神との交わりはすべて断たれる〉［B.242］のである。イエス・キリストとの〈交わり〉を措いて他に、神を認識する方法はないのである。これはイエス・キリスト自身の言葉から明らかである。〈父を知る者は、子と子が父を顕《あらわ》すべく選びし者の外《ほか》になし〉［マタイ、11・27; B.242］。

ゆえに、パスカルは言う、〈宇宙〉の〈現象（ce qui y paraît）〉の証《しるし》は〈神性〉の〈明白なる現前（presence）〉でもなければ、その〈完全なる排除〉でもなく、〈己れを隠している神の現前〉［B.556］のそれなのである、と。神は非在ではなく、〈神に値しない者〉から、いわば〈隠れて〉いるのである、と。聖書に言う〈隠れたる神〉［B.242］の意味をパスカルはそう解釈するのである。

それならば〈自然的諸根拠〉［B.556］に基づく証明（例えば〈大空や鳥〉［B.244］に事寄せたそれ）は神から〈知の光を与えられた少数の者（quelques âmes）〉には〈ある意味では〉〈真〉であろうとも、〈大部分の者〉がこれを〈偽〉［B.244］と判断するのは必定である。したがって〈存在するものの一切が神の御業《みわざ》に他ならぬことを即刻会得する〉［B.242］べき前者が、仮にも自然力の創造者なる神の御業《みわざ》を無視することがあれば、確かに「知恵の書」の著者や使徒パウロの批判を免れまいが、後者すなわち神が与えた〈光〉の〈消えた〉大多数の〈不信仰者〉の場合、仮令《たとい》〈理性（leur lumière）〉を傾け尽くしたところで、自然の裡に〈神の御業《みわざ》〉を認識するのは不可能である。〈光〉なき者が〈不可知（obscurité）と蒙昧さ（ténèbres）〉［B.242］から〈脱出〉し得るはずはないからである。〈月や惑星の運行〉の話を持ち出したところで無駄である。〈身の回りの些々たる諸事象にも神は鮮やかに見て取れるはずだ〉［B.242］などと言ってみたところで効果はない。むしろ相手に、キリスト教の〈根拠（preuves）は極めて薄弱であると信じる口実〉を与え、〈侮蔑の念〉を起こさせるのが落ちである。大多数の者が〈無神論〉［B.556］を脱する見込みはまずない。その意味では、この証明は〈偽〉である［B.244］とさえ言えよう。パスカルは〈自然界の被造物〉による証明の無意味さを〈理性〉によって弁《わきま》え、〈経験〉によって〈熟知していた〉［B.242］のである。

とはいえ、世には〈満足の行く何らの光をも見出さず〉［B.556］、しかもなお〈自然の裡に止《とど》まる者〉がいる。イエス・キリストという〈仲介者（médiateur）〉から離れて〈神を知り神に仕える方法を自ら作り出す〉者がいる。例えばストア哲学者は、前章で述べたように、「自然」の「第一原理」を「火」如きに求め、これを「神」とした。ストア哲学者ばかりではない、概して古代ギリシャの哲学者は、既述のように、「水」「空気」「原子」等の物質を宇宙の第一原理に見立て、これを神と同一視した［Cf. B.556］。パスカルはそこに〈理神論〉［Cf. B.556］を見出す。〈イエス・キリスト以外のものに神を求める〉者はすべて〈理神論者〉なのである。

さらにパスカルは言う、〈キリスト教と掛け離れた〉〈理神論〉は〈無神論〉と相似し、後者と同程度に〈危険〉である、と［B.556］。〈自然の威容〉に神を感取し、而して人間の〈自然本性〉の〈腐敗〉と〈悲惨さ〉を看過し、為に、神による〈救済〉を等閑に付すばかりか、人間の能力をむしろ過大に評価し、神と人間との差異を認めず、遂に両者を同一視するに至った理神論者は、〈好奇心によって見出した〉神を、つまるところ〈高慢さによって喪失した〉［B.543］のだからである。〈キリスト教〉が〈理神論〉と〈無神論〉とを〈ほぼ同等に嫌悪する〉［B.556］所以である、云々。

それぱかりではない、パスカルは〈自然に基づく（par la nature）〉「神の存在証明」に、他ならぬ〈弱さの証《しるし》〉［B.428］を認める。真の「信仰」を知らぬ異教徒ですら、「自然」の「威容」に事寄せた「神の存在証明」なるものを試みているからであろうか。なるほど、同じ〈弱さの証《しるし》〉が聖書にもないわけではない。が、それは聖書を〈軽蔑〉する理由にはならない［B.428］。〈聖書の正典作家〉［B.243］が同じ陥穽に落ちたわけではないからである。パスカルの言によれば、〈真空なきがゆえに神あり〉式の論法が正典には皆無だからである。いかにも物理学者パスカルを彷彿させる見識であるが、これに続く次の一句はさらに注目に値しよう。曰く、正典作家は〈同論法を用いた後世の最高の識者等（habiles gens）〉にもまして〈賢明（habile）だったのである〉と。

ところで、これが同時代のオランダの法哲学者グロティウスを念頭に置いた発言であることは想像に難くない。この哲学者は自然的事物の運動の原因を、「自然」の「真空忌避」にあると見て、その背後に聖なる「霊」の存在を仮定したからである[137]。とはいえ「自然」の「真空忌避」なる通念の誤謬を科学的に証明したのは、実は、他ならぬパスカル自身である。つまりパスカルは「自然的諸根拠」による「神の存在証明」が、時として〈無益〉であり、且つ〈徒労〉［B.556］に終わることをかくして見事に実証したのであった。

パスカルによれば、〈キリスト者の神〉は〈単なる諸元素の秩序の創造主〉［B.556］なるものではない。既述のように、何を措いても人間に〈己れの惨めさ〉と〈神の無限の憐れみ〉とを〈内的に感知させ〉、人間を悲惨なる境遇から救出せんとする〈愛と慰めの神〉［B.556］である。人間を〈占有〉し、占有された者と〈霊魂の奥底で結び付き〉、その〈霊魂と心〉を〈謙虚と喜びと信頼と愛〉で〈満たす〉神である。この神が「自然神学的」

方法で証明し尽くせるはずはないのである。

(5)「神の存在証明」に関するパスカルの結論

パスカルは哲学的な「神の存在証明」に対する偏狭なる敵対者ではない。が、また、カントのように、この証明の理論的不備の抉出《けっしゅつ》のみを事とする哲学のための哲学者でもない。それどころか〈偉大さ、権能、永遠〉[B.556]としての神の存在証明の可能性はこれをむしろ肯定していたふしがある。事実、神の存在証明は神からの「光」を受けた「少数者」には有用であるのみならず、信仰の強化に少なからず寄与する役割を担っていよう。が、「光」なき多数者には何の価値があるのか。何の意味があるのか。せいぜい〈理神論〉[B.556]の温床にでもなるのが関の山ではないのか。否、〈無神論〉と〈ほぼ同等に〉キリスト教が〈嫌悪する〉当のものではないのか。パスカルはそう考えるのである。

ポール・ロワイヤルの指導者ニコルもまた言う、確かに〈[かかる証明は]信仰心の謙虚さに結び付いていなければ、無味乾燥にして不毛であり、畢竟人間をさらに罪深くするのが落ちである〉[138]と。既述のように、デカルトにはニコルの言う「謙虚さ」がなく、為に同人の試みも結局のところ「ユダヤ・キリスト教の観念の合理化[139]」に限られていた。かかる「神の存在証明」は総じて〈無益〉であり、いずれ〈徒労〉に終わる他はない代物なのである[B.77, B.78; Cf. B.76]。

そもそも、キリスト教の神は「偉大さ、権能、永遠」なるものに限定される神ではない。「原罪」の結果としての「悲惨さ」から人間を救済するべく、みずから「人《ひと》」と合一し、己れの生命《いのち》によって人間の罪を贖い、恩寵によって人間を神に引き戻さんとする意志に貫かれた「慈愛」の神である。由来この神は哲学的論証の枠内に収まるが如き単なる哲学者向きの神ではないのである。

無論、パスカルは十分に承知している、〈ものを考える（songer）のがやめられず〉〈禁じられれば禁じられるほど考え込み〉［B.259］、〈堅固な論証に出会わぬ限り〉、〈真の宗教〉をも〈放棄〉して憚らぬ類いの人間が少なからず存在することを。パスカルは真の宗教のための「堅固なる論証」を提示せねばならない。〈その場かぎり〉［B.543］のごまかしを事とするが如き哲学的な「神の存在証明」とは全く異なる堅固なる論証を。事実、パスカルは斬新なる論法を案出した。独自の堅固なる論証を提示した。が、それについては章を改めて論じなければならない。

第三章　賭けの論証

I　「護教論」としての「賭けの論証」

緒　言

パスカルが「賭けの断章」と呼ばれる一断片［B.233］を記した二葉の紙には、くっきりと数本の「折り目」がついている。長期間、著者の衣服の隠しに入っていたためと推測されている。欄外には、あらゆる方向に、註や加筆の跡が認められる。この断章が『キリスト教護教論』用のものであるか否かについては、研究者の意見は分かれる。ところで、近年、以下のような説を成した学者がある。この断章の執筆は、パスカルが『キリスト教護教論』を計画する以前、すなわち「一六五五年頃と推定される(1)」。したがって、この断章は『護教論』用のものではなく、単に「賭け事を好む自由思想家」向きに書かれたのであり、著者が『護教論』でこれを「利用することを意図」したのは「爾後」であろう。ただし、内容的には、言わば完結した「護教論」の体をなしており、ゆえに、むしろ独立した「小護教論」として取り扱うべきである、云々(2)。仮にこの仮説を諾うとすれば、件の「小護教論」と、「大護教論」としての『キリスト教護教論』との間には相関関係があることになる。未完に終わった「大護教論」を再構築するためには、この断章の解明が不可欠となる。

（１）懐疑論者批判

「賭けの断章」は〈無限・無（infini rien）〉という数学的もしくは神学的対語の並列から始まる。そこに、〈無限と無の間の中間物を排除する〉の謂があれば、つまり〈無限に対する有限は無（なり）〉の意味が込められているとすれば、[3] 対語はこの断章の前半部分の言わば「小見出し」の役を果たしていると言えよう。前半部分は、無限と有限の関係を論拠とする一種の「神の存在証明」と、無限への儲けと有限へのそれに基づく「賭けの論証」に充てられているからである。「小見出し」のあとには、一見、前後の文脈にそぐわぬ言説が続く。

〈人間の霊魂は身体の内に投げ込まれ、そこで、数、時間、諸次元を見出す。霊魂はそれに基づいて推理し、それを自然、必然と称し、爾余《じよ》は信じる能わず〉。

一種の認識論的様相を呈する上記の一節は、すでに指摘したように、「懐疑論者反駁」に関わる所見である。世人は「数」「時間」「空間」「運動」等の「観念」について〈万人が同様の考えを有する〉[B.392]との〈仮定〉に立つ。が、懐疑論者はこれを〈無根拠〉の仮定と見做す。〈定義せんとすれば、かえって不明瞭なものとなる〉観念だからである。パスカルは上記の〈懐疑論者〉の主張を或る程度容認する。定義し得なければ、確かに、これら諸観念の存在と認識との普遍的同一性を〈真〉と断ずべき〈いかなる確実性〉もないからである。が、パスカルによれば、懐疑論者の主張には〈或る種の胡散臭さ〉が感じられる。「数」「時間」「空間」「運動」等の原理の存在を疑い、その認識の普遍的同一性を疑問視すれば、最も確実な学問である幾何学でさえ成立し得ぬばかりか、家屋の建築や会合の約束は固より、生活そのものが不可能となるからである。「生」を営むには、第一諸原理の存在とその認識の普遍的同一性を承認する他はない。少なくとも「懐疑中止」は不可欠な条件である。ところで、懐疑論者といえどもまた生活者である。意識的な懐疑論者といえども、〈実のところ〉、かかる〈自然的諸原理〉の存在とその観念の生得性の〈疑う能わざるを認めざるを得ない〉[B.434]はずある。ならば、世には〈未だかつて完全なピュロン主義者〔懐疑論者〕なるものが実在した例《ためし》はない〉のである。〈自然本性（nature）〉が〈無力な理性〉を支え〈そこまで羽目をはずすのを防いでいる〉からである。懐疑論者もまた実は〈自然的諸原理〉の存在とその観念の普遍的同一性を無自覚的に信じているのである。つまり「自然的諸原理」に関する共通観念の真なることを保証する「善なる神」の存在を信じているのである。

既述のように、パスカルによれば、〈理性〉による定義と証明を拒む自然的諸原理を、自然的に、本能的に〈直感〉するのは、〈心情〉[B.282]である。理性は心情によるこの直感的認識に依拠して、例えば〈一方が他方の二倍である二箇の平方数の存在しない〉ことを〈論証〉する。すなわち、最も確実な学問である幾何学を確立するのは、他ならぬ〈心情〉と〈理性〉による認識である。したがって、〈心情〉による認識の〈堅固さ〉は〈理性的推理力（raisonnement）〉による認識のそれに勝るとも劣るものではないのである。

「賭けの断章」の当該部分は、〈霊魂〉が〈数、時間、諸次元〉を見出し、それに基づいて〈推理〉し、それを〈自然、必然と称する〉との事実を確認し、〈爾余《じょ》は信じる能わ〔ざる〕〉霊魂の特性に関する明確なる認識を示している。すなわち心情ならびに理性の両認識機能を内包するものとしての霊魂あるいは真理認識機能の総称としての霊魂に読者の注意を促している。さらに、〈霊魂〉が〈身体の内に投げ込まれ〔る〕〉との表現を、「霊魂は身体に生気を与えるべくそこに投げ込まれる」の意に解するならば、懐疑論者を含む全人類に生と真理認識力を付与しかつその働きによって必然的に「神の存在」を想定させるのが他ならぬ霊魂であるとの判断を下していることになる。一見、文脈にそぐわぬ短文が、懐疑論を打ち砕き、同時に、暗黙のうちに「神の存在」を認めさせる役を担っているのである。

（2）「本質」と「現存」の認識

続いて数学論文と見紛う議論が読者の注意を奪う。

〈無限（l'infini）に一（unité）を加えても、無限は少しも増加しない。無限の長さ（mesure）に一ピエ（＝長さの旧単位）を加えても事は同様である。有限（le fini）は無限に対しては無となり（s'anéantir）、純然たる無（pur néant）となる〉。

パスカルの数学論文「巾数の和（*Potestatum Numericarum Summa*）」の結論部分にも同様の表現が見出される。

〈連続量においては、任意の種類（*genus*）の任意の量を、それを越える種類の量に加えたところで、後者は少しも増大しない(4)〉。

ところで、「賭けの断章」の当該部分の欄外の記述は、人間の〈精神〉や〈正義〉も神のそれに対しては〈無〉

に等しいことを説く。この論は賭けの断章における〈無限〉や〈一〉が数学的概念ではなく、神学的概念であることを示す。すなわち、無限は「神」を意味し、一は有限なるもの、特に人間を暗示する。さらに、欄外の記述の最後の部分は、この記述が「護教論」用の一文であることを明示する。

〈神の正義はその憐憫と同じく甚大でなければならぬ。しかるに、見放されたる者（les réprouvés）に対する正義は、選ばれたる者に対する憐憫ほど甚大ではなく、衝撃を与えるほどのものではないはずである〉(5)。

上記の一文は、いわば本文に隠されているキリスト教的な意味を明らかにする。〈見放されたる者〉とは全人類の謂である。人祖の「原罪」は神の「正義」に抵触し、人類を〈見放されたる者〉にした。が、神の「憐憫」はその「正義」よりも無限に「大」であり、為に人類を救済し、これを「選ばれたる者」たらしめんとする。これはまさにキリスト教の教理である。引用文中の〈無限〉は、数学的な意味での〈無〉との対立を越えて、明らかにキリスト教の神的〈無限〉を指し示す。「賭けの断章」を記したのと同じ用紙に書き付けられた別の断章にも、「神」と「数的無限」を重ね合わせた表現が見出される。

〈神は無限である、神には部分がない、それをあり得ぬことだとでも思っているのか。［…］ならば、無限で且つ不可分のもの〔すなわち、その分割不可能な無辺の神の有り様《よう》（image）〕を君に教示しようか。それは至るところを無限の速度で動いている一箇の点である。というのは、それはどこにあっても「一」であり各所において「全体」だからである〉(6)［B.231］。

すなわち「有限」と「無限」の「存在」ならびにその「認識」に関する論議は、「賭けの断章」にあっては、神の「存在」とその「認識」についてのそれと容易に入れ替わる類のものである。パスカルは「思想の相異なる歩みに対応する［…］二つの層」(7)を示すために、護教論者と自由思想家との対話という形式で論を展開する。

〈無限なるものが存在するのは周知の事実だが、その本性（nature）を知る者はいない。而して「数は有限なり」が謬説であるのもまた周知の事実である。ゆえに、数においては無限が存在するとの説は真である。が、その「何性（ce qu'il est）」（何たるか）を知る者はいない。［…］〔因って、神の何性を知らずして、神の存在することを認識するのは可能である(8)〕〉。

これは明らかに護教論者の論法である。既述のように、護教論者パスカルは、人間における自然的諸原理の認識に依拠して、事物の「本性」（すなわち「何性」）に関する認識を伴わぬ当の事物の「存在」認識の可能なることをすでに証明しているからである。が、この種の論法は哲学の領域にあっては格別に目新しいものではない。例えばトマス・アクィナスは、逆に、「もの」の「本質」（すなわち「何性」あるいはその「定義」）の認識可能性と「もの」の「現実存在」の認識不可能性に関する議論を夙に『存在と本質』において展開していた。

〈ものの本質（*essentia*）あるいは何性（*quidditas*）に関する理解はすべて、その存在（*esse*）に関する何らの理解なくしても可能なり。例えば、［…］「不死鳥の何たるか」は我の能く理解するところなれども、実在界（*in rerum natura*）におけるその存在の有無に関しては知るところなければなり。因って、存在が本質あるいは何性とは別物なることは明白なり[9]〔…〕〉。

「もの」の本質もしくは「何性」（定義）の「認識」は、必ずしも「もの」の「現存」の証しとはならぬとトマスは言う。が、逆の理論、すなわち「もの」の本質もしくは何性の認識なくして、「もの」の現存の認識が可能であるか否かについての議論は、トマスには見られない。一方、パスカルはこう主張する、「もの」の「本性」を認識せずして「もの」の「現存」を認識するのは可能である、と。「自然的諸原理」や「数の無限」などがその一例である、と。

しかし、「賭けの断章」に登場する自由思想家は反論する。

〈人間は「有限なるもの」（le fini）の現存と本性とを認識している。人間もまた有限にして且つ延長せるもの（étendu）だからである[10]。

人間は「無限」の現存を知り、その本性を知らぬ。「無限」は人間と同様に延長を有し、而して人間の如き限界を有せぬからである。

が、人間は神の現存をも本性をも認識しない。神は延長をも限界をも有せぬからである〉。

上記の反論はシャロン神父の護教論『三真理論』の記述に由来するものと言われている。例えば、その一節に言う。

〈或ることを認識するとは、それを規定（＝定義）し、限定し、それと対照をなすものを知り、その延長、その諸原因、その諸結末、その始まり、その中心、その最後、その縁辺を知ることに他ならない。しかるに、上記の事象ほど、無限性（l'infinité）に反するものはあるまい。ゆえに、認識されることほど無限に反することはない。神を認識するためには、「無限」でなければならず、神でなければなるまい[11]〉。

同様の記述は同神父の別の著書にも見られる．

〈人間は神を認識し得ない。この不可能性と不可知性は神に由来し、同時に人間に由来する。或る事象を認識するためには、当の事象が認識可能でなければならぬからである。［…］しかるに、神は認識不可能なるものである。神性（Déité）は人間の知らざるもの、知り得ざるものである。［…］原因はその無限性にある。無限性を認識するのは全くもって不可能である。認識されるような無限性などはもはや無限性ではない。認識される事柄はすべて有限である。或る事象を認識するとは、それと対照をなすものならびにその延長［…］を知ることに他ならない。［…］無限なるもの（ce qui est infini）にはその種のものは皆無である。［…］しかるに、神は無限である［…］。人間が神を見出し得ない所以である。［…］「無限」を認識するためには無限でなければならぬ。神を認識するためには神でなければならぬ[12]〉。

なるほどパスカルの当該断章の出典とされるにふさわしい一文である。ところで、前掲のトマス・アクィナスは、反論者の説として以下のように書く。

〈[…]「神在り」が論証されるとすれば、神の結果（＝諸々の業）（*effectus*）に基づく論証の外にはなかるべし。しかるに、神の結果と神とは釣り合わざるなり。神の無限なるに対し、結果は有限なり、有限は無限に釣り合わざるなり。[…]因って、神の存在を論証するは不可能なり[13]〉。

トマスは反論する。

〈原因（*causa*）と釣り合わざる結果を以てしては、原因の認識の完全なるは得られず。しかるに[…]何らかの結果あらば、原因の存在は明確に論証されるなり。すなわち神の結果〔御業《みわざ》〕に依拠して「神在り」を論証するは可能なり。ただし、結果に依拠して神をその本質に即して（*secundum suam essentiam*）完全に認識するは不可能なり[14][…]〉。

トマスは言う。この世に現われる結果は有限である。が、諸々の結果より遡及すれば、神の本質の完全なる認識は不可能であるにもせよ、諸結果の第一原因が神の外にあり得ないことが判明するのである。すなわち「神在り」が論証されるのである、と。

一方、「賭けの断章」に登場する護教論者は自由思想家の反論には答えず、むしろ唐突に、〈信仰〉と神の〈栄光〉を以ってすれば、神の〈現存〉と〈本性〉の認識は可能なりと説く。護教論者の眼目は理論的な神認識にはないからである。が、自由思想家は飽くまでも〈自然の光り〉に即した論議、すなわち「理性」を満足させる論議を要求する。護教論者は〈或る物の現存の認識はその本性の認識なくしても可能である〉との自説を繰り返す。

自由思想家は反論する。〈神は仮令《たとい》存在しようとも、どこまでも理解の及ばぬものである。部分も限界もないと来れば、神は人間とは無縁だからである。したがって、神の何性も存在も人間の認識し得るところではない(15)〉。

自由思想家は結論を下す。〈それならば、だれがこの問題の解決に邁進しようか。当方にはその意志はない。神とは無縁だからである〉。

ところが、護教論者にももはやこれに対する反論はない。自由思想家自身がこの科白を吐いた時点で、哲学的論議の目的は一応達成されたからである。〈理性への忠誠〉[B.226]を旨とする〈理性の勝った〉不信仰者自身が理論的に十全なる「神の存在証明」の不可能性を認識したからである。護教論者は即刻「神の存在証明」的論議を中止し、むしろ相手の言い分をそのまま護教論の文脈に組み込む方向に議論の矛先を転ずるのである。

〈それならば、己れの信仰を合理的に語り得ないキリスト者を誰が咎めようか。論理的に説明し得ない宗教を公言する者等を。[…]キリスト者は自ら、信仰は「愚」(sottise: *stultitia*)なりと宣言しているのである。[…]証明(preuve)を欠いていればこそ、判断力(sens)を欠いていないのである〉。

自由思想家は反駁する。護教論者の主張は〈論理なき(sans raison)〉宗教家の方便にはなり得ても、〈受け入れる側〉の弁明にはならぬ、と。自由思想家は論理的な「神の存在証明」の不可能性を主張しながら、なおも信仰に関する〈緻密な論議〉［B.259］を求めているのである。

（3）「賭け」の契機――理性の限界

しかし、護教論者は相手の意見を黙殺し、むしろ「実存的」とも言うべき問いを発する。〈神の存在と非存在（Dieu est ou il n'est pas）〉のいずれに〈傾く（pencher）〉べきか、と。[16]〈無限の混沌〉が人間を〈隔離している〉以上、〈この無限の距離〉の果てに〈賭け〉が行なわれるはずだ、と。すなわち理性の能力の限界点が「賭け」への決定的契機となるのである、と。

この論理は不条理ではない。神の「存在」と「非存在」のいずれかが真であり、いずれかが偽であって、第三の可能性はないからである。〈表が出るか、裏が出るか〉しかないからである。ところで、本来的に真理を求める〈理性〉には、いずれを真とし、いずれを偽とするのも自由である。いずれの命題にも絶対的根拠がないからである。失敗を恐れることはないのである。いずれに「傾く」のが有利であるのか、ただそれだけが判断の決め手なのである。

（4）「生」と「賭け」の必然性

しかし、自由思想家によれば、そもそも〈選択〉なるものがすでに〈過誤〉なのである。〈賭けない〉のが「正」なのである。懐疑主義者の面目躍如である。〈中立性〉［B.434］こそが、つまり断固として〈確言しない〉[17]のが、〈完全な懐疑論者〉の〈本質〉なのである。

一方、護教論者は執拗に「賭け」の必然性を説く。「賭ける」「賭けない」は〈任意（volontaire）〉ではない。

逃げられるものではない。避けて通れるものではない。なぜなら、既述のように、賭けなければ、選択しなければ、必然的に「懐疑論者」の立場を「選択する」はめになるからである。のみならず、既述のように、懐疑主義者といえども、自称中立主義者といえども、生きるために、常に選択を余儀なくされるからである。「選択」なき生は不可能である。食物を攝るのか攝らないのか、歩くのか走るのか、誰もが不断に〈態度を決定する必要がある（il faut que chacun prenne parti）〉［B.434］。行為は概ね「選択」の結果である。

パスカルに「実存主義哲学」の先駆者を見るのは確かに不当ではない。その哲学によれば、「実存する」とは「自由に選択する」を意味するからである。「選択しない自由」はないからである。「選択しない」ことは「選択しないことを選択する」の謂いになるからである。洵《まこと》に「実存」とは「自由」の謂いである。「自由」は「選択」の形を取る。小事から大事に至るまで、人間は絶えず「選択」を余儀なくされる。一方に「然り」と言い、他方に「否」と言う。一方を取り、他方を棄てる。一方を選択し、他方を「無化」する。[18]下記の一文は確かに実存主義者サルトルの科白である。〈私は常に選択することができる。が、仮令《たとい》選択せずとも、私は知らねばならぬ、己れが依然として選択している事実を〉[19]。

(5)「死」の確実性と「死後」の不分明性

「賭けの断章」の護教論者は、「賭ける」か否かは「任意」にあらずと言い、さらに奇妙な言葉を付け加える、〈貴君は乗船しているのだ（vous êtes embarqué）〉と。この科白は一般に「すでに否応なく賭けのゲームに参加している以上、降りるわけにはいかない」の意味に解されている。〈être embarqué〉なる表現は、十七世紀にはすでに、「乗船している」「航海に出ている」という本来の意味を失い、単に〈参加（engagement）〉の意味に用いられていたからである[20]。ところが、事実は然《さ》にあらず、やはり上記の非本来的用法は十七世紀においても未ださほど一般的ではなかったと指摘する辞書もある[21]。いずれにせよ、原義なくして転義なく、しかもこの表現が厳然と「船に乗り込んでいる」との本義を留《とど》めているからには、当然のことながら別の解釈が可能となる。例えば、人間はすべて生まれ落ちると同時に否応なく〈あの究極目的たるべき地点[22]〉［B.194］である「死」を目指す「船」に「乗り込んでいるのだ」という風に。無論この場合は目的地の変更も下船も不可能である。

由来、「死」ほど、パスカルが強調して止まぬ現象はない。〈私はやがて死なねばならぬ[23]〉［B.194］。無論これは万人共通の基本的知識であり[24]、〈感情のすべてを喪失〉しなければ〈無関心〉になれぬほどまでに〈重要なる事柄[25]〉［B.194］である。

「死」に向かう「船」は不信仰者をも懐疑論者をも乗せて解纜《かいらん》する。船は進んで行く。未知の港を指して。〈不可避の死〉を目指して。とはいえ重要事の〈徹底的な検討を怠る〉ための理由はすぐに見つかる。「死」は分明ならざる現象だからである。否、「死」は〈不分明の最たるもの[26]〉［B.194］だからである。不信仰者や懐疑論者は「死」の「検討を怠る」。「不可避」を回避する。人間を、自己を、疎外する。かくてひたすら「幸福」を望む。無論「分明なる」現世のそれを。生きて味わうべき目先の快楽を。快楽の永続化を。執行猶予の引き伸ばしを。ところで「死」は不可避である。が、「死」を徹底的に検討するには「感情のすべてを喪失」してからねばならぬ。因って、自己疎外は不可避となる。つまり幸福を享受し続けるためには〈己れを不死なるものにする外はない〉［B.169］。が、これは何と言っても〈不可能〉である。為に〈そういう事柄は考えないことにした〉のである。

「死」の〈探求[27]〉［B.194］を軽視する者等は言う、〈当て推量も不安も押しやって、［人生の］一大事（＝死）

に臨みたい〉、あるいは〈己れの未来の永遠性についてはあやふやなままに死に軟着陸したい〉［B.194］などと。あたかも〈永遠を無化（anéantir）し得る〉［B.195］かのように。そのくせ、「死」以外のこととなると何事によらず〈恐れ(28)〉［B.194］を抱き、都合のよい「当て推量」をする。〈地位を失うのではないか〉、あるいは〈名誉を傷つけられるのではないか〉などと。何と〈奇怪なこと〉かとパスカルは言う［B.194］。〈同一の心〉のなかに、〈最大事に対する奇妙な鈍感さ〉と〈最小事に対する鋭敏さ〉とが同居するとは。

　そればかりではない。〈無神論者〉は常にこう主張する、〈明々白々たる事実のみを語るべし〉［B.221］と。死と死後に関する考察は、その不分明性さゆえに無益である、と。そのくせ、「死」に起因する〈霊魂〉の壊滅はこれを広言してはばからぬ。霊魂もまた身体と同様に〈物質〉であると考えるからである。論理的一貫性の欠如は淹《おお》うべくもない。〈霊魂は物質である〉という命題は〈明々白々たる事実〉に基づく判断ではないからである。

　一方、キリスト教は以下のように説く。〈死の状態〉［B.195］は〈永遠〉である。あらゆる存在の〈真の始源〔すなわち「神」〕〉［B.236］を〈崇拝〉して「死ぬ」者は〈永遠の幸福〉［B.194］を享受する。〈無限に幸福なる無限の生命〉［B.233］を。神を〈崇拝せずに死ぬ〉者は〈滅び〉［B.236］、〈永遠の悲惨〉［B.194］を味わう。すなわち〈永遠に不幸になる〉［Cf. B.195］。〈人間と地獄、人間と天国との間には、脆弱この上ない中間的な生（la vie entre deux）しかない(29)〉［B.213］のである、云々。

　〈理性主義を標榜する不信仰者〉［B.226］は異議を唱える。上記の教説もまたこれを論証する術《すべ》はない。〈真の始源〉を〈崇拝せずに死ぬ〉者が永遠に〈滅びる〉というのであれば、〈禽獣（bêtes）〉や異教徒〔例えば〈トルコ人〉〕は「滅びる」はずである。が、前者には宗教がない。因って〈真の始源〉を崇拝せずとも咎めを受ける謂れはない。他方、〈トルコ人〉はキリスト教徒と同様に宗教的儀式と制度を有する。因って〈真の始源〉への崇拝においても後者に劣るものではない。したがって、非キリスト者といえども「滅びる」ことはないのである。事実、禽獣も異教徒も、見れば、〈キリスト教徒と同じように死に、且つ生きている（mourir et vivre）〉[30]ではないか、云々。

パスカルは相手の異議の論理的正当性を認め、賭の断章の欄外に、〈これは聖書〔の教え〕に反する考えだろうか。聖書は同上の反論のすべてを語っているのではないか〉と記し、上記の不信仰者の言い分を容認するかの如き言説が現に聖書に存在する旨を暗示する。聖書の該当箇所が明示されているわけではないが、旧約聖書には、例えば以下の一節が含まれる。〈人間に臨むことは動物にも臨み、これも死に、あれも死ぬるなり。［…］人間は動物に何ら優るところなし。［…］死後のことは誰かこれを見さしむる者あらんや[31]〉。しかし、パスカルは切り返す、これは〈哲学の問題〉ではないのである、と。論理的正否を問うべき問題ではなく、言わば「生」の究極の問題なのである、と。

〈哲学の問題としてなら、それでもよかろう。が、ここでは肝腎要の問題が論じられているのである（ici où il va de tout）［…］。この宗教に問うべし［…］。その疑問点（cette obscurité）に対する説明がなかろうとも、恐らくは学ぶところがあろう〉［B.226］。

確かに、理性による真理の探求を事とする哲学者にとっては、「死後」は不分明であり、ゆえに深く考察するに値しない問題でもあろう。が、「死」を目的地とする「船」の乗客のなかには他ならぬ哲学者も交じっているのである。しかも目的地の変更も下船も不可能である。ならば、「死後」は哲学の領分を越えた〈肝腎要の問題〉

となるはずである。〈コペルニクス説〉〔B.218〕ならば、あるいは〈深く極める必要もない〉見解かもしれぬ。無知が命取りになるわけでもなかろう。「生」の在り方にも「死後」の在り方にも何の影響も与えぬ主張だからである。〈しかしながら〉、とパスカルは繰り返す。〈霊魂は不滅か否か〉の問題の探求は明らかに生涯の最重要事であり〔B.218〕、〈全身全霊を傾けるべき事業である（il s'agit […]de notre tout）〉〔B.194〕、と。

しかし、既述のように、「死」に関する〈無知に安んじる〉〔B.194〕者、あるいは自己を疎外し、〈永遠を無化する〉〔B.195〕者は少なくない。否、世にはかかる幻想を抱く者が満ち溢れている。それがパスカルを〈苛立たせ、呆れさせ、恐れさせる〉〔B.194〕。〈キリスト教が真である〉〔B.241〕とすれば〈恐ろしい〉ことになるからである。パスカルは決意する。〈キリスト教の〔真なることを〕証明〉して見せる前に、かかる人士の〈不正〉を暴き、その〈異常さ〉〔B.195〕と〈不見識〉を当人の鼻先に突き付けることを。「死後」を認識し得ぬ乗船者の理性に「賭け」の必然性を叩き込むことを。

因に、パスカルと同郷の司祭・古生物学者テイヤール・ド・シャルダンの著書にも〈人間は乗船している（nous sommes embarqués）〉との表現が認められる[32]。テイヤールは何を言わんとしたのか。人類は四億年以上も前に定められた「進化」の流れに棹さす「船」に「乗り込んでいる」。誰が企図したわけでもない。帰港も目的地の変更も人間の意のままにはならぬ。かかる状況下にあっては、幸福の獲得方法に関する悠長な議論などは無用である。なぜなら、とテイヤールは言う、方法はただひとつしかないからである、と。個人が何らかの形でその流れに寄与すべく決意し、速やかに実行に移す他はないからである、と。

(6)「賭け」の必然性

しかし、上記のパスカルの「決意」の動機は単なる〈霊的信仰心(dévotion spirituelle)から来る敬虔なる熱意〉[B.194][33]なるものには限定されない。そもそも〈理性の勝った(forts en raison)〉[B.226]自由思想家は、〈人間的利害の原理〉や〈我欲(＝自愛の利欲)〉[34][B.194]の観点からしても、甚だ不条理な生活者である。本来、理性が〈理性の及ぶ範囲を超出する〉のは、〈利害(intérêt)〉問題の解決を目指す場合に限られる。この場合、理性は〈自己の至福の探求〉[35][B.73]を最大の目的とする。ところで、「死後」の問題は典型的な利害の問題である。理性は〈取り分(parti)〉の何たるかを〈探求する〉[B.236]べきである。したがって、この問題に対する理性の怠慢は、言わば〈自宅の権利書〉を探し出しながら、初めからそれを〈偽物〉と見做して、その真偽を〈調べるのを怠る〉[B.217]正当な〈相続人〉のそれに等しい。「賭けの断章」の護教論者が自由思想家にこう提案する所以である、〈選ばねばならぬ以上、一番貴君の関心を引かぬものが何であるかを見てみよう〉と。

人間とは常に「選択の必然性」に直面している存在である。人間は選ばねばならぬ。否応なく。関心を引くものを取り、引かぬものを捨てねばならぬ。一方を「我が有」に帰せしめ、他方を「無化」しなければならぬ。目前の利害問題を解決するために。また死後の「取り分」を取り逃さぬために。既述のように、デカルトの「コギト」に全面的な賛意を表明したパスカルは「思考」に「人間の尊厳」を見る。が、そもそも当人は「計算器」を考案した数学者である。いわば「機械」に「思考」を与えるのに成功した技術者である。ならば「人間の尊厳」はこれを他の能力に見出さねばならぬ。「思考」の外に。パスカルはそれを〈意志〉の行使に見る。

〈計算器は動物のいかなる行為にも増して思考に近接した効果を発揮する。が、動物のように意志があると言わせるようなことは何もしない〉［B.340］。

人間は「思考機械」に優る。人間は意志を持ち、意志を行使する。つまり「選択する」。必然的に取捨する。意志を行使しない人間があれば、単なる「推理器械」にすぎない。なるほど、「思考」は人間の存在価値である。人間を人間たらしめるものである。が、「選択」もまた、「意志的行為」もまた、つまり「賭け」もまた、同じく人間の存在価値である。敢えてデカルトの「コギト」に倣って言えば、「私は賭ける、ゆえに私は存在する」のである。(36)「賭けの断章」の基底には「賭けの必然性」の主題《テーマ》が流れている。〈選択は必然である（il faut nécessairement choisir）〉と。〈貴君は必然的に賭けねばならぬ（vous êtes dans la nécessité de jouer）(37)〉と。

（7） 賭けの論理

パスカルは自由思想家を評して言う、〈真理を認識するも、己れの利益と合致する場合に限って、これを支持し、さもなければこれを放棄する〉体《てい》のよい〈打算家（les malins）(38)〉［B.583］である、と。「策士」である、と。それならば、相手の勘定高さに付け入らねばならぬ。死後の〈取り分〉の大なるを示して〈打算家〉の理性を説得しなければならぬ。奏功すれば、意志は欣服し、これを選択するはずである。ところで、〈説得術とは納得させる技術であると同様に、喜納させる技術でもある(39)〉。説得術の実践が「賭けの断章」における護教論者の課題となる所以である。

護教論者は「神は存在する」に賭けた場合と「存在しない」に賭けた場合の損益計算を始める。曰く、賭けた者が〈失う〉虞れのあるものは〈真理（le vrai）〉と〈幸福（le bien）〉、〈賭ける（engager）〉べきものは〈理性〉

と〈意志〉、言い換えれば〈認識〉と〈至福〉である。つまり〈理性〉と〈意志〉を〈投入（engager）〉して〈真理〉と〈幸福〉を獲得するか、はたまた失うか、二つにひとつである。ところで、〈誤謬〉と〈悲惨〉を〈避ける〉のが人間の〈本性〉である。が、既述のように、理性には「神の存在」の真偽を見極める能力がない。因って、理性が誤謬を犯す危険はない。すなわち〈いずれを選択しようとも傷つく虞《おそ》れはない〉。問題は「悲惨の回避」、言い換えれば〈貴君の至福はどうなるか〉に絞られる、云々。

護教論者は続ける。「神は存在する」を〈表〉として（すなわち真として）〈損得〉計算をすれば、〈当たり〉の場合には〈すべて儲ける〉。〈外れ〉たとしても〈損失は零《ゼロ》である〉と。「神は存在する」が「真」であれば、〈至福〉が得られ、「偽」であっても、損失を被ることはない、と。[40] しかし、護教論者は、神を〈崇拝せずして死ぬ〉者の〈永遠の不幸〉［Cf. B.195］や〈永遠の悲惨〉［B.194］には言及しない。それは不信仰者が受ける言わば「神罰」であるが、神が存在しなければ、「神罰」もまたあり得ないからである。

自由思想家は護教論者の論理の卓抜さを認め、「賭けの必然性」を承認する。が、すぐに〈賭け過ぎ（je gage peut-être trop）〉を警戒する。「神は存在する」が「表」と出る確率、すなわち「神の存在」に賭けて勝つ見込みが薄ければ、こちらへの「賭け」は取りも直さず「賭け過ぎ」を意味するからである。

護教論者は正確な確率計算に着手する。

（8）「取り分」の確率計算

「賭けの断章」を書いた頃、パスカルは数学者フェルマに書翰（一六五四年）を送り、「賭け事」の「利益」に関する数学的な〈取り分の法則（règle des partis）〉と「数三角形（triangle arithmétique）」の応用による〈二人の賭博者間の取り分〉の法則を披瀝している。[41] 同法則は「堅固な議論」として「賭けの断章」でも利用される。が、相手の「賭博者」はフェルマではない。数学の専門家ではない。数式等を排した平明な言葉による説明が要求される。この制約がむしろ論理を冗漫で難解なものにしている。

この勝負における「賭金」は常に〈一箇の命〉である。賭ける者が手に入れる「取り分」は「勝運」と「約束金」とを乗ずることによって決まる。因って、論理は以下の如くに要約される。

一．「勝運」が五分五分と見なされる場合、「約束金」の多いほうに〈賭けない（ne pas hasarder）〉者は〈軽率〉である。例えば、約束金が〈二箇の命〉以上であれば、「取り分」は必ず賭金以上の額になるからである。すなわち、1/2（勝運）×2（約束金）＝1（取り分）[42]

二．勝つ見込が薄ければ、「約束金」が有限であるか無限であるかによって、「取り分」は二通りに分かれる。

（a）「約束金」が「賭金」以上であろうとも、「約束金」が有限であれば、「取り分」は賭金を下回ることがある。例えば、勝つ確率が極めて低く、且つ「約束金」が少額である場合は以下のようになる。すなわち、

1/10（勝運）×2（約束金）＝1/5（取り分）

（b）「約束金」が無限であれば「賭けねば損」である。勝った場合、「取り分」は必ず無限になるからである。例えば、勝つ見込みがいかに薄くとも、「無」でない限りは、「取り分」は有限数に無限を乗するので、無限となるからである。すなわち、1/10（勝運）×∞（約束金）＝∞（取り分）[43]

とはいえ、仮令《たとい》上記の二aのように、「取り分」が賭金を下回ろうとも、「賭ける」者を一概に〈無分別

な〈contre raison〉人間と断ずるわけには行かない。「賭け」とは元々〈僥倖《ぎょうこう》を当てにして（pour gagner avec incertitude）〉〈勝負に出る（hasarder avec certitude）〉ことを意味するからである。そればかりでない、そもそも人間の行動の動機に、しばしば〈取り分の法則〉［B.234］が潜んでいるからである。一体、人は何のために、自発的に〈航海〉や〈戦争〉に出掛け、危険に身を晒すのか。危ない橋を渡るのか。〈不確実なもの〉を獲得するためではないか。莫大な利益を手にいれるためではないか。とはいえ、利益を獲得するか否かは不透明で不確実である。つまり、船乗りは、戦士は、言わば「不確実なもの」を手に入れるべく命を「賭している」のである。

ところで、船乗りや戦士の「賭け」は、「賭けの断章」の護教論者に言わせれば、〈有限の僥倖を当てにして、一か八か有限を賭ける〉冒険である。大博打に勝ったところで、手に入るのは所詮「有限」である。が、「神の存在」に関する「賭け」は違う。「約束金」の額が違う。結果は有限ではない。無限である。〈無限に幸福なる無限の生命《いのち》〉である。つまり、賭けた者の取り分は上記の算出法の最後の場合に相当する。「勝つ」見込みが「零《ゼロ》」でないかぎり、取り分は無限となる。しかも〈負ける運は有限である〉が〈勝つ運は「一」である〉。一方、「神の非存在」に賭けた者の取り分は、仮令《たとい》「勝ち」の確率がいかに高かろうとも、有限にとどまる。のみならず、当事者がこの「賭け」で〈危険に晒す〉のは「無限」ではない。高々「有限」である。「一箇の命」である。ならば、そもそも〈秤にかけてみるまでもない〉のである。〈すべてを賭けねばならない〉のである。当事者がこの「賭け」で〈危険に晒す〉有限すなわち「一箇の命」は、神の存在と非存在のいずれに賭けようとも、否、「賭け」を「降りた」ところで、いずれ必ず「失う」はずのものだからである。有限だからである。ならば、神の存在に関する「賭け」において、負けた者の〈損失〉は〈無〉である。敗者の損失は零《ゼロ》である。一方、勝者が〈獲得する〉のは〈無限〉である。しかも、既述のように、人間は本来〈「賭け」を強いられている〉ばかりか、

〈無限なる利益〉を獲得する確率は〈無の損失〉の確率に等しいのである。因《よ》って〈無限なる利益〉を得るために〈命を賭けずに出し惜しみをする〉者は、〈理性を放棄〉した者と言われても仕方がないのである。神の存在に関する「賭け」とは畢竟するに〈無限を得るために有限を賭ける〉賭けである。〈勝ち運と負け運〉は〈同等〉であるが、〈有限〉を賭け金にして、〈無限〉を得ようがための賭けだからである。

上記の「賭けの論証」には確かに〈無限の力〉がある。これは文字通り〈論証的〉である。〈人間に幾許かの真理能力があるとするならば、これがまさにそれである〉。自由思想家もついに降参し、それを〈認め、承認する（je le confesse, je l'avoue）〉。「賭けの論理」は功を奏したのである。パスカルの眼目は〈打算家（les malins）〉[44][B.583]の〈理性〉に狙いを定め、キリスト教の〈反理性ならざる〉ことを、言わば哲学的な「神の存在証明」を用いずして論証するにあった。信仰の第一の〈手段〉である〈理性〉[B.245]がパスカルの論理に同意したのである。

ところで、「賭けの論証」の合理性を保証するのはキリスト教の神であって、他の神ではない。「無限に幸福なる無限の命」はキリスト教の神が人類に対して施す恩恵であって、例えばストア哲学の神のそれではない。既述のように、同哲学は万物の「永劫回帰」を説く。万物の生成と消滅も、現在の幸不幸も永遠に繰り返されるというのである。〈無限に幸福なる無限の命〉などは望むべくもないのである。が、自由思想家はなおも執拗に〈賭けの内幕（le dessous du jeu）〉を見ようとする。つまりキリスト教の教義の真偽を確かめるための[Cf. B.195]〈手段〉を手に入れようとする。護教論者は〈聖書ならびにその他のもの〉を挙げる。キリスト教の教義の正当性はそこに求める他はないからである。

とはいえ、そもそも自由思想家が聖書を精読するはずはない。自由思想家とは〈聖書中の任意の一篇の読書にせいぜい数時間を掛ける〉［B.194］か、または〈信仰の諸真理に関してどこかの聖職者に質問をする〉程度で〈学ぶための大いなる努力をしたと信じ込み〉、後《あと》は〈様々な書物を繙きもしたし、様々な人に問い合わせてみたが〈結局は〉無駄だったと吹聴する〉ような輩《やから》である。「賭けの論理」を承認し、さらなる証拠を求める「賭けの断章」の自由思想家とて同様である。元来聖書をも〈教会の勧めるもの〉［B.194］をも嫌厭《けんえん》するが如き手合いである。「賭けの論理」の正当性を〈承認〉しながらも、所詮〈信じることができないようになっている〉のである。ならば、もはや論理も証明も無用である。護教論者は利に聡《さと》い理性を納得させるための論証を打ち切り、「信じる方法」へと論を移すのだが、これについては稿を改めねばならない。

Ⅱ 「賭けの論証」における「信仰への道」

（1） 論証と信仰

『パンセ』に曰く、〈推論を抜きにして信仰する〉〈純朴な人間〉［B.284］が〈真っ当な信念を有する（bien légitimement persuadés）〉［B.282］のは、他ならぬ神の賜物である〈神への愛〉と〈自己嫌悪〉［B.284］の故である、と。ところで、パスカルはみずから『パンセ』を書いた。護教論の筆を執った。大いに推理し、推論した。無論、故なき企てではない。徒《いたずら》に推理したのではない。ひたすら〈論証〉［B.248］を事としたのではない。パスカルには目論見があった。また、相手があった。パスカルは理屈屋をもって任じる［B.226; B.259］頑迷な不信の徒の教化を志したのである。自由思想家の教導に乗り出したのである。

既述のように、「賭けの論証」の護教論的証明あるいは論証は自由思想家の自由を奪った。相手は〈手を縛られ〉、口を封じられるはめになった。勝負を降りる口実を失った。神の存在と非存在のいずれかに賭けるのを余儀なくされた。が、依然として勝負に出ようとはしなかった。態度を保留した。自分は〈信仰向きの人間ではない〉と言い、〈一体私にどうしろと言うのだ〉と訊いた。護教論者は相手の真意を見抜いた。信仰への〈道〉を模索する不信の徒の密かな願望を探り当てた。〈薬〉を求める病者の欲求を知った。つまり、「賭けの断章」の前半部を占める「神の存在証明」と「賭けの論証」は自由思想家を転向せしめるまでには至らなかったが、少なくとも入信の願望を抱かせるほどの成果は収めたのである。治癒を望まぬ者には薬も効くまい。〈証明〉は神が

〈心情に注ぎ込む信仰〉の〈道具〉［B.248］となる。願望を惹き起こすよすがとなるからである。護教論者は不信仰に付ける薬を処方したのである。

（2）認識と情念

相手は同意する。同感する。が、信仰するには至らない。ならば、〈神の〈存在〉証明〉はもはや無用である。無効である。護教論者は新たな薬を処方する。〈情念の減少〉による〈得心の努力〉を薦める。〈証明〉の〈明白さ〉への不服従を強いるのは〈理性〉ではなく、〈邪欲〉、〈悪意（malice du cœur）〉などの情念だからである［B.564］。情念の雲に覆われた認識者は〈満足すべき恒久の真理〉への服従をさえも肯んじない。情念からの解放は信仰に至る不可欠の条件である［B.423］。

情念は無論人間の属性である。が、実は神にも情念がある。〈寛容、憐憫、誠実〉は固より神の属性である。しかし〈貪欲、執着、立腹〉もまた実のところ神の属性なのである。後者は制御されねばならない。支配されねばならない。〈主人になると悪徳になる〉情念は〈奴隷〉として〈使役〉されねばならない［B.502］。〈自己〉という〈虚偽の対象〉［B.783, B.81］から離隔されねばならない。「情念の減少」とはすなわち邪欲や悪意からの離隔の謂いである。〈快楽〉の放棄［B.240］の謂いである。

ところが、自由思想家と覚しき人物曰く、〈当方に信仰があれば、即刻、快楽を放棄していたろう〉［B.240］と。パスカルは反論する。〈快楽を放棄していたら、貴君は即刻信仰を得るものを。始めるのは貴君の方だ。［…］貴君には快楽の放棄が可能であり、私の言の真なることを確認するのも可能である〉[45]［B.240］。パスカルは主張する、快楽の放棄は入信のための必須の条件である、と。〈始める〉のは人間である、と。しかし、この断章はその方法には言及していない。

（3） 情念を低減する方法

「賭けの断章」は情念を低減する方法を明記する。曰く、先ずは信仰者の〈始め方を見倣うべし〉と。信仰者すなわちかつて現世的快楽に〈縛られ〉、今〈全財産〉を神に〈賭けている〉快癒者にもまして、自由思想家の辿るべき〈道〉をよく知る者があろうか、と。護教論者は続ける、かつての不信仰の徒の〈始め方〉を見倣うべし、信仰者のごとくに振舞うべし、聖水を取り、ミサに参加すべし、習慣を味方につけるべし。〈それが貴君を信仰者たらしめ且つ愚者たらしむるは必定なるべし（naturellement même cela vous fera croire et vous abêtira）〉。

それが貴君を信仰者たらしむるは必定なるべし。護教論者の論調は頗る断定的である（「愚者たらしめる」云々の真意については後述する）。が、真偽のほどは分からない［B.240］。論理の当否は不明である。差し当たり、相手の出方を見極める必要がある。相手が上記の方法論の真価を〈試す〉のに同意すれば、少なくとも〈議論〉は〈終了〉する。事が護教論者の思惑通りに運べば、方法論は有効である。が、議論はそこでは終わらなかった。自由思想家は言った、〈我が恐るるはまさにそれなり〉。〈何故に恐るるや。貴君に失うべきものありや〉と同論者は問い、こう付言する、〈それ（cela）がそこに至る道なるを貴君に示すは、それ（cela）が貴君を大いに妨《さまた》ぐる諸情念を減ずればなり〉[46]。「それ」は文脈上「信仰者のごとくに振舞う」ことを指す。「ミサに参加」し「習慣を味方につける」ことを言う。しかし事の成否への言及はなく、議論は事実上そこで終わっている。が、終わったのは方法に関する議論であって、方法の有効性に関する論証ではない。相手の同意を得るに足る説得力の有無に関する論議ではない。のみならず、習慣と信仰との関係に関する周到な議論がそこにはない。「賭けの断章」

は十全ではない。

（4） 習慣と信仰

「賭けの断章」を録した紙面が尽きる辺りに、習慣と信仰に関する以下の記述が見出される。〈習慣は人間の自然本性（nature）である。信仰の習慣をつける者は信仰の真なるを信ずる［…］。数、空間、運動を見る習慣のついた人間の霊魂がそれを信じるのを、それのみを信ずるのを、疑う者があろうか(47)〉［B.89］。文中の〈信仰〉は無論「神」への信仰の謂いではない。既述のように、〈第一諸原理〉［B.282］すなわち他ならぬ〈空間、時間、運動、数〉の存在と同原理に関する万人の共通観念への信仰の謂いである。同諸原理は定義を拒絶する。理性には歯が立たない。が、同原理への「信仰」なくして人間の生活が成り立つはずはない。同信仰はどこから来るのか。何に由来するのか。何の結果か。同信仰は実は〈心情の直覚〉に由来する。同直覚の産物である。心情が同原理の存在を〈感得する〉のである。が、同信仰成立の要因は単一ではない。因って来る原因は「心情の直覚」には限定されない。パスカルは（前掲の引用文によれば）「見る習慣のついた霊魂」を同信仰成立の必須の条件と見做す。例えば、「明日の到来」は、あるいは「死の必然性」は、到底理性の〈証明〉し得るところではない。が、〈かくも信ぜられしことはまたとない〉［B.252］。まさしく「習慣」の為せる業である。反復される夜毎の夢の人間に与える影響は〈日常の視覚対象〉のそれにも匹敵しよう［B.386］。事程左様に、習慣の説得力は強大である。おさおさ論証に劣るものではない。いや、理性の及ばぬところでは、またとない〈証拠〉になるのである［B.252］。

デカルトもまた、正確な判断の拠り所として、「精神」の「認識」と、同認識を想起・受容する確かな〈習慣〉

とを挙げる。〈思うに、常に正確な判断を下そうがためには、真理の認識に加えて、機に臨んで同認識を想起し、これに同意する習慣があれば足りる。［…］かつて何らかの真理を会得させた諸根拠がいかに明瞭判然たるものであったとはいえ、長きに亘る執拗な省察によってこれを精神に刻み込み、これを化して習慣としなければ、後に虚偽の外観に欺かれて、これに不信の目を向けることにもなりかねないからである。［…］この事実を信じる確たる習慣がなければ［…］事はうまく運ばないのである〉(48)。周知のように、デカルトは精神を人間の本質と捉えたが、認識を精神に刻み込むのは「習慣」であると考えた。しかもこれを司るのは〈自動機械〉である、と。つまり人間とは精神と自動機械の〈両部分〉から成る構成体である、と(49)。

パスカルも同様の見解を表明する。人間は〈精神であると同程度に自動機械である〉。信仰は精神と自動機械の所産である。が、両者を説得する〈道具〉は単一ではない。前者を納得させるのは〈論証〉である。〈一生に一度知れば足りる理屈（raisons）〉である。が、精神の〈信仰〉は〈何時でも逃れ去る〉可能性を有する［B.252］。〈デカルトの言い種ではないが〉精神が受け容れた真理も、長きに亘る執拗な省察によってこれを精神に刻み込み、これを化して習慣としなければ、虚偽の外観に欺かれ、これに不信の目を向けることにもなりかねないからである。そもそも〈論証された事柄はごく少数〉に止まるのである。〈精神を信仰で満たす〉のに、習慣の助けを必要とする所以である［B.252］。

既述のように、「第一諸原理の存在」、「明日の到来」、「死の必然性」などは論証されない。その論証されぬものが「真」なるものと信じられている。事実として堂々と罷り通っている。無論、「習慣」の為せる業である。が、習慣が、習い性が、直《じか》に精神を〈傾ける〉のではない。〈仕向ける〉のではない。「習慣」は先ず始めに「自動機械」を「傾ける」。つまり〈機械〉［B.247; 246］を〈整備する（préparer）〉［B.246］。然る後に自動機械が精神を牽引する。精神は〈我知らず（sans qu'il y pense）〉牽引されるがままになる［B.252］。「霊魂」は〈おのずから信仰へと傾斜する〉[50]。「習慣」は、習い性は、〈無理強いしない〉。〈術策を弄しない〉。〈議論しない〉。肝腎なのは理に落ちた信仰ではない。〈相対的に容易な信仰〉すなわち「習慣による信仰」である［B.252］。

「習慣」は判断を容易ならしめる。その欠如つまり「不慣れさ」はこれを困難にする［B.222］。〈復活〉と〈誕生〉に例をとれば、呑み込み易いのは実は後者ではない。「無」からの「有」の生成ではない。むしろ前者である。「有」からの「有」の再生起の方である。ところが無神論者は逆の判断を下す。反対意見を述べる。〈復活〉を〈困難〉と判断する。理由は他でもない、一方は習慣的認識の対象であり、他方の認識は不慣れな仕事だからである。因みにパスカルは無神論者の判断を〈通俗的判断法〉の名で一蹴する。

自然現象もまた同断に論ずべき事柄である。自然がしばしば自然法則に逆らい、人間をしばしば〈裏切る〉のは、科学者パスカルの常識である。が、世人はそうは受け取らない。任意の自然現象に恒常的生起を見る［B.91］。「恒常的回帰性」を読み取る［B.121］。そこから〈自然的必然性〉［B.91］の観念を抽き出す。やはり「通俗的判断法」の然らしめるところである。

所謂「自然的原理」もまた畢竟するに〈習慣としての原理（principes accoutumés）〉［B.92］である。つまりは遺習・因習の類である。洵《まこと》に〈習慣は第二の本性である〉[51]［B.93］。しかも（モンテーニュの言い種ではないが）〈習慣性（accoutumance）〉つまり「慣れ」は〈〔第一の自然本性に〕劣らず強力〉[52]である。人間の〈最初の自然本性〉を〈破壊〉［B.93］するほどの威力を持つ。いや、極言すれば、「習慣」こそが人間の〈自然本性〉［B.89］なのである。

（5）トマス・アクィナスと「習慣」

トマス・アクィナスは〈習慣（*habitus*）〉と事物の〈自然本性〉との関係について考察し、前者を後者への〈関わり（*respicere*）〉の意に解した。[53] 曰く、前者は後者の〈秩序化（*disposio in ordine*）〉を含意する、あるいは後者の「善き秩序化」（〈窮極目的〉への秩序化）もしくは「悪しき秩序化」を含意する、と。[54]〈善き習慣〉とは〈行為主体（*agens*）〉を〈自然本性に適合する働き（*actus*）〉へと秩序化する（*disponere*）習慣〉の謂いであり、[55] 行為主体の人間本性の形成に寄与するのは他ならぬ善き習慣である、と。[56] なるほど創造時の人間の自然本性は己れの罪によって損なわれた。が、人間は同本性回復の手段まで奪われたのではない。そうではない。〈学知と徳〉[57] あるいは〈知徳と知解〉の形成を「習慣」とする者はむしろ[58]〈より高次の自然本性〉に到達し、[59]「あるべきもの」を現出し得るのである、と。[60] しかし（と、トマスは続ける）旧約聖書外典の「集会書」に「神は人間を知恵と知解の霊で満たした」と謳っているからには、人間を〈自然本性の能力を超える窮極目的〉すなわち〈〔その〕完全な窮極の至福〉へと善く秩序化する「善き習慣」とは、厳密に言えば、〈神が注ぎ入れしもの〉[61] と解するのが妥当である。因って善き習慣は洵に神の〈恩寵〉である。[62] 因みに学知形成もしくは知恵・知解形成の習慣なき〈人間《ヒト》ならぬ〉動物には「高次の自然本性」は望むべくもない。その自然本性は言わば「閉ざされた自然本性」である。ならば「あるべきもの」たり得る人間の自然本性には「開かれた自然本性」の名を呈するべきである。[63] 善き習慣は人間の特権である、云々。

さらにトマスは言う、神には〈習慣〉は無用である。そもそも「一方から他方への秩序化」は「要秩序化」と「被秩序化」の二様態を含意し、一方と他方は「可能態」と「現実態」の関係にあるのだが、神は本性上「完全」であって、その自然本性は〈可能態と現実態の複合を含まない〉のであるから、完成されるべき要素は皆無であり、因って神と習慣とは本来的に無縁なのである、云々[64]。

(6) 習慣の「助け」

「賭けの論証」を書いた護教論者が「ミサ参加の習慣」を推奨する理由はすでに明らかである。既述のように、「賭けの論理」は自由思想家の精神を完全に征服した。信仰のための人間的な第一の〈手段〉[B.245] すなわち理性の説得は終わった。論者は第二の手段に訴える。習慣の力を持ち出す。自然的諸原理や共通観念の存在に関する確信は他ならぬ「習慣」の産物である。異教徒・異端者の類は固より、〈夥しいキリスト信者〉を〈作り出す[65]〉[B.252; B.98] のも同じく〈習慣〉である。これを信仰の手段として活用しない手はない。

「ミサ参加の習慣」がごく自然な信仰をもたらす過程はすでに明らかである。既述のように、〈習慣〉もしくは「習い性」は何かを〈信じ込ませる〉のに、〈術策を弄さない〉。〈議論をしない〉。〈無理強いしない〉[B.252]。〈習慣〉は先ず始めに〈自動機械〉を〈傾ける〉。つまり「機械」を「整備」する。然る後に〈自動機械〉が〈精神〉を牽引する。〈精神〉は〈我知らず〉牽引されるがままになる。〈霊魂〉は「おのずから」「傾斜」する（tomber）。ごく〈自然に〉信仰へと〈落下する（tomber）〉。〈自然に（naturellement）〉は文脈上「習慣的に（coutumièrement）」を意味し[66]、「自然本性自体によって[67]」の意味を併せ持つ。

(7) 〈abêtir〉の語義について

護教論者は言った、習慣が「自然本性的信仰」をもたらすは必定なるべし、と。また、入信志願者を「愚者たらしむる（abêtira）」は必定なるべし、と。習慣は既述のように「通俗的判断法」[B.222] に堕する危険を孕む。

求道者を「愚者」にする可能性を持つ。ならば、「ミサ参加」の習慣も安全とは言い難い。が、また、それならば、護教論者が同手段を推奨するはずもない。自由思想家、答えて曰く、〈我が恐るるはそれなり〉。とはいえ、自由思想家の返辞は憤懣の調子を帯びてはいない。躓く者の激しい動揺を伝えない。〈abêtir〉の語義が疑義を生ずる所以である。この動詞は無論接頭辞〈a-〉と〈bêtir〉の合成語である。〈獣にする（rendre bête）〉がその原義である。[68]「愚者たらしめる」「愚鈍にする」は本義ではない。

既述のように、自然本性とはいずれも固定化した習慣であると言えなくもない。人間《ヒト》のそれも、動物のそれも。ならば、人間は〈動物そのもの（*omne animal*）〉[69]［B.94; 94bis］である。人間の〈自然本性（nature）〉は〈自然そのもの（toute nature）〉［B.94］である。が、やはり人間の自然本性と動物のそれは違う。既述のように、人間は習慣の力を藉《か》りて自然本性的にキリスト者となる可能性を持つ。動物（獣）にはそれがない。前掲のトマス・アクィナス説に従えば、人間は習慣を本来の自然本性獲得のための手段とする。「あるべきもの」となるための方便にする。が、動物（獣）には習慣の善用はありえない。

パスカルはこう主張した。精神を説得する道具は論証である。「一生に一度知れば足りる理屈」である。が、精神の「信仰」は「何時でも逃れ去る」危険を孕んでいる［B.252］。ために人間を信仰で〈染め上げる〉必要がある。信仰を化して習慣とする必要がある。習慣の助けを藉《か》りる必要がある。習慣をして人間の裡なる自動機械を傾ける必要がある。精神の確信を維持するために、他ならぬ「確信」と「安定性」の「唯一の原理」である「獣（bête）の自動機械」に自己を「服従させる」必要がある、云々。[70]

すなわち、当該断章における〈abêtir〉の用法は原義を離れてはいない。「獣にする」の語義を失ってはいない。ならば、「獣にする」の真意は奈辺にあるのか。パスカルの意図に即して正確に敷衍すれば、同語義は「獣の自動機械に〔己れを〕服従させる」の意味を持つ。人間は習慣の力で傾けた自動機械に己れを服従させ、「理性」の証明し得ぬ真理に関する「ごく自然な信仰」を得るが、同信仰維持のために、獣と同様に自動機械に従う必要がある、そうパスカルは考えるのである。

しかし、〈abêtir〉はやはり「誤解を招きやすい語[71]」である。「自動機械への服従」の必要ばかりを訴えるには、いささか含蓄のあり過ぎる言葉である。然り、パスカルには確かに意図するところがあったのである。狙いがあったのである。パスカルは信仰を語るべく〈abêtir〉の原義と派生的語義（「愚者にする」「愚鈍にする」）の重層性に訴える必要を痛感していたのである。因みにキリスト教信仰のある種の「二重性」を指摘したモンテーニュはそこに（言わば）「叡智化」と「愚鈍化」とを見たのであった。

〈賢ならんがためには（pour nous assagir）愚なるべし（Il nous faut abestir）[72]〉。

〈神は現世の知恵を愚ならしめたる（abesty）にあらざるや[73]〉。

〈神がため［…］以後は愚鈍学派（escolle de bestise）を守り立てん[74]〉。

モンテーニュの見解は恐らくパスカルのそれでもあったろう。護教論者は「賭けの論証」を行なうに当たって（既述のように）始めにキリスト教の「愚かしさ」を揚言するのを忘れなかった。

（8）自由思想家の「恐れ」

「自動機械への服従」の要請が自由思想家を恐れさせたわけではない。「無限に幸福なる無限の生命」を希求する入信志願者がそればかりのことに恐れをなすはずはない。相手は何を恐れたのか。「賭けの断章」は「恐れ」の対象を明示する文言を含んではいない。

〈習慣は人間の自然本性である〉との主張を冒頭に掲げた前掲の記述は以下の一文に引き継がれる。〈信仰の習慣をつける者は信じ、もはや地獄を恐れずにはいられず、他を信じることがない(75)〉[B.89]。同一語の使用が偶然でなければ、自由思想家が「地獄」を恐れていないとは言えない。

既述のように、自由思想家とは、こと聖書に関する限り、〈せいぜい数時間〉[B.194]の読書にて能事足れりとする手合いである。そのくせ〈多大の努力〉の結果〈探求は無駄に終われり〉などと嘯く輩《やから》である。とはいえ、探求の習慣を厭う者等にも教理に通暁する道が完全に閉ざされているわけではない。可能性がないわけではない。「ミサ参加」の習慣が残されているからである。ミサは聖書朗読と説教に親しむ絶好の機会を提供する。例えば、教理はこう教える、〈地獄もしくは天国〉と〈人間〉との間には〈世にも脆弱なる〉〈生命〉あるのみ、と[B.213]。また、死後に待ち受けるのは〈無限に幸福なる無限の生命〉(天国)か、然らずんば「永遠の業火」(地獄)なり、と。既述のように、霊魂は習慣の力によっておのずから(ごく自然に)信仰へと「落下」する[B.252]。落下したが最後、かつての不信仰者は〈地獄を恐れずにはいられず、他を信じることがない〉。自由思想家がこれを恐れていないとは言えない。

ところで、「死後」に関するキリスト教の教理が偽であれば、「信」は誤謬である[B.241]。自由思想家の「恐れ」も故なしとしない。が、パスカルは言う、上記の誤謬の「恐れ」を上回る「恐れ」がある、と。キリスト教を〈信ぜず〉して死し、死後その〈真なるを見出す〉場合である、と。その場合、不信仰者の「堕地獄」は確実である。死は〈永遠の不幸の極致〉[B.425]である。故に、地獄の存在を否認する者(不信仰者)の〈地獄の恐れ〉［B.239］は信仰者のそれを上回るものでなければならない。〈地獄がある〉とすれば、後者は〈救済の希望〉に生きるが、前者の堕地獄は不可避だからである。護教論者がキリスト教への「信」によって〈失う〉［B.233］ものは何もないと主張する所以である。

夙にシャロンの書に親しんでいたパスカルの上述の論理・論法が他ならぬ前者の『三真理論』中に見出される。〈つまるところ、神と摂理を信じたところで、どう転んでも、何の危険もあり得ないのである。目算が外れたとしても、どんな災い（mal）が降りかかるというのか。後に〔己《おの》が行動に関して〕釈明すべき至高権力なるものが世に存在しなければ、誰からも思い知らされることはないからだ［…］。一方、不信の徒はどんな危険を冒しているか。目算の外れた者は不信の故にどんな恐るべき罰を被るか。［…］当人の過ちに弁解の余地はない。信ぜよ、称えよ、仕えよと、すべてが語り、叫び、説きつけているからである。当人の悪意を措いて他に離反の理由はどこにもないからである(76)〉。

シャロンは地獄を語らず、その恐怖を説く。パスカルの「賭けの断章」にも「地獄」に関する記述はなく、「堕地獄」の原因である「罪」への言及もみられない。が、この断章の欄外には加筆された以下の一文が見出される。〈人間は罪人《つみびと》として生まれる（naître en pêché）との教えを説いた宗教は我が宗教を措いて他にはない(77)〉［B.606］。

（9）　信仰における「心情」と「精神」

パスカルが「賭けの断章」に地獄を持ち出さなかったのは、恐らくそれが「説得」にふさわしからぬ用語だからである。パスカルは小論文「説得術について」の中で言う、「説得術」とは〈嘉納せしめる（agréer）技術(78)〉

である、と。相手に地獄を嘉納せしめるのは確かに困難である。他方、この論文は他者の意見を〈受け入れる〉〈霊魂〉の〈能力〉として、〈悟性〉と〈意志〉を挙げている[79]。前者は専ら〈証明〉に〈同意〉し、以って万人の普遍的同意を形成する能力である。すなわち最も〈自然的〉な能力である。後者は〈好ましさ〉故に〈信ずる〉〈反自然的（contre la nature）〉能力である[80]。無論、〈幸福〉たらんとする〈自然的欲求[81]〉すなわち〈快楽[82]〉に因って立つ性向ではあるが、個別性ゆえに普遍性に欠ける能力なのである。が、他者を〈動かす〉最大の要因はこれである。なるほど、相手の〈悟性〉、〈精神〉、〈理性〉の〈承認する〉原理の探求は不可欠だが、〈意志〉、〈心情〉の「傾き」（つまり「好み」）を無視すれば、一切が徒労に帰するのである。

やはり「賭けの断章」の欄外には、加筆された以下の記述が認められる。〈心情には心情なりの理性がある［…］〉。心情は普遍的存在〔神〕をも自己自身をも自然に（naturellement）愛するものだ。要はいずれに専心するかだ。いずれに対して態度を硬化させようとも、それはお気に召すまま（à son choix）だ。貴君は一方を斥け、他方を守った。貴君の自己愛は理性の為せる業なのか[83][B.277]。

断章B.81は〈意志〉の〈自然に愛する〉能力あるいは傾向を強調する。ならば、心情は意志である。断章B.99は〈信仰〉における〈意志〉の〈精神〉に対する主導性に注意を促す。〈意志〉（＝心情）は専ら己れの偏愛する〈面〉に〈精神〉を集中させ、他の面から精神を〈逸らす〉のである。無論〈精神〉（＝理性）がみずから対象を見て〈判断〉を下し、その対象を〈自然に信ずる〉[B.81]のは確かである。が、その対象が〈意志〉（＝心情）の偏愛する〈面〉であるのは疑いを入れない[B.99]。〈真の対象の欠如〉の故に〈精神〉が〈偽りの対象〉に〈執着する〉所以である[B.81]。

同上の論理は「賭けの断章」における「信仰の道」にも適合する。何はともあれ心情（＝意志）による神の

「選択」がなければ、神への専心がなければ、一切が始まらない。なるほど「ミサ参加の習慣」は有効な手段ではある。が、「ミサ」では（既述のように）しばしば不信の徒の「地獄落ち」が説かれる。信仰志願者が心情（＝意志）を硬化させる可能性がある。精神の〈逸脱（détournement）〉も避けられない。「ミサ」にあっては、志願者の心情（＝意志）の特性を重視するのが望ましい。

　無論、キリスト教は「堕地獄」の「恐怖」を抱かしめるのを専らにする宗教ではない。キリスト出現の真の目的は罪人《つみびと》を救済するにある。いかなる不信仰者といえども〈贖い主の恩寵に与る可能性を持つ〉[B.435]。神父は「ミサ」中に繰り返して説く、キリストへの帰依による罪人の無条件の赦免を。〈無限に幸福なる無限の生命〉への死後の参入を。「地獄落ち」を恐れる者の心情（＝意志）を満足させる話である。心情（＝意志）は説教の内容に「専心」する。これを「自然に愛する」。精神（＝理性）は心情（＝意志）の偏愛する〈面〉に集中し、判断を下す。これを「自然に信ずる」に至る。精神は心情と〈一体となって進む〉[B.99]からである。したがって、「賭けの論理」で提示される「無限に幸福なる無限の生命」の約束の話と〈同紙面の尽きる辺りに記された〉「永遠の堕地獄」説とは恐らく不可分である。両々相俟って、信仰志願者にさらなる満足を与えるはずだからである。不信仰者が忌み嫌う「堕地獄」の教理にも確かに効用があるのである。

　罪と恩寵、恐れ（crainte）と希望を併記した『パンセ』の断章は他にもある。〈恐れを希望によって［…］鎮めるのに、罪と恩寵とを二つながら受け容れる万人共通の受容性（double capacité）を以ってする〉宗教はキリスト教を措いて他にはない[B.435]。ならば、キリスト教の入信条件の第一は精神による〈罪〉の〈恐ろしさ〉の認識であり、第二は心情による〈恩寵〉の〈希望〉である。一方、入信拒否の原因の第一は〈神なき人間の悲惨〉を認識し得ぬ〈精神の極端な弱さ〉[84]であり[B.194]、第二は〈永遠の契約の真なること〉を望み得ぬ〈心情の悪しき傾向〉である。

（10） 情念と恩寵

とはいえ、習慣による信仰は由来〈霊感〉なき信仰［B.245］である。つまり〈救霊には無用の〉信仰［B.282］である。ならば、かかる信仰に何の意義があるのか。「賭けの断章」で、この種の信仰の獲得を自由思想家に推奨し且つ保証した護教論者は、然る後に、相手の入信を阻む〈情念〉を習慣による信仰が減少せしめることを示唆した。いや、保証した［B.233］。ところで、断章B.240によれば、〈快楽の放棄〉はまさしく信仰に至る行為であるという［B.240］。したがって、この信仰が〈霊感〉に裏打ちされた「真の信仰」の謂いであれば、習慣による信仰はすでに無用の信仰ではないはずである。習慣的信仰による「情念の低減」すなわち「快楽の放棄」が真の霊感的信仰に直結するとの主張が真であれば、習慣的信仰における〈霊感〉の欠如はその決定的欠如を少しも意味しないからである。が、「賭けの断章」はこの仮説の真偽を確かめるための手掛かりを与えない。

パスカルはある書翰中にこう書いている、〈人間《ひと》、快楽を捨つるは、さらに大なる快楽を得んがためなり〉と。また、「神とともにある快楽」の〈甘美さ〉を知らずして「地上の快楽」を棄つる能わず、と。[85] つまり、『恩寵文書』によれば、善と悪のいずれを「選択」するかは、いずれに大なる〈愉楽〉を感ずるかに懸かっているのである。[86] さらに同書に言う、人間が悪に大なる愉楽を感ずるのは、原罪以後の人間を〈肉の邪欲〉が支配したがためである。が、神の恩寵の「愉悦」は常に肉の邪欲のそれを上回るが故に、人間の意志（＝心情）に恩寵が降るや、人間は〈罪の魅力〉を上回る〈甘美さと快楽〉に魅了され、〈自由選択力（libre arbitre）〉を駆使して、〈過たずに〉〈神の掟〉を〈選択〉するはずである、云々。[87]「第十八プロヴァンシヤル書翰」でも同様の見解が披瀝される。

パスカル、曰く、霊感に由来する〈天上的な甘美さ〉は、一方では〈可滅性（mortalité）と虚無〉を、他方では〈神の偉大さと永遠性〉を人間に発見させ、為に人間は、聖霊の働きによって、天上の〈不滅の幸福〉から離隔する〈罪の愉悦〉を嫌忌し、肉の快楽を超克して、ついには神の許に赴くのである、云々[88]。

上記の説は、しかし、「恩寵への人間の意志の従属」説ではない。パスカルは人間の自由選択力の有効性を説く[89]。由来「最大の愉楽」を〈望む〉のが人間《ひと》の常である[90]。人間が幸福以外の何に向かって歩を進めようか[B.425]。最大の愉悦の「選択」が自発的選択以外の何であったろうか、云々[91]。

世には敢えて「神の掟」を選ぶ人間が実在する。何故か。聖霊に由来する甘美さと快楽から、罪の魅力を上回る満足を得るからである。そこから〈至福と浄福〉を受容するからである。「神の掟」の「選択」は疑いもなく〈自己自身〉の選択である[92]。〈全く自由な、全く自発的な、全き愛に基づく〉〈己れの選択[93]〉である。己れの〈自由選択〉の行使の結果としての選択である。〈自発的かつ自由に[94]〉行なわれた選択である。〈必然性[95]〉などは、強制などは、微塵もないのである。

他方、世には敢えて神から〈離隔する[96]〉人間が実在する。何故か。罪の魅力から、「聖霊」に由来する甘美さと快楽を上回る満足を得るからである。そこから罪の愉楽を受容するからである。

なるほど〈信仰に入るのは難儀（peine）である〉[B.498]。人間の〈自然本性的悪徳〉が神の〈超自然的恩寵〉に〈反抗する〉からである。〈感覚〉が〈悔悛〉に抵抗するからである。かくて〈反撥力〉が人間を引き裂く。心情に〈苦痛（peine）〉を強いる。一方は「自然」である。自然本性である。感覚であり、悪徳である。他方は「超自然」である。自発的悔悛に伴う超自然的甘美さと快楽である。自然と超自然との対立が人間に激しい苦痛を与えぬはずはなかろう。

しかし〈苦痛〉は実は他ならぬキリストの恩寵である［B.498］。恩寵なくして、自然的人間が〈己れを神から離隔する諸情念〉を〈滅却する〉〈戦い〉を開始するはずはなく、したがって苦痛を覚えるはずもないからである［B.783; B.498］。キリストは言わば自然的人間を自然との「戦い」に駆り立てるために来たのである［B.498］。が、『パンセ』は実のところ自然本性的悪徳と神の超自然的恩寵との「戦い」に関する叙述を含んではいない。が、前掲の『恩寵文書』と「第十八プロヴァンシヤル書翰」の記述は以下のような推論を可能にする。キリストの恩寵を受容した人間の心情（＝意志）は自然本性的愉楽と超自然的浄福とに引き裂かれる。両者の「戦い」が心情（＝意志）を占有する。人間を苦痛に引き渡す。が、自然は所詮超自然（キリストの恩寵）の敵ではない。勝負が決する。心情（＝意志）は後者から前者を上回る満足を得る。人間は（最終的には）過たずキリストを「選択」する。心情（＝意志）がその特性（「自然に愛する能力」）故に「全く自由に、全く自発的に、全き愛に基づいた」選択を行なうのである。「自然」が「超自然」を受容するのである。邪欲や罪は心情（＝意志）の「自然に愛する能力」の前で「おのずから」（自然に）滅却するのである。

(11) 恩寵と自然本性

既述のように、「欲望」あるいは「情念」は自然本性の産物である。而して『パンセ』によれば、〈自然本性〉は常に人間を〈不幸にする〉。が、人間の〈欲望〉は、他面では、〈幸福な境遇〉をひたすらに〈描き出す〉［B.109］。不足した幸福と「現状」とを結合するのが欲望本来の働きである。病人は「現状」に服薬の喜びを接合する。自然本性が〈現状に合致した情念や欲望を与える〉のである。

キリストの恩寵は人間の心情（＝意志）に降り、至上の甘美さと快楽の所有欲で人間を満たす。恩寵が言わば人間の欲望に働きかけるのである。欲望は（既述のように）自然本性の産物である。〈恩寵〉は〈敢えて言えば〉「自然的」に作用するのである[97][B.521]。パウロ風に言えば、〈恩寵〉としての神の〈掟〉は〈自然本性を破壊せず、むしろこれを教育した〉[B.520]のである。

(12) 護教論と「情念の低減」

「情念の低減」は肉の愉楽や罪の魅力に優る「天上的な甘美さ」に通じた者の特権である。すなわち情念の低減は聖霊の仕事であって、護教論者のそれではない。この論者は「ミサ参加」を勧める。「習慣」の威力を説く。説得に成功すれば、入信志願者に「地獄」の存在への「自然な信仰」が生まれる。「恐怖」が募る。同志願者は対極に目を転ずる。「天上的に無限に幸福な無限の生命」を仰ぎ見る。「地獄の恐怖」が「天上の生命」の「甘美さ」の引き立て役となる。護教論者はそうなるのを「待つ」。「待つ」のがこの論者の仕事である[Cf. B.282]。心情（＝意志）に天上的な甘美さを与えるのは確かに「聖霊」である。入信志願者がまさに「地獄の恐怖」故に「天上的に無限に幸福な無限の生命」に魅力を感じるのは、いわば「自然」である。が、そのとき〈心情の直覚〉[B.282]に働きかけているのは他ならぬ「聖霊」である。

聖霊に由来する「甘美さと愉悦」は確かに「罪の魅力」の比ではない。常に最大の愉楽を待望する人間が最大の甘美さと最大の愉楽に支えられて恩寵の至福と浄福を自発的に「選択」するのは必至である。人間は罪の魅力に幻滅する。自発的に肉の愉楽を斥ける。すなわち情念の低減に成功する。信仰と「情念の低減」は表裏を成す。信仰は（既述のように）心情への聖霊の作用の結果である[Cf. B.282]。つまり信仰は〈賜物〉である[B.248]。が、同時に、自由選択の結果である。信仰は人間の意志と神の恩寵との神秘的結合の所産である。

パスカルはキルケゴールと濃い「血縁関係」[98]にあると言われる。後者は言う、〈貴君に信仰がなければ、せめて「いずれは信仰を持つに至るのだ」と信ずるがよい。そうすれば、貴君は信仰を持つに至るのだ〉[99]。一見取り付く島もない科白ではある。が、非論理性は見せかけで、背面はキルケゴール一流の論理で裏打ちされている。神の存在へのただ一度の「賭け」ぐらいで「救霊」を確かならしめる「有効な恩寵」が得られるなどと思う勿れ。「実存の各瞬間」に「賭ける」べし。信仰には「日々規則的に」降る恩寵が不可欠なのである、そうキルケゴールは主張するのである[100]。「いずれは信仰を持つに至るのだ」には「各瞬間に神の存在に賭けるべし」との含みがある。絶えず賭けてこそ、恩寵は「日々規則的に」降るのである。「日々規則的に」賭けてこそ、日々「信仰を持つに至る」のである。キルケゴールもまた人間の意志の選択と神の恩寵との神秘的対応に注意を促しているのである。

(13) キリスト教と「現世利益」

件《くだん》の護教論者は神が入信志願者に天上的な甘美さを注ぐのを〈待つ間に〉[Cf. B.282]、別の利益を示唆する[B.233]。護教論者は言う、ともかくも覚悟を決め給え(prendre parti)。「神の存在」に賭け給え。〈現世で益あること請け合いなり〉。超自然的利得は固より、現世利益に与るのもまた確かなり、と。

断章B.194は、世俗的成功を収める〈唯一の方法〉として、〈礼節、実直、賢慮、人情〉の人間《ひと》として〈振舞うこと〉を挙げる[101]。ところで、「神の存在」に「賭ける」とは「神の法」を「選択」することを意味する。すなわち、真の信仰者は〈実直、礼節、謙虚、恩義、親切、人望、友誼〉[B.233]の人間《ひと》である。ならば、「神の存在」に「賭ける」者が同時に世俗的成功を収めるのは確実である。そもそも〈人好きのする、幸福な〉人間を形成する宗教などはキリスト教を措いて他にはないのである[102]［B.542（「賭けの断章」の欄外の記述）］。なるほど、自由思想家が後生大事にする「礼節」も世俗的成功の原因《もと》にはなろう。が、来世の幸福に至っては全く保証の限りではない。護教論者は「議論」に始末をつける。〈貴君〔自由思想家〕はこの道を歩一歩と進むにつれて、利得のあまりの確実さと投資額のあまりの僅少さに鑑み、自腹を切らずして確実な無限性に賭けたことを遂に思い知ることになろう〉［B.233］。自由思想家は〈我を忘れる〉。〈有頂天になる〉。「議論が終わった」のである。

（14）外的宗教行為と恩寵

が、〈議論の終了〉後にもなお、護教論者は以下のように補足する。〈如上の議論が貴君の意に適い且つ説得的（fort）と映る〉所以は、当方が議論の前後に〈無限かつ不可分の存在〉〈神〉に〈跪拝《きはい》〉し、〈己が低劣さと力（force）との一致〉を冀《こいもとめ》し故なり。同上の補足には「ミサ参加」の「習慣」の意義を再度示唆する目的があるものと思われる。論者の意図を忖度すれば、断章B.250は、恩寵を〈得ようが為の〉[103]〈内面性（l'intérieur）〉と〈外面性（l'extérieur）〉の結合を強調する。「跪拝」「誦経」は後者である。「ミサ」中に実践される外的行為である。恩寵を「得る」のに両者の結合が有効であれば、〈外面性〉への依存も強ち〈盲信〉とは言えない。例えば、〈字句（lettre）〉の「字面」は外面性であり、〈字義（esprit）〉は内面性である［B.251］。同様に「ミサ」の祭儀は外面性であり、〈真の有益な結果〉を生ずる〈霊感〉へのひたすらな〈自己奉献〉の意識は内面性である［B.245］。祭儀（外面性）と意識（内面性）との結合こそは恩寵を得るための貴重な、いや、恐らくは唯一の手段であろう。外面性への盲従は無論「盲信」だが、外面性を無視して、ひたすらに内面性を重視する者は〈倨傲《きょごう》〉の誇りを免れまい。

(15)「賭けの断章」と護教論

もっぱら利益を餌に布教する護教論者の論法は明らかに「人間的」である。また、「賭けの断章」が、「神は人間の意志と善行を無視するはずがない」との確信に貫かれているのも確かである。ところで、この確信は『恩寵文書』等が論じる「救霊予定説」と鋭く対立する。[104] この説によれば、救霊の前提としての善行はすべて神の予定に組み込まれているはずだからである。が、護教論者の確信は実は他の確信と表裏を成す。護教論者は考える、神が心情に天上的な甘美さと快楽を注がぬ限り、人間が善行を為す可能性は絶無である、と。

賭けの断章が夙に「信仰」を玩弄するものとの批判を浴びたことは周知の事実である。最初期の批判者は言う、「賭けの断章」は「キリスト教と神を〔十字架を使った〕『表か裏か遊び』の道具に使おうとしており」、為に論者は自らが槍玉に挙げる「弛《たる》んだ決疑論者《カジュイスト》」輩の陣営に投ずるはめになった、云々。[105]

「賭けの断章」は自由思想家との対話の形を取る。論者は無論無神論者の教化に眼目を置く。[106] が、相手は何しろ計算高い俗人である。〈利得〉なき〈真理認識〉などには一顧だに与えぬ〈打算家(malins)〉[B.583]である。損得抜きの「信心の勧め」論は無駄である。〈全き自己放棄〉と純粋な〈歓喜〉としての信仰論の無意味さは始めから分かり切っている。[107] パスカルはそう考えたのである。とはいえ、この断章に「護教論」的不備があるのは否定し得ぬ事実である。「真理」としての「キリスト教論」が完全に欠落している。教理の核心への言及も(欄外に若干の補記があるとはいえ)無きに等しい。「神=人であるイエス・キリスト」による「贖罪」論さえ欠如している。が、パスカルはやがて(周知のように)本格的な「キリスト教護教論」の執筆を企図する。同論は独創的な書き出しを持つ。論者は人間の実存的矛盾から説き起こす。曰く、キリスト教の原罪説を措いて他にこの「矛盾」の原因を解明し得る論拠はなく、キリスト・イエスの出現を措いて他に人類を救済する方法はない、云々。

第四章　人間存在と思惟

（1）人間の研究と護教論

パスカルが哲学的な「神の存在証明」に重きを置かぬ理由は察するに難くない。その証明は、縦《よ》しんば既信者の信仰の強化に寄与するところがあろうとも、自由思想家の名で呼ばれる不信仰者の理性を征服するまでには至らぬと思われるからである。ならば、理性にキリスト教信仰を諾《うべな》わせるためには何を為すべきか。それは他でもない、不信仰者たるの利益と信仰者たるのそれを確率論的な正確さを以って提示し、前者の「寡」に対する後者の圧倒的な「多」を論証するのである。自由思想家は由来「利に聡き者」である。然らば「賭けの論理」［B.233］を持ち出すに如くはない、そうパスカルは考えた。考えたばかりではなく、同論理を実際に提示し、慎重に展開する。果たして実験は成功し、相手は「入信」を希望するに至る。パスカルは助言する。転向者から大いに〈学ぶ〉べし。転向者とは不信仰者変じて信仰者たり得た者の謂いである。これに学ぶべし。例えば、頻繁に教会へ行くべし。典礼を丸ごと信ずる「風を装う」べし。パスカルは「習慣」の効力に期待する。恐らくはその一種催眠術的な効果に。とはいえ、同方法に持続的な効果が望めようか。堅実性が。否。やはり、否と言うべきである。自由思想家、侮るべからず。懐疑精神、見縊《くび》るべからず。

パスカルは自由思想家を懐疑から完全に解放するための新たな方策を検討する。ところで、「不信仰に効く薬」

が、他ならぬ「信仰者（転向者）を見習うこと」であれば、つまるところ、パスカル自身を信仰へと至らしめた筋道を「学ばせる」に如くはない。そうではあるまいか。『キリスト教護教論』のための草稿集成である『パンセ』が護教目的の断章の他に上記の筋道を示す多数の断章を含む所以は恐らくここにある。

パスカルはいかなる筋道を辿ったのか。当初、同人は物理学等の〈外的事象に関する学問〉[B.67] ならびに数学等の〈抽象的諸学〉[B.144] に〈没入〉した。が、同上の諸学の研究はむしろ〈自己の条件〉[B.144] からの〈逸脱〉を同人に認識させたに過ぎない。学問の主たる目的は本来人間の条件を知るにある。〈自己を認識する〉[B.66] にある。パスカルは〈人間研究〉[B.144] を開始する。若年期に宇宙の第一物質の探求に没頭し、幻滅して、「汝自身を知れ」の標語を掲げて人間の研究に邁進したソクラテスのように。(1) 固より自己認識は物理学・数学研究に比して〈真理（le vrai）の発見〉に〈資する〉[B.66] ところが少ない。が、〈自己の生を律するための規範として、物理学数学的研究は到底人間研究の敵ではない。また、〈外的事象の学〉に関する〈無知〉と〈人倫（la morale）の学〉に関する無知のいずれが、例えば〈悲嘆〉[B.67] にくれる者にとって致命的であるかは論を俟たぬ。蓋しパスカルの所謂自己認識の学とは〈人倫学（science des mœurs）〉[B.67] の謂いであった。

パスカルは「人間研究」に邁進する。哲学者の書を耽読する。無論「諸学の女王」とされる形而上学の研究者のそれではなく、「人間に精通せる者」のそれを。人間学に関するそれを。しかし、満足の行く解答を与える哲学書は残念ながらどこにもなかった。パスカルは聖書を再読する。而して〈人間の本性を知り〉[B.433] 且つこれを〈教示する〉[B.556] 唯一の宗教を発見する。すなわち信仰（転向）への第一歩である。

ない。

（2）パスカルの人間観

（A）人間の「偉大さ」

（a）「思惟」ならびに「理性」の「偉大さ」

哲学者の書はなべて斯学《しがく》による人間研究の限界を明確に示していた。ある種の認識上の弱点を露呈していた。壁に突き当たっていた。乗り越えるべき障壁を前にして足踏みしていた。が、見るべき収穫がなかったわけではない。

『ド・サシ師との対話』によれば、パスカルはストア派のエピクテトスを評価していた。人間の〈偉大さ〉を認識した哲学者として。エピクテトス曰く、人間には〈義務〉がある、〈神を主目的と見做す〉義務がある。神が同義務を果たす〈能力〉を人間に賦与したがためである。〈精神〉と〈意志〉という〈自由な〉能力を、云々。(2)『パンセ』においても同様の見解が表明される。パスカルは言う、エピクテトス説によれば、人間は本来〈神を尊崇するべく〉[B.431] 創られている。故に、〈神への恭順を欲する〉者は〈知恵〉によって、つまり〈自然本性的知恵〉[B.374] によって、〈神に匹敵するもの〉[B.431] となるはずである、と。固よりパスカル自身の考える人間の最大の〈義務〉もまた〈神を愛する〉[B.430] ことにある。神に恭順するにある。が、かかる教説が自由思想家に通じるはずはない。不信の徒を衝き動かすはずはない。パスカルはやむなく話頭《わとう》を転じる。論点を移す。普遍的義務に言及する。つまり〈しかるべき思惟（penser comme il faut）〉[B.146] に説き及ぶ。曰く、〈手も足も顔もない人間を思い描く〉[B.146] のは無理な相談ではない。が、〈思惟なき人間を想像する〉のは土台無理な話である。思惟なき人間などは人間ではないからである。故に手も足も顔もない人間を思い描くのは不可能ではないと言ったのである。人間は洵《まこと》に〈思惟を事とする〉[B.146] 存在である。〈理性〉から成る存在

［B.439］である。「思惟」が人間の普遍的義務である所以である、云々。

パスカルの「人間の本質としての思惟」説は恐らくデカルト説の延長線上にある。〈霊魂〉あるいは〈精神〉に人間の本質を見たデカルトが、人間を定義して〈思惟するもの（res cogitans）〉と断じたのは周知の事実である。(3)が、それればかりではない。以下の（デカルトの）一文と前掲のパスカルの断片［B.339］との相似性は一目瞭然である。〈私は己れを［…］腕なき、脚なき、頭なきものと見做す必要があった。ところで、人間の裡なる懐疑者は間違いなく身体なるものではない(4)〉。さらにパスカルは言う、〈動物〉［B.342］の、例えば〈カワカマス〉の、〈蛙〉［B.341］の、人間の行動を思わせる行動は、実のところ〈精神〉に基づくそれではなく、〈本能〉である、と。一方、デカルトは言う、〈ある種の行動において人間を凌ぐ技量を発揮する動物がいるのは確かだが、［…］同じ動物が他の諸行動において人間と同等の技量を発揮する事例は皆無である。すなわち動物の優秀さは動物が精神を有する証拠にはならない。第一［…］動物が万事において優位を占めているわけではなかろう。否、同上の事実はむしろ動物における精神の欠如と諸器官の配置に基づく自然本性の働きの表れである(5)〉。

確かに『ド・サシ師との対話』にはデカルトへの言及は一切ない(6)。が、既述のように、『対話』の数年後、パスカルはデカルトの「第一原理」（〈我思惟す、ゆえに我存在す〉）の正当性の弁護を買って出る。パスカルの人間観に対するデカルト哲学の影響がないわけはないのである。とはいえ、パスカルは断じてデカルト主義者などではない。霊肉二元論者などではない。デカルトが理性の正当な行使に努めたのは偏《ひとえ》に「哲学的真理」を獲得せんがためであったろう。が、〈身体〉と〈霊魂〉との不可分性の認識に完全に閉ざされていたデカルトは両者を別箇の〈実体〉と見て、純粋な「心身二元論」者となった。つまり謬説を成すに至った。片やパスカルは同二元論者ではない。否、そもそも形而上学者でさえない。パスカルが〈霊魂の非物質性〉［B.349］と題する断章を書いたのは事実である。〈快楽〉を感ずるのは身体（手、腕、肉、血）と〈非物質〉［B.339bis］のいずれかと問うたのは事実である。が、同断章の眼目は霊と肉との切断にあるのではない。身体の非霊魂性の論証にあるのではない。文脈から明らかである。パスカルは人間の〈偉大さ〉［B.346］、〈尊厳〉［B.146, B.347］、〈価値（mérite）〉［B.146］の奈辺にあるかを問うたのである。示唆的に論じたのである。有名な〈考える葦〉［B.347,B.348］の断章を一読すれば、事は明らかである。人間は〈自然〉の中の最弱者である。〈宇宙〉の〈空間〉[7]に、いとも簡単に押し潰される、〈一本の葦〉である。が、潰れる葦は、人間は、己れを潰す自然よりも、己れを〈点〉のように飲み込む空間よりも、〈遥かに高貴〉である。高尚である。人間は己れの〈死〉を知る。〈己れに対する宇宙の優勢〉を知る。そこに人間の〈尊厳〉がある。一方、宇宙は無知である。何も知らないのである。〈思惟〉と無思惟との優劣はおのずから明らかである。

とはいえ、パスカルの言う思惟は無論思惟一般ではない。任意の思惟ではない。或る特定の思惟である。これまた文脈から明らかである。断章 B.347 の結語を読めば、事は明らかである。〈人間が依拠すべきは思惟であって、空間や持続［としての時間］ではない［…］。故に沈思黙考に努めるべし。これすなわち人倫［道徳］の原理である〉。かかる思惟こそが人間の〈尊厳〉の証である。〈しかるべき思惟〉［B.146］こそが人間の〈義務〉である。〈思惟の順序に従い、先ず己れ［の何たるか］を考え、次に己れの造り主と己れの目的性の思惟へと進む〉思惟こそが人間の〈価値〉の証である[8]。人間の偉大さの証である。

（b）「意志」の「偉大さ」

因みに〈計算機〉［B.340］には〈思惟〉はない。獣のすべてに優る思惟を現出するかに見えて、実のところ思惟はない。のみならず、〈獣〉にすら備わる〈意志〉もない。況《いわん》や人間のそれのような自由な意志はない。自由意志なきところに〈義務〉[B.430]はない。況《ま》して〈神を愛する〉義務のあり得ようはずはない。自由意志は人間の専有物である。人間固有の義務の遂行を主目的とする天稟である。

(B)人間の「悲惨さ」

(a)「理性・思惟」の「愚鈍」「低劣」「無力」

他方、『パンセ』は人間の「卑小さ」を論《あげつら》って已《や》まぬ。既述のように、パスカルに人間の「愚鈍」「低劣」「無力」を教えたのは懐疑主義の権化モンテーニュであった。モンテーニュはひたすら人間理性の真理把捉能力の限界を説いた。幾何学・物理学等の実証的学問における公理、定理は固より「第一原理」に対しても「定義不能」を理由にその信憑性に異を唱えた。既述のように『パンセ』には実は懐疑論的主張が散見する。パスカルは言う、〈空間、時間、運動、数〉[B.282,B.233]は人間の生得観念である。〈第一原理〉[B.282]である。〈万人〉共有の〈仮定〉[B.392]に基づく(とされる)共通観念である。が、それは実は〈無根拠〉である。〈定義すれば必ず不明瞭化が生じる〉[B.392]類の語だからである。つまり定義不能の語だからである。かかる語が万人に同一の観念を抱懐せしめる確かな証拠はどこにもない。のみならず、人間の生と睡眠中の「夢」とを截然《せつぜん》と区別する基準さえ見つからぬ始末である。否、すべてが〈錯覚〉[B.434]である可能性もある。ならば、〈真理を確実に所有している〉と考える人間は不遜の誹りを免れまい。斯くのごとく人間が〈すべてに関する恐るべき無知〉[B.194]に閉ざされているのは確かである。〈絶望しないのが怪しまれる〉[B.693]ほどの〈盲目〉に束縛されているのは確かである、云々。

とはいえ、パスカルはモンテーニュではない。純然たる懐疑論者ではない。徒《いたずら》に理性の無力さを言い立てる不可知論者ではない。なるほど理性の〈劣弱さ〉[B.282] は蔽うべくもない事実である。が、認識は独り理性的認識であるに止まらない。理性の働きであるに止まらない。人間には実は〈心情〉なるものがある。同上の認識を補完する認識機能がある。「第一諸原理」は確実な根拠である。根本原因である。「生」は現実である。「夢」ではない。これを〈直観〉するのが他ならぬ心情である。これを直観的認識たらしめるのが心情である。心情は精妙な認識機能である。人間の知的目録は、パスカルによれば、完全な欠陥品ではない。

しかし、『パンセ』における理性批判はともかくも痛烈である。あるいは痛快である。パスカルは例示する、一匹の〈蠅〉の羽音にもたわいなく攪乱される〈裁判官〉の貧弱な理性 [B.366] を。擱筆《かくひつ》すべき段階で初めて〈冒頭〉の文句を〈発見〉する魯鈍《ろどん》な理性 [B.19] を。己れの考えを書き留めながら、あっけなく当の考えを取り逃がしてしまう〈劣弱〉な理性を [B.372]。〈極大〉をも〈極小〉をも弁えず [B.72]、ために宇宙の〈無限の空間の永遠の沈黙〉に怯える [B.206; B.205; B.194] 哀れな理性を。パスカルは剔抉《てっけつ》する、容赦なく暴き出す、〈「己れ」の何たるか〉も知らぬ人間の正体を。〈自己〉に関する正確な知識すら持ち合わせず [B.323; B.194; Cf.175]、身体あるいは霊魂の特性をその恒常的変化の故に把捉し得ず [B.323]、〈身長〉や〈命数〉に〈限界〉のある理由も [B.208]、己れの所在が〈彼処〉ならぬ〈此処〉であり、〈かの時〉ならぬ〈今〉である理由も [B.205, B.194]、〈どこから来てどこへ行くのか〉は固より [B.194; B.323; B.175; B.200; B.693]〈この世の何たるか〉さえも把捉し得ぬ人間の条件を。人間の理性の貧弱さを。

パスカルは言う、理性の無力さは幸福の追求を阻む障壁である、と。なるほど〈幸福を追求する〉[B.425; Cf. B.169] のはひとの常である、が、〈至福〉の何たるかを知る者は少ない。〈具眼の士〉の間でも意見の一致を見ない［B.73］。世人は、あるいは〈美徳〉の、あるいは〈快楽〉の、あるいは〈真理〉の、あるいは〈無知〉の追求を推賞する。が、当の至福を知らずして、これを追求するのは無意味である。無駄である。世人は〈幸福(le bien)〉の追求に関して〈無能〉である。無力である［Cf. B.436, B.436bis, B.437］。無能あるいは無力さは人間の〈自然本性的無知〉に起因する。蓋し〈無知と不幸〉［Cf. B.389］は同根である、云々。

因って「思惟」の「相反性」は争えない。その「二面性」は明らかである。ならば、「思惟」はある意味では「悲惨」である。否、悲惨の最たるものである。人間の「偉大さ」「価値」「尊厳さ」を構成するはずのものが、他面、〈愚〉にして〈劣〉であり［B.365］、〈諸々の欠陥〉に徴して〈滑稽の極み〉であるとは。しかし、事実はどこまでも事実なのである。

（b）「意志」の二重性

既述のように、パスカルは意志に人間の特権的能力を認めた。否、その偉大さを見た。とはいえ、意志にも表裏がある。肯定的側面と否定的側面とがある。良き傾向と悪しき傾向とがある。ともかくも意志は取捨する。選別する。が、専ら好悪の「好」を選択するのを常とする。すなわち好悪の「悪」から理性を引き離す悪しき傾向を有する［Cf. B.478］。〈小事〉を取り〈大事〉を捨てるという（上述の）〈奇妙な本末転倒〉［B.198］振りを発揮する所以である。〈尊敬〉や〈称賛〉の〈獲得〉［B.404］等の小事に対する敏感さと、「死」や「死後」の問題等の大事に対する鈍感さ［Cf. B.195］は、「好悪」の「好」の選択を常とする意志の悪しき傾向の表れである。

が、意志による好悪の「好」の選択が〈悪《あく》〉［B.408］に〈善〉の趣を与える場合がある。例えば名誉欲［B.404］は固より〈邪欲〉［B.451］の発露である。〈低劣さの極み〉［B.404］である。が、これが時に〈公共福祉〉［B.451］の推進に寄与する場合がある。〈愛（charité）の虚像〉を構成する場合がある。〈邪欲〉が〈立派な法規〉［B.402］や〈見事な秩序〉［B.403］を形成する元となり、〈慈善（charité）の構図〉を浮き彫りにする場合がある。「低劣さの極み」が〈秀逸さ〉［B.404］と〈偉大さ〉［B.403］を現出するのである。邪欲による慈善は固より偽善である。が、パスカルによれば、上述の偽善も真善の実現に不可欠な〈霊魂の途方もない偉大さ〉［B.408］を必要とする。〈単一主体〉である一個人に〈二種の霊魂あり〉［B.417］との謬説が生じる所以である。

（c）人間の実存的「悲惨さ」

『パンセ』には〈悲惨さ〉の題で一括された章がある。標題を付けたのはパスカル自身で、断章数は二十余り。[9] 内容に即して分類すれば、以下のようになる。「人間の無定見さ（inconstance）」［B.112; B.111; B.110］、「感情の不合理性」［B.181］、政治的社会的道徳の「混乱」［B.332; B.294］、「裁判官と利害」［B.296］、「流行に左右される正義と不正」［B.326; B.879; B.309］、「友誼の移ろい易さ」［B.177］、「栄誉」［B.151］、「独占欲」［B.295］、「多様性と実体」［B.115］、「自己に関する無知」［B.205; B.66］、「気晴らし」［B.165bis］、「高慢」［B.405］、「快楽の虚しさに関する無知」［B.110］、「邪欲と不正」［B.454］、「真理と幸福への願望に関する無知と不幸」［B.389; B.73］。つまり、パスカルは人間の実存様態の〈虚しさ〉［B.317bis; B.317］、〈無分別（folie）〉［B.330］、〈脆弱〈劣弱〉さ〉を「悲惨さ」の名で一括したのである。

パスカルはまたしても「悲惨さ」を次々に例示する。〈リュートを巧みに弾けない〉のを〈不都合（un mal）〉［B.329］と断じるなどは明らかに人間の〈弱さ〉の表れである。〈恋愛の原因と結果〉［B.162; B.163］ほどの〈虚しさ〉があろうか。〈些々たる〉〈訳の分らぬ〉何かが、〈クレオパトラの鼻〉［B.162］が、対象の不易の〈実体〉ならぬ移ろい易く滅びやすい外見もしくは〈性質〉[10]［Cf. B.323］が〈恋愛の原因〉であってみれば、外見の変化（例えば、相手の美貌を損なう〈天然痘〉）が恋情を消し去るのは理の当然である。時に大軍隊を右往左往させ、〈全地を震撼させ〉、勢力圏の変化という〈恐るべき〉結果をもたらす［B.162; B,163; B.163bis］のが、実はかくのごとき虚しき原因なのである。が、虚しさの極みはそれではない。あれこれの内的・外的事象ではない。「無知」である。己れの〈劣弱さ〉［B.374］に関する無知である。〈鈍感さ（ne pas être étonné）〉である。

「道徳的社会的混乱と不正」には無論〈窃盗〉があり〈姦淫〉があり〈殺人〉がある。殺人には〈父殺し〉があり〈子殺し〉がある［Cf. B.294; B.291; B.293; B.383］。さらにそこには〈横領〉〈反乱〉〈戦争〉〈暴力〉などが含まれる［Cf. B.156; B.295; B.320bis; B.326; B.878］。いずれも「悲惨さ」の実例である。否、「悲惨さ」そのものである。悲惨さの原因とは何か。繰り返すようだが、それは「無知」である。〈不変の正義〉［B.294; Cf. B.309; B.297］や〈真理と道徳〉［B.381］に関する人間の〈自然本性的無知〉［B.327］である。

パスカルは論を進める。自然本性的無知の原因を推し量る。〈想像力〉［B.82］の肥大に、虚しさ（空虚と虚無）の成因を認める。想像力の発達理由として、理性の機能不全を挙げる。虚しさと悲惨さは不可分である。否、同根である。想像力の発達した人間は、〈自然〉を、任意の自然物を、〈神の代用品〉［B.425］として崇拝する。すなわち〈天体〉を、〈元素、植物、キャベツ、葱、動物、昆虫〉を、はたまた〈悪徳、姦淫、近親相姦〉を。パスカルは慨嘆する、〈獣に服従するほどの、これを崇拝するほどの、人間の低劣さ〉[11]［B.429］を。「真の神」に関する無知とそれに起因する想像力の肥大化を。

高位高官に対する阿諛《あゆ》追従も想像力の然らしめるところである。外観の麗々しさや自信ありげな態度が想像力を刺激し、相手を偉大な人物と錯覚させるのである［Cf. B.82; B.307; B.308; B.315; B.316; B.318; B.319; B.321;

B.331]。想像力は他人に関する評価を誤らせる。と同時に己れに関する〈判断の狂い〉[B.456]の原因ともなる。〈目立つための努力〉[B.147]、〈周りの人間に評価されようという〉[B.153]欲望、〈慢心〉[B.153; Cf. B.152]、果ては〈万人の上に立たんとする〉[B.456]野心、いずれも「想像力」の肥大化の証である。〈他者の思惑に依存した想像的生活〉[B.147]を営み、〈己れの想像上の存在の美化と保存〉に努め、〈真の存在を蔑ろにする〉輩《やから》は想像力の奴隷と言うべきである。

が、人間の営みの大部分は実は想像力の支配に委ねられている。「著述」「読書」「航海」はいずれも他者の想像力を当てに自家宣伝欲と名誉欲の充足とを目的とする[Cf. B.150, B.152]。〈語り種になる〉[B.153]ために〈喜んで生命を捨てる〉のも、たかだか〈周りの五、六人の尊敬〉[B.148]を得て有頂天になるのも、想像力の肥大化の結果である。人間はかくまで〈空虚〉である。のみならず〈傲慢〉である。現世の名声に飽き足らず、「死後」のそれを貪るほどまでに。

想像力は人間をひたすら〈己ればかりを愛し己ればかりを尊重する〉[B.100]ように仕向ける。〈欠陥と悲惨さとに充ち満ちた〉人間を〈自己愛〉の塊にする。自惚れ[Cf. B.477]の権化にする。己れの欠陥の隠蔽者[Cf. B.100]にする。他者の眼を晦《くら》まし、ついでに己れの眼をも晦ます自己欺瞞の徒にする。つまり「自己疎外者」[Cf. B.377]にする。「過去」あるいは「未来」に属し、徹底的に「現在」を忌避する自己逃亡者にする[Cf. B.172]。〈自我への偏向〉[B.477]とは畢竟するに〈全秩序〉に反する傾きの謂いである。〈治安、経済〉等における〈一切の混乱〉の因子の謂いである。実に想像力こそは〈空虚さ(néant)〉[B.147]の、〈虚しさ(être vains)〉[B.148]の、〈悲惨さと錯誤〉[B.153]の元凶である。確かに想像力は必ずしも〈悪辣(fourbe)〉[B.82]ならず。だが、まさにそれ故にこそ〈なおさら性質《たち》の悪い(fourbe)〉奸策家(fourbe)なのである。〈錯誤と瞞着の支配者〉なのである。

(d)「思惟放棄」と「気晴らし」

既述のように、パスカルに人間存在の悲惨さを教示した指南役の中心人物は懐疑主義者モンテーニュであった。が、弟子が師匠を乗り越えるのに然《さ》して時間はかからなかった。モンテーニュを含む富裕な自由思想家等は実のところ日々娯楽に打ち興じる享楽家であった。〈気晴らし(divertissement)〉[B.171]に「我」を忘れる空け者であった。己れの悲惨な状態から「思惟」を逸らすのに遊技を以ってする自己疎外者であった。ところで、パスカルによれば、「気晴らし」は、「気あるいは思惟を逸らすこと」は、自己疎外は、悲惨さの極致なのである。

パスカルは悲惨さの二重構造を明らかにする。一方に、「思惟」の無力さ、愚鈍さに起因する人間の生の本来的悲惨さがある。他方に、己れの悲惨さから「気」を逸らすべく「偉大な思惟」を放棄して「気晴らし」に走る自己疎外の悲惨さがある。『パンセ』は雑多な娯楽に興じる享楽的人間像を浮き彫りにする。著者は多分そこに自身の体験を織り込んでいる。周知のように、青年パスカルは一時期、富裕な貴族等と交わり、社交界生活を送った。以下に当人の述懐談(実は痛悔の祈り)の一部を引く。〈過ぎし我が生は[…]無為と、行為ならびに思惟の全き無益さ、時間の全き空費より成れる嫌忌すべきものなりけり(12)〉。

既述のように、パスカルは〈然るべく思惟すること〉[B.146]を生の眼目に掲げる。〈人間の何たるか〉[B.146]、〈自己〉の何たるか[B.142; B.323]、人間本性の何たるかに関する思惟(すなわち「然るべき思惟」)に、人間の〈義務〉[B.146]を認める。ところで、富裕な自由思想家等の生は何から構成されているか。思惟対象は奈辺にあるか。無論それは娯楽である。享楽である。〈ダンス〉である。〈リュート演奏〉である。〈歌唱〉〈作詩〉である［B.146］。〈社交〉〈賭け事〉〈狩猟〉〈馬鹿騒ぎ〉〈玉突き〉［B.139］〈トランプ遊び〉［B.200］〈演劇〉［B.11］である。はたまた〈戦争〉［B.146］である［Cf. B.135, B.138, B.140, B.141, B.164］である。〈貴顕〉［B.139］の生活と幸福を構成するのはつまるところ遊興である。パスカルの正確な表現に従えば「気晴らし」である。狭義の、また広義の、つまり厳密な意味での気晴らしである。

上記の人間は何故に気晴らしをするのか。何故に〈気を逸らす（divertir）〉のか。何から気を逸らすのか。まさか己れの充足した生からではあるまい。己れの〈幸福〉からではあるまい。幸福な人間が〈自己に関する思惟〉［B.142］から「気を逸らす」はずはなかろう。その必要はなかろう。蓋し「気晴らし」は自己から気を逸らす必要のある人間の考案した自己疎外の具である。気を逸らす必要のある人間の不幸を映す鏡である［Cf. B.165］。不幸からの束の間の逃走としての空虚な幸福［Cf. B.139］を演出する空虚な方便である。

（e）「死」の必然性と「気晴らし」

ところで、〈自己に関する思惟〉［B.142］を転《めぐ》らす幸福なる少数者は思惟の果てに何を見出すのか。無力なるが故に悲惨である己れの思念を無理に凝らした挙句に何を認識するのか。「気晴らし」から「気を逸らした」奇特な人士が直面するのは実はさらに悲惨な事態である。絶対的に不可避の真理である。「生」の必然の帰結である。すなわち「死」である。誰もが「死」への船に〈乗せられている〉［B.233］ばかりか、船を停める能力が誰にもないという冷厳な事実である。〈不死〉［B.169］の不可能性というごく当たり前の事実である。誰もが〈死刑囚〉であるという［Cf. B.199; B.210; B.211; B.213; B.195; B.213］剥き出しの現実である。人間は「死」に対しては文字通り完全に無力である。死刑執行を免れないばかりか、死期に関して、死後に関して、何ら知るところがないのである。何ら為すところがないのである［Cf. B.175; B.194; B.200; B.693］。己れの〈死、悲惨さ、無知〉［B.168］に対して施す術を知らないのである。が、それにもかかわらず、〈幸福を願う〉のが、〈ひたすら幸福を求める〉［B.169］のが、世の常である。不可能と知りつつ幸福の獲得を志向するのが人間の本性である。ならば、人間はそのために何をしたか。現に何をしているか。他でもない、「思惟の疎外」すなわち「気晴らし」である［Cf. B.168; B.167］。思惟からの逃走である。無思慮あるいは無思考の実践である。〈死の思考〉は〈危険〉［B.166］である。「死」に関する無思考に徹するに如くはないのである［Cf. B.63］。世人は視界を〈遮る〉気晴らしを「死」の〈絶壁〉の〈前面〉に置き、壁面目掛けて〈安んじて突進する〉［B.183］のである。

なるほど「思惟」はある意味では危険である。あるいは有害である。一般に「死の思考」は確かに剣呑である。が、〈自己に関する思念〉［B.171］を疎外する「気晴らし」は実はさらに危険である。〈楽しませ（amuser）〉つつ、〈逸《そ》らせ（amuser）〉つつ、〈滅ぼす〉からである。〈覚らせずして〉〈死に至らしめる〉からである。〈悲惨さを紛らし〉つつ、却って〈最大の悲惨さ〉［B.171; Cf. B.167］へと突き落とすからである。「気晴らし」は「生」の最大の逆説である。とはいえ、「気晴らし」を奪われた人間はどうなるか。間違いなく、耐え難い〈倦怠感（ennui）〉［B.171; B.164］に襲われよう。〈虚無感、孤立感、無力感、［…］空虚感、［…］悲哀、［…］絶望感〉の餌食となろう。〈不安〉［B.127］の俘囚となろう。栄華を極めた国王でさえも［Cf. B.142］。

然り、「気晴らし」は「悲惨」である。「思惟」を疎外する「気晴らし」に依存した人間は確かに「悲惨」である。が、つまるところ何故に「気晴らし」は悲惨であるのか。何故に「思惟疎外」が悲惨さを構成するのか。既述のように、パスカルは〈獣に服従するほどの、これを崇拝するほどの、人間の低劣さ〉［B.429］を慨嘆した。獣性への盲従を慷慨した。蓋し人間における獣性は、獣的生活は、思惟疎外の表れである。その結果である。思惟すなわちデカルトの言う精神を嫌忌し、対極を形成する物質性（「空間性」）に就いた報いである。後者は文字通り物質の、植物の、石の、そして他ならぬ「獣」の存在形態である。[13]「気晴らし」は、例えば娯楽は、異論の余地なく物質的あるいは非精神的歓楽をもたらす。思惟疎外の、あるいは「思惟から逃走」の、空虚な快楽を提供する。つまりパスカルの言う「獣性」を、悲惨さを、悲惨さの中の悲惨さを、最大の「悲惨さ」を現出する。「気晴らし」すなわち物質性の奴隷である富める自由思想家等が、獣的生活者等が、「最大の悲惨さ」の具現者たる所以である。

既述のように、パスカルはモンテーニュに学び、モンテーニュから遠ざかる。「人間の悲惨」論を吸収し、論者の徹底した懐疑精神を厭倦《えんけん》する。懐疑精神ゆえの怯懦を憎み、懐疑精神に基づく無知ゆえの放埓を蔑む。パスカルは聖書を読む。「コヘレト」（伝道の書《エクレジャスト》）を開く。「空《くう》の空《くう》。空《くう》の空《くう》なる哉。都《すべ》て空《くう》なり」[14]。パスカルはそこに〈神なき人間〉［B.389］の完全な〈無知〉と〈不可避の不幸〉を読み取る。モンテーニュは「真」と「善」を探求する任務を放棄した。「気晴らし」（例えば、娯楽）という〈小事〉［B.198］に拘泥し、「死」という〈大事〉を放擲した。つまり〈奇妙な本末転倒〉振りを見せつけたのである。

（3）ハイデガーの「人間と死」論

因みにパスカルの「人間と死」に関する考察は二十世紀の実存主義哲学者マルティン・ハイデガーによる人間の概念規定にまで影を落としている。[15] ハイデガーによれば、人間は〈死に至る存在〉である。[16] もしくは〈死に臨む存在〉である。死すべき存在である。かかる存在でありながら、その「存在」の「死」から「思惟」を逸らした人間の在り方は、「非本来的な在り方」である。

（a）「現存在」

ハイデガーによれば、人間は〈存在的に卓越した[17]〉存在者である。〈「存在」とは何であるか[18]〉との問いを発し得る唯一の存在者だからである。が、同上の問いを発する人間は実はすでに「ある」に関する何らかの〈了解[19]〉を有する。つまり〈存在了解[20]〉を有する。〈存在〉が〈己れ〔人間〕とともに、己れの存在を通じて、己れに開示されている〉からである。ここにこの存在者の〈固有性〉がある[21]。この存在者は〈存在自体〉に関与するのに〈己れの存在〉を以ってする、ここにこの存在者の特異性がある[22]。ハイデガーはかかる存在者を〈現存在（Dasein）〉の名で呼ぶ[23]。〈現存在〉は諸種の道具や他者とともに〈世界〉の内に存在する。道具との、他者との、一定の意味関連を持つ〈世界〉の内に存在する。「他」に対する己れの〈配慮〉を可能にする環境すなわち〈世界〉の内に存在する。現存在は本質的に〈世界内存在（In-der-Welt-sein）[24]〉である。

ハイデガーは〈日常性の自己〉を〈世人（das Man）〉と呼ぶ[25]。〈世人〉は特定の誰彼ではない。「単独者」ではない。誰でもない誰かである。また、そういう「誰か」の集塊である。日常性の任意の自己には「誰でもない誰か」の平均的〈世人＝自己（Man-selbst）[26]〉となる可能性がある。「非本来的自己」を現出する危険が伴う。が、「非本来的自己」の認識は「本来的自己」の〈了解〉を前提とする[27]。〈了解〉は了解された自己〔「本来的自己」〕の可能性を含意する。「非本来的自己」が「本来的自己」へと己れを投ずる〈企投（Entwurf）[28]〉の現出を含意する。

（b）「死」

ところで、〈世界内存在〉とは「世界の内に既存する存在」の謂いである。あるいは「世界の内にすでに投じられている存在」の謂いである（＝現存在の〈被投性（Geworfenheit）〉）[29]。「投じられた存在」が、すでに投げ出されている存在が、いずれ存在を失うのは確実である。ならば、「死の現象」を問わずして〈現存在〉を「その全体性において」把捉しようというのは土台無理な話である。「死」の到来は確実である。いかにも不可避である。が、時期の特定は不可能である。事実上出来ない相談である。逆に言えば、「時期」は無限定の「可能性」である。「死」は先手を取るのも先回りして待つのも無理である。他者の手を藉《か》りるのも無理である。〈本質上、代理の利かぬ私事である〉[30]。〈他の現存在との交渉を全廃する〉[31]事象である。「現存在」が〈その都度引き受けねばならぬ一箇の存在可能性〉である。〈他に類のない、孤立した、どうにも追い越しようのない可能性〉[32]である。が、「死」に〈直面〉し、己れの「死に至る存在」を認識し、「死」の本質的「私事性」を自覚した〈現存在〉にはある可能性が生じる。「本来的存在」へと向かう可能性が生じる。「死」の本質を認識して〈単独化（Vereinzelung）〉[33]した〈現存在〉に己れの「本来性」を〈了解〉する可能性が生じるからである。〈了解〉は既述のように〈可能性〉を含意する。「了解」された「本来的自己」実現の「可能性」を内包する。また、実現方法としての〈企投〉の原動力となる。「非本来的自己」（「世人」）をして「本来的自己」へと〈現存在〉を〈企投〉せしめる推力となるからである。

（c）「死」の「隠蔽」と「回避」

他方、「死」への不断の〈被投性〉は、「死に至る存在」の認識は、「現存在」をある根源的〈情状性〈精神状態〉（Befindlichkeit）〉の俘囚にする。つまり〈不安〉の餌食にする[34]。が、「日常性の自己」は、〈世人〉は、常に、先んじて、上述の〈世界〉に〈没入〉している[35]。「被投的世界内存在」に甘んじている。「世人」は「不安」の払拭に腐心する。腐心するともなく腐心する。例えば〈空談〉[36]によって。〈死に対する不断の安心〉を得ようがための〈配慮〉[37]によって。〈世人〉は「死」に〈配慮〉する。表向きの（öffentlich）〈説明〉[38]を加える。〈ひとは死ぬものだ〉と言う。が、誰かが死ぬたびに逃げ口上を言う、死んだのは〈自分〉ではない、と。〈誰でもない誰か〉だ、と。[39]〈代理〉の利かぬ単独の事象を〈世人〉向きの〈有り触れた出来事（ein öffentlich verkommendes Ereignis）〉と掏り替える。[40]〈その場限りの〉[41]〈空談〉に紛らしてしまう。己れの「死」を直視し得るはずの「死に至る存在」は、「非本来的自己」を「本来的自己」へと〈企投〉し得るはずの〈現存在〉は、たやすく〈空談〉の〈両義性〉に紛れ、自己を〈喪失〉し、「世人」の内に埋没する。「死に至る」己れの存在を〈隠蔽〉する〈権利〉の背後に自己疎外する。[42]

〈世人〉は〈日常性〉を〈支配〉する。雁字搦《がんじがら》めにする。「死」を〈隠蔽〉しつつ〈回避〉する〈配慮〉によって。「御為ごかし」によって。[43]瀕死の病人を慰めんとの〈配慮的気遣い〉から、「貴君は死ぬはずはない、貴君は貴君の配慮に委ねられた世界の安穏な日常性へとすぐにまた復帰するのだ」などと言う。つまりは〈空談〉を弄する。実は同時に己れを〈慰撫する（trösten）〉ために。[44]〈日常性〉の到る所が「死に至る存在」に対する〈冷然たる無関心〉に支配されている。誰もが無感覚さの〈涵養〉に努めている。他者との交渉を全廃する可能性からの自己〈疎外〉に邁進している。[45]〈隠蔽〉への〈誘惑〉、〈安穏さ〉の追求、「死に至る存在」の〈疎外〉を、ハイデガーは〈頽落（Verfall）〉の名で要約する。[46]「死に至る存在」として死すべき〈現存在〉が、〈日常性〉に埋没した〈世人〉として、〈頽落〉の「死」を迎えるのである。[47]〈終末に至る〔べき〕存在〉が、〈終末〉の〈解釈を変え〉、〈曲解し〉、真実を〈隠蔽〉し、当の終末を〈回避〉するのである。[48]

ハイデガーは人間存在と「死」に関するパスカルの認識を概念的に総括する。類型的・図式的に表示する。つまり哲学的に説明する。が、実存的哲学が、人間中心的・観念論的世界観が、ハイデガーの分析を鈍らせる。「頽落」論に制限を加える。分析を日常性の内に閉じ込める。観念的「哲学」が、論証抜きの無神論が、当人の哲学的解釈を他ならぬ「気晴らし」にする。自己疎外の方便にする。ハイデガーは「悲惨」の認識を已れに対して峻拒するのである。

(4) アウグスティヌスの「気晴らし」論

パスカルの気晴らし論と悲惨論にアウグスティヌスの影響を見るのは恐らく正しい。アウグスティヌスは若年期に〈〔人世《じんせい》という〕罠と危険に充ち満ちた巨大な森〉を彷徨い、気晴らしに現《うつつ》を抜かした。〈劇場〉が、〈天体の運行〔占星術〕〉が、〈虚しい配慮〉が、青年アウグスティヌスを〈魅了〉した（*rapio*）。〈野兎〉を追いかける〈犬〉の疾走が、〈蠅〉を捕らえる〈トカゲ〉が、〈蜘蛛〉の補虫が、容易く著者の思惟を攪乱した。(49) が、方向を転じられた思惟が、「気晴らし」の本質に関する認識が、やがて青年を虚しい〈好奇心〉から引き離した（*rapio*）。「森」から遠ざけた。

「気晴らし」は確かに人間本性の劣弱さの証である。が、それぱかりではない。否、それどころではない。〈気散じ（*aversio*）〉つまり方向を違《たが》えた思惟の彷徨は、〈逆転した（*perversi*）〉〈霊魂〉の空転は、アウグスティヌスによれば、他ならぬ神からの〈離反（*aversio*）〉の証拠である。〈邪悪さ（*perversio*）〉の原因である。〈〔…〕罪のすべては、人間が真に永続的な神的なるものから離反し（*avertere*）、可変的かつ不確実なるものへと方向を転ずるというこの一事に起因する。なるほど、アウグスティヌスもまた〔…〕固有の美を現出してはいる。が、これを追い求め、これに服従するのは、逆転した（*perversus*）〔…〕霊魂の所業に他ならない(50)〉。

既述のように、パスカルは娯楽に打ち興じる者が〈小事〔当の娯楽〕〉に拘泥して〈大事〉〈例えば、「死」の問題〉を放念するという〈奇妙な本末転倒〉[B.198] 振りを指摘した。確かに正論であって、小事に拘泥する者の本末転倒振りはまさしく奇妙であり、また否定すべくもない。が、『パンセ』に「娯楽即悪」論あるいは「娯楽即罪」論を見つけるのは実のところ簡単ではない。なるほど、パスカルはこう書いている、〈神に思惟を回《めぐ》らさんと欲する〉者の裡には、〈思惟の方向を転じて「他」を思惟せしめんとする何者か〉がある、それはすべて〈生得の悪しき〉何者かである、と [B.478]。〈何者か〉とは娯楽欲を含む〈邪欲〉[B.479] の謂いである、と。しかし、これは例外的な議論であって、通常の立論ではない。娯楽に耽る自由思想家等に対する幾許かの配慮の表れと取るべきであろうか。

(5) トマス・アクィナスの「娯楽」説

トマス・アクィナスは〈娯楽(*ludus*)〉を「霊魂の過度の疲労を癒やし得る限りにおいて」との条件つきで受け容れる。否、むしろ、アウグスティヌスの『音楽論』の一節を引いて、〈徳(*virtus*)〉の名を以って肯定する。アウグスティヌスは言う、〈望むらくは、貴君がついには己《おの》が労をねぎらわれんことを[…]。務めに対する熱中も時に鎮めるのが賢明というもの〉(51)。トマスは言う、〈霊魂は[…]理性の働きに適応するにつれて疲労の度を強める。[…]霊魂の疲労は霊魂の休養によって除去されるべきである。身体の疲労が身体の休養によって除去されるように。霊魂の休養は娯楽によって得られる。[…]理性が専一なる緊張を時に弛め、霊魂の疲労を何らかの娯楽で癒やす必要が生ずる所以である〉(52)。

トマスの娯楽受容論にはさらに三箇条の「但し書き」が付く。第一条、「淫猥・中傷を事とする言動から成る娯楽を避ける」。第二条、「軽佻浮薄に流れるのを避ける」。第三条、「当人の身分・状況・場所柄を弁え、節度を守る」。トマスは付言する、上記はいずれも〈理性の定める規則〉に基づく但し書きである、と。〈理性〉に基礎を置く〈行状（*habitus operans*）〉とは取りも直さず〈倫理的な徳〉である、と。つまり〈娯楽〉もまた〈徳〉を排除しないのである、と。[53] しかしながら、とトマスはさらに付言する、〈神に対する愛〉の〈上位〉に立ち、剰《あまつさ》え敢えて〈神ならびに教会の掟を破る〉が如き娯楽が〈理性の定める基準〉から外れているのは明らかである。「度外れの娯楽」は当然のことながら〈死に至る大罪〉である、云々。[54]

トマスによれば、〈理性の定める規則〉に従う〈娯楽〉は、専ら〈遊興〉や〈休養〉のみを〈目的〉とした快楽とは性質を異にしている。事実、前者と〈徳〉との両立は可能である。とはいえ、〈娯楽の不足〉はやはり「過ぎたる娯楽」よりも〈悪徳〉に近づく可能性が低いのである。[55]

（6）パスカルの「娯楽」論

パスカルはトマスの所謂「理性の定める基準」に合致した「霊魂の休養」としての娯楽を否定しない。それどころか〈精神をいささか弛緩せしめる（relâcher）〉[B.380] 必要を説き、〈〔精神の〕疲労を癒やす（délasser）〉ための〈〔精神の〕方向転換〉[B.24] をも肯定する。が、そこに厳格な制約を加えるのも忘れない。先ずは〈時宜に適っている〉こと。しかも〈必要不可欠な場合〉に限ること。というのは、人間の〈邪欲の悪辣振り（la malice）〉は尋常ではなく、〈好んで裏をかく（se plaire à faire tout le contraire de ce qu'on veut）〉ほどにも凄まじく、ために不用意な〈休息（délassement）〉はむしろ〈疲労（lasser）〉の原因となるからである。邪欲に支配された精神の「弛緩」はいつでも〈放縦さの極み〉[B.380] に通ずるものだからである。

同上の所見に「パスカルのジャンセニスム」の一端を指摘する向きもある。確かに、ジャンセニウスは以下の説を成す。邪欲はともすれば「度外れの奔流」となり、快楽を貪り、精神の荒廃を招き勝ちである。邪欲の支配下にある人間が「気晴らし」を健全な疲労回復の手段とは為し得ない所以である。否、人間は、すなわち罪人は、「気晴らし」そのものを根本的に頽廃させるのが落ちである、云々。(56)

既述のように、パスカルは畢竟「娯楽不要論者」である。〈聖人〉[B.170] には、〈真に幸福な〉人間の〈条件〉を知る者には、幸福たらんとして敢えて同条件から〈気を逸らす〉必要はないと考えるからである [B.165, 165bis]。「気晴らし」とは畢竟するに幸福たらんとして真の幸福を遁れる者の姑息な手段に過ぎぬと考えるからである。由来「福者」とは〈気を逸らす〉(自己を疎外する) こと〈少なき〉者の謂いである [B.170]。逆に、不幸なる者とは、例えば娯楽によって、気を逸らすこと多き者の謂いである。

(7) 人間の実状 (condition)。

人間は〈偉大さ〉と〈悲惨さ〉の「二極」に引き裂かれた相反的存在である [Cf. B.416; B.430]。否、実は (既述のように)〈思惟〉や〈意志〉からしてすでに相反的なのである。なるほど人間は〈本質的には (par nature)〉〈偉大〉である。〈比類なき〉ものである。が、他面では奇妙に〈低劣 (basse)〉である。〈滑稽〉である。不具である [B.365]。〈人間の本性〉[B.415] は、為に〈二様の〉解釈を可能にする。人間に関する、創造主に関する、人間の目的に関する思惟、つまり段階的な〈然るべき思惟〉[B.146] のために〈造られている〉というその〈目的〉[B.146] に照らして見れば、同本性は〈偉大〉[B.415] である。〈比類なき〉ものである。反面、その雑多な様態 (multitude) からすれば、つまり多数の獣的能力からすれば、それは〈低劣 (abject)〉である。〈下劣〉である。由来、人間は〈天使にあらず獣にあらず〉[B.358; B.418; B.140]。〈理性〉と〈情念〉[Cf. B.412; B.413] とに引き裂かれた〈不可解な怪物〉[B.420; B.434] である。非物質的思惟あるいは理性を有するが故に「天使」に近く、情念に流されるが故に「獣」に近い。

天使と獣と人間との比較論は実はパスカルの独創ではない。少なくともアウグスティヌスにまで遡る「陳腐な」論題である。(57) アウグスティヌスは言う、神は人間に〈天使と獣の中間の本性〉を与えた、と。(58) また、モンテーニュは言う、人間は〈人間からの逃走を望み、[…] 己れを天使たらしめずして獣に変ずる〉と。(59)

パスカルが重視したのは「思惟」である。思惟のあるなしとその行使の仕方である。思惟の扱い方ひとつで、人間は〈宇宙の栄光〉[B.434] をも具現する。「天使」すなわち非物質に近づき、〈全事象の審判者〉にも〈真理の受託者〉にもなる。が、思惟の放棄は人間を「獣」にする。〈地中の愚かなミミズ〉に、〈不確実さと錯誤の下水溜〉に、〈屑〉に、「物質的なるもの」にする。人間の〈相反性〉[B.125] と〈二重性〉[B.417] は〈明々白々な事実である。現に人間は〈紛れもない秀抜さ (caractères ineffaçables d'excellence)〉と〈悲惨な (déplorable) 状態〉[B.435] とに分裂し、主体の単一性 [Cf. B.417] を疑わしめるほどの〈矛盾〉[B.430] を抱え込んでいる。実際、人間は最大の〈逆説〉[B.434]、〈不思議な妖怪〉(60) [B.406] なのである。が、人間におけるこの〈無秩序 (chaos)〉は、この〈途方もない混乱 (confusion monstreuse)〉は、つまるところ、どこから来るのか。いかなる原因の結果なのか。

第五章　真の哲学と真の宗教

（1）　パスカルの哲学的知見

既述のように、パスカルは哲学者の書を繙読《はんどく》した。が、「諸学の女王」とされる形而上学者の書ではなく、故あって「人間に精通せる者」のそれを耽読した。人間学者のそれを。『パンセ』の「第一写本」に「哲学者」と題する章がある。ただし、収録された断章は片々たる七篇のみ。しかも概ね独断論者に関する言説である。(1) 無論、哲学者の名は他の諸断章にも散見する。が、プラトン、アリストテレスへの少数の言及を除けば、史上の主導的哲学者へのそれは無きに等しい。上記の両哲学者に関する言説にしてからが、アウグスティヌス、モンテーニュ、神学註解書からの孫引きに基づく評言である。パスカルの論評の対象は専らエピクテトスとモンテーニュである。〈世にも著名な二学派〉、〈理に適《かな》えるところ比類なき二学派〉、(2) すなわち独断論と懐疑論（pyrrhonisme）である [Cf. B.184]。而して、両者の哲学史上に占める地位は周知の通りである。(3) が、『パンセ』執筆の目的はあくまでも護教である。説得あるいは折伏である。しかも、相手は哲学者ではない。哲学を過信しながら煩瑣な議論を厭う「自由思想家」である。精密な哲理は無用である。説得に必要なのは人間学である。パスカルの狙いは的外れではない。

（2）独断論者の人間観

（a）人間と自然的知恵

パスカルは言う、ストア派のエピクテトスに代表される独断論者は人間の〈卓越性（excellence）〉［Cf. B.431］を強調する傾向を示す、と。この論者は、人間が〈自然的知恵〉［B.374］を有するとの理由で、自由な能力すなわち〈精神〉と〈意志〉を分有するとの理由で、自己の〈完全化〉を実現する可能性を有するとの論調に傾く、と。(4) 既述のように、ストア派の人間観とその形而上学は不可分の関係にある。無論、パスカルがそこまで分析を深めているわけではないのだが。ストア派の形而上学は畢竟するに「一元論的唯物論的汎神論」である。(5) 万物の存在原理はキリスト教のそれと同様に「永遠の存在」である。が、創造主ではない。創造する神ではないのである。物質である。「火」は創造する神ではない。世界すなわち万物に「変様」する「元」あるいは「因」である。言わば根源質料である。世界の法則性は「火」の法則性を含意する。否、「火」は必然的法則自体である。「火」が「理性」とも「神」とも呼ばれる所以である。一方、人間は「神」の卓越した様態である。至高の神の性質を最大限に分有するからである。人間は（敢えてキリスト教的に表現すれば）〈至高の（la plus excellente）被造物〉［B.431］である。因って人間の思惟には限界がない。人間は〈道理〉と〈正義〉を〈熟知する〉［B.374］。人間の〈自然的知恵〉［B.374］の到達点は真理である。人間は「全知」である［Cf. B.73］。人間は蓋然的可能事を必然と化する比類なき能力を持つ［Cf. B.350, B.467］。ならば〈高度の知恵〉を手に入れぬ者は〈取りも直さず狂人にして愚人〉である［B.360］。「死んだほうがまし」である［Cf. B.361］。エピクテトスは非キリスト者でありながら、〈志操堅固なキリスト信者〉の実在は万人の志操堅固さの証しである(6)［B.350］とさえ言う。そのくせ本人は〈道を誤る〉者を誤るにまかせ、善導しない［B.466］。却って、こう言い放つのである、〈自力で神のもとに行くべし[7]〉[B.509]。
パスカルは如上の主張に背理を見て皮肉を飛ばす、ストア派は〈実に見上げたものである（la belle chose）〉と[B.509]。人間にはどんな〈突飛な考え〉でも棲み着くものだ、と[B.374]。

（b）人間と道徳

神と同等の〈自然的知恵〉[B.374]の所有者には道徳の実践は容易い。〈神に随順する〉[B.431]意欲があれば、〈顔を上げる[8]〉意志があれば、事足りるからだ。〈神に目を向ける〉だけで済むからだ。〈知恵〉が人間を〈神と対等の位置につけてくれる〉[B.431]からだ。エピクテトスは言う、人間は〈神の業《わざ》がなべて強大な知恵による〉との〈確信[9]〉を有する、と。人間が〈安んじて最大の難局に当たるべく〉覚悟を固め、且つは〈徳という徳を体得し、聖者となり〉、〈かくて神の伴侶となる〉所以である、と[10]。つまるところ、ストア派は〈情念を放棄して神々たらんと〉[B.413]試みたのである。否、人間を〈神と同等の地位に[11]〉[B.430]就けるのである。ならば、人間は自己に戻りさえすれば事足りるのである。自己の内部に還りさえすれば事足りるのである。自然的知恵の所有者である人間は必ずやそこに〈善〉を見出そう[12][B.464]。当然〈安息〉[B.465]をも見出そう。ストア哲学者は言う、人間よ、汝はすべからく〈汝自身ならびに汝より出《いず》る福徳に満足すべきである（*Ut sit contentus temetipso et ex te nascentibus bonis*[13]〉[B.361]と。

ストア派の〈提言〉の〈困難さ〉と〈空虚さ〉[B.360]は明らかである。その〈儚《はかな》さ〉[B.464]は言を俟たぬ。人間の卓越性を言うのはよい。また、容易い。人間は確かに「神に随順する」意欲を持つ。「顔を上げる」意志を持つ。而して道徳と正義を熟知する。自然的知恵の効力を言うのもよい。また、容易い。事実、人間には驚嘆すべき知恵がある。而して同能力の到達点は他ならぬ真理である。神である。が、人間は両義的である。二面的である。「至高の被造物」には表と裏がある。自然的知恵は〈自然的脆弱さ〉［B.374］を内蔵する。〈腐敗〉［B.435; 463］する危険を伴う。しかしストア派は本性の〈脆弱さ〉に関して、〈腐敗〉に関して、〈完全に無知〉［B.463; B.435］である。無知は盲目の、盲目は〈傲慢さ〉あるいは楽天的〈高慢さ〉［B.435］の温床である。

（3） 懐疑論者の人間観

（a） 思　惟

懐疑論者は独断論者が看過した人間性ならびに人間知性の脆弱さを看破し、こう主張する、〈真理は人間の理解の及ばぬものである〉［B.434］と。既述のように、〈空間、時間、運動、数〉［B.282］の如き自然的原理も、〈人間、存在、多数、減少、全体、重さ〉[14]の如き所謂生得観念も、直ちに〈真なり〉［B.434］とは断じ難い確証なき表象である、と。さらに懐疑論者はこう付言する。同原理・同観念に関する万人の「受け取り方」［Cf. B.392］の同一性を裏付ける〈証拠〉は皆無である。〈確実性は絶無である〉［B.434］。もともと〈定義づけによる不明瞭化を免れぬ〉［B.392］原理あるいは観念だからである。定義不能と〈証明不能〉［B.395］は同義である。上記の原理や観念の証明はいかなる独断論者にも〈手に余る〉企てである。幾何学の公理もまた然り。その真偽を弁別するのは人間である。が、当の人間が「人を欺かぬ」〈善神〉［B.434］の作であるとも、瞞着する〈魔神（un démon méchant）〉の作であるとも、はたまた〈偶然〉の所産であるとも〈定かではない〉[15]のみならず、己れが〈覚めてあるとも眠りおるとも〉みずからは判じ得ぬ[16]有り様《さま》だからである、云々。

パスカルによれば、〈自然的明白さ〉［B.392］に関する異義申し立ては確かに懐疑論者等の功績である。否、

〈栄光〉である［B.392; B.374］。懐疑論者の懐疑が独断論者の楽天主義を圧倒するというのは見易い道理である。が、懐疑論者にも手落ちがある。見落としがある。明白な錯誤がある。定義不能・証明不能の共通観念や公理の真なることを証明する事実が現に存在するからである。経験的に実在するからである。なるほど幾何学や物理学は公理・原理的観念に基礎を置く科学である。定義不能性・証明不能性を完全には排除し得ぬ学問である。しかし、定義不能性が、証明不能性が、世界を混乱させたという事実はない。幾何学的に、物理学的に、世界を歪曲したという事実はない。混乱させ、歪曲したが故に、幾何学を、物理学を、世界から離反せしめたという事実はない。両学問による混乱は生じてはいない。不都合はない。理由は他でもない、〈自然〉が「人を欺かぬ善神」による被造物だからである。かかる〈自然〉が人間に〈無言のうちにそれ〈定義不能・証明不能の共通観念や公理〉に関する知解性を与え〉、同上の公理・観念を〈解する〉人間に、まさに〈ごく自然に〉〈その意味するところを明かす〉[17]からである。

のみならず、完全なる懐疑は不可能である。すべてを疑い、〈己れを含むすべてに対して態度を保留する〉［B.434］のは土台無理である。生きる方途を断つのは必定だからである。夜間、家に火が回り、緊急に事態に対処すべき時に、〈覚めてあるとも眠りおるとも〉みずから判じ得ず、「態度を保留する」のはいわゆる自殺行為である［Cf. B.434］。〈いまだかつて実在の完全な懐疑論者なるものが存在した例《ためし》がない〉［B.434］のは上記の一事を以ってしても明らかである。そればかりではない。懐疑論者は一切の〈不確実性〉［Cf. B.387］を主張する。而して〈万人が懐疑論者であれば〉［B.374］、〈懐疑論者の説は謬説ということになろう〉［B.374］。が、実は懐疑論の逆説的な正当性を〈裏付ける（fortifier）〉事実がある。多数の非懐疑論者や独断論者〈すなわち懐疑論者の〈敵〉〉の実在である［B.376］。とはいえ、同上の事実がつまるところ懐疑論を無効にするのは理の当然である。

一切の「不確実性」を唱える懐疑論が却って「正当」かつ「確実」な論となるからである。

（b） 人間と道徳

人間に真理を把捉する能力が欠けていれば、理性とは所詮無意味な言葉である。不条理な能力である。懐疑論者は理性との〈戦い〉[B.413] に臨む。〈理性の放棄〉を望む。而して〈虫けら（chétif ver）〉[B.431] や〈獣〉の同類となる [B.430; B.418]。〈情念〉[B.413] の赴くがままに物質的快楽に惑溺する。懐疑論者は人間の本質の探求を貶斥《へんせき》し、〈自己疎外（sortez en dehors）〉[B.465] の利を説き、〈気晴らし［自己疎外］による幸福の追求〉を専らにする。事実、〈真の懐疑論者〉をもって任じるモンテーニュは何事につけ〈断定する〉のを良しとせず[18]、〈判断中止（suspension）〉[19] [B.73] を旨とし、思考放棄を決め込んだ。〈真理と福徳の探求〉は他人に任せ、物事に〈深入り〉せず、〈苦痛と死〉から目を背け、〈習慣〉に従い、〈便宜と安寧〉を〈行動の規範〉とし、気儘に振舞い、〈閑暇〉を持て余さず、〈無知と無頓着〉と〈怠惰〉を〈心地よい枕〉とした[20]。懐疑論者は人間の〈低劣さ〉[B.431] と〈劣弱さ〉[B.435; B.374] を〈熟知〉[B.448] していた。熟知した上で、〈人間本性〉の〈腐敗〉振り [Cf. B.448] を強調し、ことさらに言い立て、もはや〈打つ手なし〉[B.435] と決めつけたのである。人間の〈尊厳〉[B.435] に目を閉ざし、〈獣〉にして且つ〈天使〉ともなり得る者 [B.418] の〈飛翔〉[B.448] 能力を過小評価したのである。

人間は確かに低劣である。劣弱である。その通りである。人間は獣性を知る。また、知らねばならぬ。が、決して獣ではない。その同類ではない。他方、人間は天使を知る。また、知らねばならぬ [Cf. B.418]。が、決して天使ではない。その同類ではない。ただし、人間は飛翔能力を持つ。「顔を上げる」意志を持つ。また、持たねばならぬ。ならば、懐疑論の〈原理〉[B.394] は、その一半は、必ずしも偽であるとは限らない。否、偽ではない。偽ではないのである。むしろ〈真〉である [B.394]。真と言わねばならぬ。問題は帰結である。つまり〈結論〉が真ではないのである。否、〈偽である〉。明らかに偽である。由来、懐疑論は独断論に劣らぬ〈暴論〉[B.374] である。この論者が人間の背反性に暗いからである。これに目を覆ったからである。〈偽の追求〉[B.863] はもとより〈過誤〉である。が、パスカルによれば、専ら一方の「真」のみを追求し、他方の真を度外に置くのはさらなる過誤である。そもそも〈原理の真なる〉[B.394] は〈結論〉の「真」なるを保証しないのである。〈対立する原理もまた真だからである〉。

（4）　無神論者

厳密に言えば、独断論と懐疑論との関係は絶対的な相反関係ではない。完全な対立関係ではない。懐疑論者の懐疑とは本来「判断中止《エポケー》」の謂いである。現象に関する完全な断定保留の謂いである。問題を「神の存在」に限定すれば、独断論者がこれを肯定するのに対して、純粋な懐疑論者は、肯定せず、否定せず、断固として判断を中止する。断定を完全に保留する。懐疑論の名においてそうせざるを得ない。ならば、独断論者たるストア学派の論敵は、同問題に関する限りは、懐疑論者ではない。〈無神論者〉である [Cf. B.394]。

哲学者の言説には厳密な客観性が求められる。〈明々白々たる事実〉[B.221] に関する精密な論述が要求される。無神論者の言説はどうか。同上の条件を満たしていようか。この論者は言う、〈霊魂は物質的である〉、と。霊魂の物質性は果たして明々白々たる事実であろうか。所与の正確な分析に基づく正当な主張であろうか。否、無論、否である。何の根拠もない臆説である。独断論の類である。が、無神論者は単なる推測を、当て推量を、臆面もなく押し立て、「明々白々たる事実」扱いし、因って〈霊魂不滅〉説は偽であると主張する。決めつける。ならば、無神論者もまた立派な独断論者である。死後の〈復活〉は、〈処女懐胎〉[B.222, B.223] は、真か偽か。前者によれば、無論〈不可能事〉である。理由は他でもない、〈習慣〉に反するからである。既述のように、習慣は判断を容易ならしめる。その欠如つまり「不慣れさ」はこれを困難にする [B.222]。〈復活〉と〈誕生〉に例を取れば、呑み込み易いのは実は後者ではない。「無」からの「有」の生成ではない。むしろ前者である。「有」からの「有」の再生起の方である。ところが無神論者は逆の判断を下す。反対意見を述べる。〈復活〉を〈困難〉と判断する。理由は他でもない、一方は習慣的認識の対象であり、他方の認識は不慣れな仕事だからである。が、「習慣」は真理ではない [Cf. B.91]。両概念は同一ではない。敢えて懐疑論者のために弁ずれば、そもそも〈一切が不確実であると決まったわけではないのである〉[B.387]。パスカルが無神論者の判断を〈通俗的判断法〉の名で一蹴する所以である。

（5）プラトン哲学

既述のように、パスカルはプラトン哲学に関しては甚だ寡黙であった。その形而上学に関しては完全な沈黙を守った。『パンセ』にプラトンの名を引くこと、わずかに五度。[21] とはいえ、〈私事をそつなくこなすべし〉[22] [B.20] との同人の凡庸な教訓に関する冷淡な扱いを除けば、パスカルのプラトンに対する態度を不敬と断ずるわけには行かない。むしろ、パスカルは敬愛するアウグスティヌスに倣い、プラトンは人心を〈キリスト教向きにするのに〉[23] [B.219] 有効であるとの見方を示す。恐らくはプラトンの「霊魂不滅」説の然らしめるところであろう [Cf. B.219]。由来、霊魂の〈可滅〉〈不滅〉[B.218] の問題はパスカルには〈一生の問題〉であった。〈道徳〉問題はこの点に極まるとの考えがあったからである［B.219］。パスカルは言う、〈霊魂不滅〔の問題〕に関する議論を手控えた哲学者〉はそもそも〈不誠実（fausseté）〉［B.220］であるが、しかのみならず、哲学者は概ね〈己れの道徳論をそれ〔同問題〕とは別箇に展開した〉［B.219］のである、と。ところで、アウグスティヌスの解釈によれば、プラトンの道徳論の基底にあるのは「不変なるものの必要性の意識」と「不死（不滅）性の根本的要請の意識」すなわち「最高善（最高福徳）としての神の肯定の意識」であった。(24) 而してプラトンは己れの道徳論を「霊魂不滅〔論〕と神への欲求」に基づいて展開すべく努めたのである。(25)

ならば、プラトンは確かに〈知恵者〉［B.769］である。また一面〈衒学者〉［B.331］でもあった。が、そればかりではない。パスカルは『法律』の著者に強い違和感を覚えている。〈己れの腐敗を意識せぬ〉［B.463］〈哲学者〉の傲慢さと無能さとを嗅ぎつけている［Cf. B.269; B.769］。否、はっきりと見ている。理由を明記したわけではないが、読者は先刻承知している。明察している。パスカルが探り当てたのは言うまでもなく異教世界である。非キリスト教的世界観である。プラトンが霊魂不滅を唱えたのは確かである。「不変なる」ものの必要を説いたのは事実である。而して不滅なるものは神である。不変なるものは神である。とはいえ、プラトンの神は万物の創造主ではない。「一」なる神ではない。古代ギリシャの多神教神話によれば、「不滅なるもの」はすべて神である。不滅なる霊魂は神である。人間の霊魂も神である。(26) 既述のように、地上界で身体と結合し、欲情で汚され、神的諸真理の認識不全に陥った「神である霊魂」には自己浄化が要求される。(27) 然るに、霊魂の浄化は容易な業ではない。万人の能く為し得るところではない。むしろ〈選ばれたごく小数の碩学〉［B.724］の特権である。つまり〈哲学者〉［B.463］の領分である。専ら〈財産〉や〈気晴らし〉を〈真の幸福〉と心得る〈一般大衆〉［B.462］に対して、〈哲学者〉の方はその〈空しさ〉［B.462］を悟り、〈愛され賛美されるに値する唯一の〉

対象である神〔B.463〕を知るからである。ならば、一般大衆に対するプラトンの優位は明らかである。当人が選良意識を持つのももっともである。が、哲学者も完全ではない。万能ではない。否、それどころではない。哲学者は無能である。また傲慢である。例えばプラトンは（キリスト教の如く）〈純潔さと生涯を神に捧げるべく娘たちを〉〔B.724〕説得するには至らなかった。〈快楽を棄てるべく男たち〉(28)を折伏するのに成功しなかった。のみならず、むしろみずからが〈世人の敬愛と賛美の対象たらんと欲した〉〔B.463〕のである。哲学者はかくのごとくである。かくのごとく無能である。また、傲慢である。断章B.463には〈己れの腐敗を意識せぬ〉〈哲学者〉の名は見当たらぬが、大体察しがつく。果たしてポール・ロワイヤル版『パンセ』にはエピクテトスと「プラトン主義者等」の名が明記されているのである。(29)

（6） その他の哲学者

一口に哲学者と言うが、当然のことながら一色《ひといろ》ではない。傾向も論調も多様である。論点も無論多岐にわたる。因って、分類の仕方も一色ではない。単一ではない。が、そもそも哲学者たる者は〈真の福徳（le vrai bien）〉〔B.425〕を奈辺に求めるのか。何を「幸い」とし、何を「善」（徳）と心得るのか。パスカルはこの観点に立って哲学者を大まかに三派に分類する。第一は〈権威〉〔B.425〕派、第二は〈知識欲と学識〉派、第三は〈享楽（voluptés）〉派である。而してパスカルは同上の三派が各々〈三種の邪欲〉の捌け口であることに注意を促す。曰く、「権威」派は〈高慢さ〉〔B.460〕あるいは支配欲の、「知識欲と学識」派は〈目の欲〉の、「享楽」派は言わずと知れた〈肉欲〉の具現者である、と。否、〈三種の邪欲〉は三派の成因自体であり、哲学の推進力自体である、と〔Cf. B.461〕。パスカルの分類法はまたしてもアウグスティヌスのそれを想起させる。アウグスティヌスによれば、〈支配欲（*libido dominandi*）〉［Cf. B.461］はストア派の、〈知識欲（*libido sciendi*）〉はプラトン主義者とアリストテレス主義者の、〈肉欲（*libido sentiendi*）〉はピュロン派〔古代の懐疑主義〕とエピクロス派の成因である。温床である。[30] パスカルはモンテーニュの論述に依拠して各派の〈至高の福徳〉［B.73］の棚卸しをする。すなわち〈徳〉[31]、〈泰然自若（indolence）〉、〈質実さ（résister aux apparences）〉、〈平常心〉、毅然たる〈懐疑論者〉［B.375］アルケシラオス流の[32]〈不動心《アタラクシア》、懐疑、不断の判断中止〉、（〈さらなる賢者〉の言う）「至高の福徳」に関する不可知論的立場、〈真理〉、〈恣意（suivre la nature）〉、〈無知蒙昧〉、〈享楽〔快感〕（volupté）〉［B.73］などを挙げ、而して言う、〈至高の福徳〉は〈二八〇〉［B.74, B.74bis; Cf. B.618］は下るまい、と。〈まさに選り取り見取りである〉［B.73］と。これは〈哲学の狂気〉［B.74］である、と。モンテーニュの言い種《ぐさ》ではないが、〈哲学するとは哲学を嘲ることなり〉[33]［B.4］と。

（7）　哲学の限界

パスカルは結論を下す、哲学者等はついに人間に関する〈完璧な真理〉［B.435］に目を開かれるまでには至らなかった、と。〈人間に「二」なる霊魂あり〉［B.417］との偽推理を生ずるほどの〈そのあからさまな二重性〉を、〈偉大さ〉と〈悲惨さ〉［B.430］との〈明白な〉併存とその〈驚嘆すべき背反性〉を、ついに正確には把捉し得ず、為に〈矛盾の主体〉［B.434］としての人間を取り逃がすはめになったのである、と。事実、パスカルの所謂〈理に適えるところ比類なき〉エピクテトスとモンテーニュに至っては世にも露骨な背反性を現出する。両者は文字通り対極に位置する。一方は〈偉大さの極み〉［B.525］を語り、他方は〈低劣さの極み〉を〈鼓吹する〉。而して一方の偉大さ論が他方の低劣さ論のための〈論拠〉［B.416］となる。人間の〈悲惨さ〉を際立たせる照明の役を果たす。が、哲学者等は畢竟人間性を構成する〈偉大さ〉と〈卑小さ〉の〈いずれか一方を排除する〉［B.432］のに感《かま》け、双方に対応し得る〈視点（sentiments）〉［B.525］を閑却して顧みない。が、既述のように、人間に関する〈完璧な真理（toute la vérité）〉の把捉は総体的認識の結果である。一面的認識は不具である。文字通り偏頗《へんぱ》である。否、危険である。〈高慢さ〉か、然らずんば〈懶惰《らんだ》〉の原因になるからである。無論、双方ともに〈悪徳〉である。(34) 独断論者は〈懶惰〉を〈巧みに回避する〉［B.435］。が、〈高慢さ〉は避《よ》け切れない。〈尊大さ〉は躱《かわ》せない。懐疑論者の方は〈虚栄〉の誘惑の手を払い除《の》ける。何とか切り抜ける。が、〈懶惰〉は上手く躱せない。避け切れない。無為は高くつく。「懶惰」の結末は〈絶望〉と相場が決まっている。哲学者は一様に迷走する。〈間違える〉［B.432］。〈完徳〉［B.435］を提示し損ねる。道を索《もと》める者等を〈悩ませる（travailler）〉［B.184］。パスカルは哲学に対する自由思想家の期待を無残にも打ち砕く。

(8) 異　教

ならば、〈偉人中の偉人〉［B.431］はどうであろうか。すなわち宗教者等は。

パスカルによれば、〈真の宗教〉［B.430; B.493; B.494; B.491］の真の宗教たる所以は真の哲学の真の哲学たる所以に等しい。〈任意の宗教を「真」ならしめる〉［B.433］条件は任意の哲学を真ならしめる条件と一致する。第一に、真の宗教は〈人間の自然本性の認識〉［B.433］に立脚した宗教でなければならない。人間性を〈偉大さと卑小さ〉〈偉大さと悲惨さ〉［B.430; B.494］の〈背反性〉として把握する宗教でなければならない。第二に、背反する〈双方の理《ことわり》に通じた〉［B.433］宗教でなければならない。が、それだけでは足りない。人間の〈高慢さと邪欲〉［B.430］、〈邪欲と無力〉［B.491］の〈救済手段（remèdes）〉［B.493; B.491; B.489］でなければならない。

同手段を〈教示する〉［B.430］宗教でなければならない。

『パンセ』の「第一写本」は十八の断章から成る〈他宗教の虚偽〉と題する章を含むが(35)、大半はイスラム教に関する所懐を述べたものである。断章B.598はマホメットの〈天国〉観を〈笑止なり〉と直言する。同所感はグロティウスの『キリスト教の真理を論ず』に依拠したものとされるが、同書によれば、マホメットは、天国なるものに、現世における欲求不満の補完機能を見ていた。グロティウスは言う、〈[…] 今ここにマホメット教徒等の教典を構成する説話の虚偽、馬鹿らしさ（ridicule）、反信仰性を並べ立てんと欲すれば、同教徒等を侮辱しかつ狼狽させる材料に事欠くまい［…］。同説話に言う、［…］来るべき世にあって、食物は〈潤沢に過ぎ、ために〉これを食するに当たっては大汗をかくはめになろう、と。また、情欲を満たすべく、男ひとりに幾群れもの女が宛がわれよう、と(36)〉。モンテーニュの『エセー』にも同様の記述がある。曰く、マホメットが信者等に約束する天国には〈絨毯が敷きつめられ、黄金や宝石が飾られ、絶世の美女が犇《ひし》めき、美酒と珍味が溢れている〉と。しかし、これには享楽主義者モンテーニュもさすがに辟易したものと見え、以下のような寸評を挟《さしはさ》む。〈上記は人間の愚昧さに付け入り、餌をちらつかせ、食欲をそそる憶見と期待とで相手を籠絡せんがための諧謔に相違ない(37)〉。パスカル、これを敷衍して曰く、マホメット教徒等は〈地上の快楽〉［B.430］をそのまま〈来世〉における〈福徳〉と言い包《くる》め、人間を〈獣扱い〉し、〈邪欲〉の虜にしたのである、と。

ところで、パスカルによれば、懐疑論者とは既述のように判断中止（思考放棄）を盾に取って享楽に耽る邪欲の虜である。獣の同類である。而してモンテーニュは他ならぬ懐疑論者である。同論者の典型である。ならば、当人が何を言おうと、いかにイスラム教徒を揶揄しようと、事実上同教徒の同類である。畢竟同じ穴の狢である。果たして両者の間には〈傑作な〉［B.393］共通点がある。モンテーニュの如き〈異端者〉と〈マホメットの兵士等〉は、否〈悪党〉や〈論理学者等〉もまた、〈神の掟も自然法も一切合切打っ遣って〉おきながら、〈正当至極神聖至極な境界線も仕切りも踏み越え〉ながら、〈放縦さ〉を完全に容認しながら、しかも、奇妙なことに、〈独自に法を作り出し、これに厳格に従っている〉のである。[38] 道徳上の〈定点〉[B.382, B.383] を見失い、〈無軌道振りを示して〉[B.383] いながら、〈規律を守る者を自然本性から外れた者呼ばわりし〉、あろうことか、己れは〈自然本性に従っている〉と思い込んでいるのである。

〈他宗教の虚偽〉の章にはユダヤ教に関する論評はない。が、『パンセ』にはユダヤ教徒に言及した箇所が少なからず含まれている。パスカルは常にユダヤ教徒を二種に分類する。〈真のユダヤ人〉[B.607] と〈肉的(charnels)〉あるいは〈肉欲的(grossiers)〉ユダヤ人とに分割する。例えば旧約の預言者等は前者に属し、著者の言によれば〈真のキリスト教徒〉と思想を同じくする。一方、後者は〈現世〉[B.608] に執着し、〈現世的思惟〉[B.670] を専らにし、ひたすら〈肉的過誤〉を重ねる。〈生命と財産を配慮し、拝む者に幸福な年月を恵む〉[B.556] が如き神を信仰する。マホメット教徒や懐疑論者と何ら変わるところはないのである。

他の民族も似たり寄ったりである。エジプト人は明らかに〈偶像崇拝と魔術に染まっていた〉[39][B.613]。ギリシャ人とローマ人は〈偽造の神々〉を崇拝した。〈詩人はてんでに神学を案出し〉、〈哲学は四分五裂して無数の学派を現出した〉[B.613; Cf. 618]。いかなる民族も真の宗教を知らなかったのである。いかなる宗教も〈真理を説かなかった〉[B.606] のである。〈哲学のあらゆる学派〉と同様に。どうして正当な道徳が望めようか。パスカルは言う、〈宗教家なるものはいつの時代にも世界の諸所方々に認められるが、我が意に適う道徳を有する宗教はない[…]〉。真理の担い手として一頭地を抜く宗教も、有無を言わさず[入信を]決断せしめる宗教もなく、為に理性には選り好みも許されぬ。ならば、マホメットの宗教も、中国や古代ローマ人のそれも、はたまたエジプト人のそれも、当方としてはひたすら願い下げにする他はなかったはずである〉[40]［B.619］。

（9）キリスト教の真実性

人間の自然本性はかくまでに扱いにくい代物である。哲学者には無論のこと、「偉人中の偉人」にも手に余る難物である。人間は人間の手に負えぬ〈縺れ〉［B.434］である。洵《まこと》に〈人間は人間を超える〉〈怪物〉である。〈真理〉は、人間に関する〈真理〉は、明らかに〈人間の手の届く範囲にはない〉。人間に狙えるような〈獲物（gibier）〉ではない。既述のように、哲学者は人間の二重性に目を覆い、驚嘆すべき背反性に背を向け、いずれか一方を排除するのに感《かま》けた。独断論者は自然的知恵を恃《たの》み、過信し、極端な自己肯定に趨《はし》り、ついには自己崇拝論者となった。懐疑論者は認識の主観性・相対性を言い、真理認識の可能性を懐疑し、一切の判断を中止し、「真の福徳の探求」を閑却して、ご都合主義者となり、挙句の果てに悲惨な快楽主義者となった。双方とも二重性・背反性に対応し得る視点の獲得を軽視したがためである。自然的知恵もしくは〈自然的理性〉［B.434］に盲従し、〈偉大さと悲惨さ〉［B.416］の両面を同時に照らす超自然の〈光〉を等閑に付したがためである。〈光〉を拒絶し、闇に籠もったがためである。〈受肉した非被造の真理〉［B.434］に〈聴く〉と言う「謙虚さ」を忘失したがためである。

然らば、「光」とは何か。「受肉した非被造の真理」とは。「受肉した非被造の真理」がキリスト・イエスを指すことは論を俟たぬ。キリストは神である。而して〈肉となりたる言《ことば》〉であり、〈諸人《もろびと》を照らす真《まこと》の光〉である（ヨハネ、1・1-3; 14; 9）。〈汝等常に我が言《ことば》に留まらば［…］真理を知らん、而して真理は汝等を解放せん〉（同、8・31-32）。〈汝等が知らずして〔尊《たっと》び〕索《もと》むるものを〔この〉宗教が汝等に告知せん〉〔B.432; Cf. 使徒言行録、17・23〕。真理とは何か。人間に関する真理とは。人間の〈真の条件〔有り様《よう》〕（condition véritable）〉とは。哲学者等は、宗教家等は、挙げて已れの真理を索《もと》め、已れの思惟を尊び崇めた。自然的知恵を拠り所にして。自然的理性を唯一の導きの「光」として。ゆえに〈彼〔真の光〕は世にあり、世は彼に由《よ》りて成りたるに、世は彼を知らざりき。彼は已れの国に来たりしに、已れの民はこれを受けざりき〉（ヨハネ、1・10-11）。ならば、キリスト〈以前〉の人間はもとより、専ら自然的理性に導かれる「民」が已れの真の条件を「知らぬ」〔Cf. B.432〕のも異とするに足りない。真理も福徳も〈自己の内部には見出し得ない〉〔B.430〕との認識を得るのが関の山だとしても驚くには当たらない。

パスカルは聖書の語法を模して哲学者の限界を説く。同学者等は人間の〈真の福徳の何たるかを知らず、人間の真の有り様（état）の何たるかも知らぬ〉〔B.430〕。焉《いずく》んぞ〈救済策〉を知らんや。〈もし〔哲学者等〕汝等の目的は神なりと教えたれば、そは汝等をひたすら尊大ならしめんがためなり。同学者等、汝等に思わしめたり、汝等は本性上、神に似しもの、神に適いしものなり、と。かかる思い上がりの空虚なるを見し者等は、汝等の本性、獣のそれに変わらじと説きて、汝等を異なる断崖より突き落とし、汝等の福徳を動物の持分なる邪欲の内に探求すべく仕向けたり。〔…〕かかる賢者等、汝等の不義を知らざりき〉〔B.430〕。哲学者は無知である。哲学は無力である。「偉人中の偉人」も無知である。異教は無力である。人間は総じて非力である。無能である。〈最初の本性の幸福の無力な幾許かの天稟《てんぴん》〉〔B.430〕を残してはいるが、〈第二の本性〉である〈盲目と邪欲の悲惨さに沈み込んでいる〉からである。なぜか。「偉大なもの」として創造された最初の人間が、自由意志によって、〈神と人間との繋がり〉を〈断ち切った〉〔B.489〕からである。而して人間の〈本性〉が〈腐敗〉〔B.194〕したからである。ならば、誰が人間の真の条件を開示するのか、人間ならぬ誰が。それは無論創造主である。人間を本来「偉大なもの」として創造した神である。創造論を説く唯一の宗教であるキリスト教の神である。

パスカルはさらに聖書の語法を模して言う。〈今や汝等はもはや我によりて形成されし状態にはあらざるなり。我、人間を聖なるものとして創造せり。罪なき、完全なるものとして。而して、我、人間を光と知恵にて満たせり。人間に我が栄光と驚異とを譲渡せり。［…］当時、人間は［…］闇の内にも可死性の内にも［…］悲惨さの内にもあらざりき。［…］然るに、人間は斯くまでの栄光を保持して、慢心せざる能わざりき。己れを己れの中心となすを望み、我が助けを求めざるを願いき。而して我が支配を脱したり。［…］かくて人間は今や獣に似るものと成り、我より隔たること甚だしきが故に、人間に残るは創造主の朧げなる光ばかりとは成れり。その全知力、斯く衰え、斯く鈍りたり〉［B.430］。上記は所謂〈原罪〉［B.445］とその〈伝達〉説［B.434］に基づく言説である。周知の如く、聖書には「原罪」の文字はない。同罪を規定する文言はない。同説を明記した箇所はない。とはいえ、これは〈根拠なき（sans raison;défaut de raison）〉［B.445］奇説ではない。そう断ずる謂れはない。原罪は疑いもなく〈人知の遠く及ばぬ秘義〉［B.434］である。同説抜きの〈自己認識〉［B.434］は不可能だからである。同説抜きの人間論（〈人間の何たるか〉［B.445］に関する所説）は無意味だからである。〈人類の視点（sentiments）を四分五裂させた［…］かくも多数の異論の由って来る原因〉［B.430］を同説抜きで説明するのは不可能だからである。因って、パスカルによれば、同説は「人類の条件」を説明する唯一の根本原理である。唯一の整合説である。

〈私は認める、キリスト教が人間本性の［…］神からの頽落（déchue de Dieu）という原理を明示するや否や、目を開かれ、同真理の痕跡（caractère）を到る所で目にするという事実を〉［B.441］。それなら、キリスト教は立派な哲学である。否、唯一の有効な哲学である。人間に関する真理すなわち〈偉大さと悲惨さ〉［B.494］の二面性あるいは背反性を〈教示〉し［B.494］、加えてその原因をも明示するからである。

(10)「原罪」の哲学

『パンセ』ではさらに別様の人間論が示される。すなわち優れて現実的な心情である「幸・不幸」に視点を置く人間論が展開される。パスカルは言う、〈幸福〉と〈真理の獲得〉を希求するのが、否、希求せざるを得ないのが、本来の人間である、と。人間の人間たる所以である、と［B.389, B.437］。とはいえ、何事につけ、意の如くにならぬのが世の習いである。幸福の探求者は行く手を〈悲惨さと死〉［B.437］に阻まれる。真理獲得の試みは概して〈不確実性〉の発見に終わる。〈求めて得られず〉〈探して探し当てぬ〉（chercher sans succès）［B.427］のは甚だ苦痛である。大いに〈不安〉である。否、不幸である。最大の不幸である。ならば、何が人間を不幸に陥れるのか。原因は他でもない、幸福の探求である。真理獲得の試みである。皮肉にも、人間は求めるが故に、探すが故に、不幸を、悲惨さを味わうはめになるのである。

然らば、不幸は、悲惨さは、無意味であるのか。無価値であるのか。そもそも同心情は、同状態は、人間の何を示しているのか。表しているのか。上記の問いに対するパスカルの答えは大いに奮っている。一見奇抜である。逆説的である。が、実は見かけほど奇抜ではない。逆説的でもない。むしろ正当である。理に適っている。パスカルは言う、人間の〈悲惨さ〉はその〈偉大さ〉の証《あかし》である［Cf. B.398］、と。世に〈悲惨なるは人間ばかりなればなり〉［B.399］と。〈壊れた家は悲惨ではない〉。〈感情がない〉からである。〈樹木〉［B.397］も〈動物〉［B.409］も同様である。いかに悲惨な状態にあろうとも〈悲惨ではない〉［B.399］のである。〈己れの悲惨さを認識しない〉［B.397］からである、云々。

それならば、悲惨さの感情は何に由来するのか。その意識は何に起因するのか。パスカルはデカルト風の比喩を使って暗示的に説明する。〈口のひとつしかない〉[B.409] 人間はそれ故に〈不幸〉を味わうわけではなかろう。至極当然の話である。が、〈ひとつ目〉の人間にしてなお〈己れを不幸と思わぬ者〉がいようか[41]。生来の平民は一般にそれゆえに〈王ならざるを不幸と思う〉[B.409] わけではなかろう。至極当然の話である。が、王に生まれ、王位を〈簒奪された〉[B.409; Cf. B.398] 者にしてなお〈王ならざるを不幸〉と思わぬ者がいようか。すなわち、不幸や悲惨さの因って来る原因は、端的に言えば、本来性あるいは本有性の喪失の感覚である。〈在るべき場所〉[B.427] からの転落の感情である。ところで、〈獣において自然（nature）なること〉は〈人間にあっては悲惨と呼ばれる〉[42]。〈人間の自然本性（nature）〉[B.409] と獣のそれとの類似を人間は〈悲惨〉と感ずる。この感覚、この意識は何に由来するのか。何に起因するのか。パスカルの答えはこうである。人間の本性は元々「獣」のそれとは異なっていた。〈より善き本性〉[B.409] であった。つまるところ人間は「固有の本性」を喪失したのである。「高き」より落ちたのである。この喪失の意識、この転落の感覚が他ならぬ悲惨さの感情の因って来る原因である。また〈一口に転落と言うが、より高きところから転落すれば、悲惨の度が高まる〉[B.416] 所以である。

　ならば、〈悲惨さ〉の感情は取りも直さず人間の〈偉大さ〉[B.398] の証しであると言わねばならない。「所有」せずして「喪失」する者はなく、王ならずして追放の憂き目を見る者はないからである。悲惨さの感情とはすなわち〈過去の偉大さの名残〉[B.435] である。なるほど、世には〈嘘〉[B.434] で固めた人間ばかりがはびこっている。が、同じ人間が〈真理の心象〉を有する。不幸の味しか知らぬ者が〈幸福の観念〉[B.434] を持つ。理由は明らかである。人間が「喪失」したからである。「転落」したからである。人間の「喪失した幸福」

が〈神と共にある至福（béatitude）〉であって、獣のそれの如き無知の幸福ではなかったからである。人間は確かに腐敗している。が、〈一貫して腐敗していた〉わけではない［B.434］。〈不幸にして堕ちた〉［B.434; B.409］が、〈安んじて真理と浄福（félicité）を享受〉し得る〈完全さの段階〉［B.434］に位置していなかったわけではない。ならば、人間の「条件」（有り様《よう》）に関する言説は必然的に逆説の形を取るはずである。最大の逆説を現出するはずである。パスカル、曰く、〈悲惨さは偉大さの帰結である〉［B.416］と。〈偉大さは悲惨さの帰結である〉[43]と。由来〈人間の偉大さとは己れを悲惨なりと認める偉大さに他ならぬ〉［B.397］と。〈人間の偉大さはその悲惨さから引き出せるほどまでに顕著である〉［B.409］と。

世には人間の悲惨さを強調する『パンセ』の著者を単なる「人間嫌い《ミザントロープ》」と見る向きもあるが、短見の誹りを免れない。悲惨論の真意は先刻明らかだからである。論者の眼目は上記の背反性の認識に基づく人間の正当な〈自己評価〉［B.423］にある。正確な〈価値〉判断にある。パスカルはやはり聖書の語法を模して言う、〈人よ〉斯くまでに多き悲惨さの試練にも抑えられぬ偉大さと栄光の躍動に今や目を留めるべし〉［B.430］。なるほど人間は〈脆弱〉［B.347］である。脆弱の極みである。〈全宇宙が武装するまでもなく〈あっけなく〉押し潰される〉〈一本の葦〉である。が、脆弱な〈葦〉は〈全宇宙〉にも増して〈崇高〉である。「尊く厳か」である。〈宇宙〉は無知であるが、人間は己れの脆弱さを〈知る〉からである。熟知するからである。人間は「弱」である。が、「弱」を知るが故に「強」である。

肯定的背反性論は『ド・サシ師との対話』の論理の延長線上にある。パスカルが示唆するところによれば、人間性に関するエピクテトスの見解とモンテーニュのそれは真っ向から対立する。完全な「背反性」を現出する。一方は他方の対極に位置する。而して両者はそれぞれの観点に立って、近視眼的に真理を蹂躙する。〈打ち壊す

（ruiner）〉[44]。パスカルは主張する、本来両見解は分かたれるべきにあらずして〈結合〉さるべきである、と。最終的には総合されて、〈真理〉の発見と同真理に基づく完全な道徳論の形成に寄与すべき半端な説である、と。事実、パスカルは人間における悲惨さと偉大さを「否定的背反性」から救い出し、「原罪とその伝達」説を梃子《てこ》にして弁証法的に総合するのである。なるほど〈原罪〔説〕などは人間にとっては気違い染みた話（folie）である〉［B.445］。〈道理に適わぬ〉説である。が、実のところ〈この狂気の説（folie）は人間のいかなる知恵にも優る賢慮である。人間に優る知恵である〉。実際、原罪論に優る人間論があろうか。「道理に適わぬ」同論を措いて他に人間の条件すなわちその背反的状態の由って来る原因を明快に説明するいかなる論理があろうか。この不合理説に優るいかなる合理的解釈があろうか。そもそも「人間に優る知恵」を否定する術があろうか。「背反性」を見据える透徹した理論家パスカルが〈宗教認識〉［B.424］を阻害するとも思われる当の〈背反性〉の認識によって〈真っ先に真の宗教〉へと導かれたのもつまるところ当然の成り行きであった。

『パンセ』における過剰なまでの背反性論には別の思惑が働いている。そこには人間を分断する〈低劣さと偉大さ〉［B.423］の認識を当の人間による〈真理の発見〉の契機たらしめようとする意図が窺われる。既述のように、人間は「喪失」したのである。「転落」したのである。それゆえに人間は低劣さと偉大さにと引き裂かれているのである。背反性に支配されているのである。ところで、幸福を希求するのが、否、希求せざるを得ないのが、本来の人間である。人間の人間たる所以である［Cf. B.389］。ならば、幸福を実現するためには「奪還」する他はない。「再登攀」する他はない。そうではなかろうか。パスカルは「帰還」を呼びかける。〈人間は己れを愛すべし。人間には福徳を享受し得る自然本性があるからである。［…］己れを軽蔑すべし。その能力が空《から》になっているからである。が、それゆえに当の自然的能力を軽蔑するなかれ。人間は己れを憎むべし。愛すべし〉

［B.423］。

（11）　真の宗教としてのキリスト教

人間の普遍的背反性は他ならぬ「喪失」と「転落」の結果である。創造主である神との絶縁を示す確かな証拠である。原罪の端的な現われである。ところで、既述のように、キリスト教はまさに原罪を説く宗教である。背反する〈偉大さと低劣さ〉の〈双方の理《ことわり》に通じた〉［B.433］宗教である。のみならず、〈高慢さと邪欲〉［B.430］、〈邪欲と無力〉［B.491］の〈救済手段〉［B.493; B.491; B.489］を〈教示する〉［B.430］宗教である。事実、〈万物の唯一の原理〉［B.489］である創造主が、みずから〈修復者〉［B.60］として、〈受肉した真理〉［B.434］として〈到来〉［B.440］し、〈贖い〉［B.194］の業《わざ》によって人間と神との〈繫がり〉［B.489］を〈修復〉し、損なわれた〈浄福〉［B.60］の回復を図る宗教である。而して、無論、〈万物〉の創造、人間の普遍的背反性の原因である原罪、創造主である神による「贖い」は他ならぬキリスト教の教理である。〈他宗教〉［B.468; Cf. B.433; B.430］の与り知らぬ教説である。キリスト教を措いて他に終《つい》に総括的に整合化し得なかった宇宙論・人間論である。ゆえに「贖い」は、「背反性の解消」は、神と人間との「繫がり」の修復は、「神であり人」であるイエス・キリストすなわち「受肉した真理」にして始めて可能な行為であると言わねばならぬ。パスカルはキリストの口を借りて言う、〈我、汝等が汝等の信仰を謂れなくして我に委ねるを望まず。汝等を力ずくで我に従わせんとするを欲せず。［…］かかる相反性を解消せんがために、我が裡なる神の印を確かな証拠を以って汝等に明示せん〉［B.430］。

事程左様にキリスト教は理に適った宗教である。「謂れなき信」を強要する不合理な独断論ではない。恥ずべき迷妄ではない。否、条理に適った唯一の体系である。ならば形勢は逆転する。〈理論化し得ぬ（ne pas pouvoir rendre raison）〉〈愚論（sottise）〉［B.233］と〈狂気の説〉［B.445］の信奉者とされるキリスト教徒が理性的で、非キリスト教徒の方が〈非理性的人間〉［B.194］であるとの理屈が成り立つ。加えてパスカルは言う、〈敵〉［B.194］は、非キリスト教徒は、むしろキリスト教の〈真理を立証するのに［…］有効な〉人材である、と。非理性的人間の〈本然に反する（dénaturés）諸感情〉ほど人間本性の腐敗を説くキリスト教教理の真理を証明するのに〈打って付け〉の材料は他に見当たらぬからである、と。

(12) 人間の「悲惨さ」の由って来る原因――プラトン説

既述のように、パスカルは、人間の偉大さと悲惨さの由って来る原因を究明した哲学者は皆無であると考えた。が、実はプラトンがすでにこの問題に言及しており、これはパスカルの敬愛するアウグスティヌスも夙《つと》に認めるところである。

プラトンによれば、地上界は「イデア界」（真理の集合世界）の写しとして造られた。地上界が或る種の不完全さを内包する所以である。ところで、「霊魂」は元来「イデア界」を一眸するところに位置し、一切の真理を認識していたが、「悪い馬」に引きずられて地上界に落下し、肉体と結合するはめになる。すなわち人間の誕生である。が、肉体との結合が「霊魂」をして「イデア」を忘却せしめる。「霊魂」には後者に対する「郷愁《ノスタルジア》」が残るばかりとなる。人間の「霊魂」は悲惨さの色を帯び、「イデア界」への「郷愁」を抱いて、不完全な地上界を彷徨する。(45) 悲惨さを脱するためには厳格な「哲学的訓練」が要求される。「霊魂」は同訓練を積み、「浄化」されて始めて、「イデア界」に帰還し、真理を享受するに至る。(46) ここは無論「贖い主」の出る幕ではない。

にもかかわらず、アウグスティヌスは敢えて上記のプラトン説をキリスト教の原罪説と関連づけて解釈する。曰く、プラトンは「神的真理を理解するべく、己れの霊魂を浄化する必要性[47]」を痛感していたが、プラトンばかりか「プラトン主義哲学者等」もまた「過去における失墜と現在の生の贖われるべき性格を強調し」、以って「キリスト教の真理に接近した」と[48]。アウグスティヌスはプラトン哲学には寛大であった。己れの哲学を構築するための不可欠の要因と見做していたからである[49]。

一方、『パンセ』の著者は「キリスト教の真理に接近した」非キリスト教哲学者等に対しては極めて冷淡であった。したがって、パスカルによる同哲学者批判はそのままプラトン本人にも当てはまるものと考えられる。プラトンからの「借り」がなかったからである。なるほど、この哲学者等は「人間」を見た。人間の惨めな営みを見た。空回りする行動の悲惨さを。〈結果〉［B.234］としての悲惨さを。とはいえ、その〈原因〉には、真の「原因」には、ついぞ思い至らなかった。探求する用意がなかったからである。〈目〉は付いていたが〈精神〉が「お留守」だったからである。〈正義は地を払った〉［B.447］と言われる。よろしい。ならば、何故に「地を払った」のか。原因は何か。〈原罪〉を措いて他に何が考えられようか。とはいえ、この哲学者等に正解が期待出来ようか。〈何人《なんぴと》も死ぬまでは幸福にはならぬ（*Nemo ante obitum beatus*）〉と言う。よろしい。ならば、〈死〉が〈永遠の本質的至福〉の「始まり」であるとの認識がこの哲学者等に期待出来ようか[50]。無論、不可能である。出来ない相談である。

(13) 人間の完全さと不完全さ――デカルトとパスカル

人間の悲惨さの意識をその本来的偉大さの名残であるとするパスカルの論法はデカルトの「神の存在証明」中

の「第一証明」のそれを想起させる。デカルトによれば、「懐疑する自己」は明らかに「不完全な存在」である。が、己れの「不完全さ」の意識は同じく己れの裡にある〈完全さ〉の観念との比較に基づく判断の結果である。ところで、「完全さ」なるものは無論「不完全な自己」に由来する観念ではない。ならば、他者すなわち〈一切の完全さを内蔵する［…］本性〉からの到来物と考える他はない。すなわち神の賜物と考える他はない。因って、神は存在する。(51) デカルトは「完全なる本性を有する存在者」の実在を証明するのに「不完全な自己」の現存の確認を以ってする。が、デカルトはパスカルではない。自己の「不完全さ」は失墜の表れであるとは言わない。「完全さ」からの転落の結果であるとは言わない。否、そもそも不完全さの原因を追求しない。深追いしない。当然のことながら、デカルトの分析には「不完全な自己」の完全化の有無に係わる議論が見当たらない。どうやら本人は「不完全さ」は不完全な被造物である人間の所与であると考えていたふしがある。そのくせ、神の存在を「証明」した上で、人間の〈明瞭判然たる認識は真である〉との命題を提示する。不完全な人間による分析の結果を「完全」な判断であると断定する。何ともちぐはぐな話である。パスカルが〈無益にして不確実なデカルト〉［B.78; Cf. B.77］と言うのももっともである。のみならず、失墜を説かぬ論理が、転落を語らぬ分析が、救霊論に及ぶはずはない。パスカルが考える「有用な哲学」を構築するはずがない。(52) デカルトの論調が〈一時《いっとき》の労にも値せぬ〉［B.79］〈哲学〉と皮肉られたところで、宜《むべ》なるかなとでも言うより仕方がないのである。

第六章　人間学の基礎としての原罪論
――人間と自由意志（I）――

（1）「原罪」に関する『パンセ』の二断章

人間は〈背反性〉の権化である。〈偉大〉であり、且つ〈悲惨〉である［B.430］。〈卓越〉し、且つ〈嘆かわしくも哀れ〉である［Cf. B.435］。人間は〈混沌〉である。〈奇怪な混淆〉である［B.435］。〈縺れ〉［B.434］である。而して相反する両原理の〈あからさまな（visible）〉〈対立〉の場である［B.430］。にもかかわらず、〈対立〉の、両面性の、由って来るところを〈説明する〉思想が、哲学が、宗教がどこにもないのである。ただひとつの命題、ただひとつの教義を除いては。キリスト教の原罪説を除いては。

創造論に基づくキリスト教の教理は神による人間の創造を説く。「神の似姿」としての「偉大なる者」の創出を明言する。が、「偉大なる者」は、人間は、己れに付与された特権を行使して、自由意志を駆使して、幸福と善の源泉からの「離反」を敢行した。神に悖《はい》反する道筋を辿った。当然の結果として、創造時の「偉大さ」が激減した。「悲惨」と「悪」が人間を覆った。

人間における「偉大さ」と「悲惨さ」の背反性を説明して、原罪説に勝る命題はない。同説を凌ぐ教義はない。パスカルが己れの人間学の基礎を築くのに原罪説を以ってした所以である。とはいえ、『パンセ』に神学的原罪論を期待するのは無論筋違いである。周知のように、同書はそもそも神学書の類ではない。教義の解説を目的とした諸断章の集成でもない。それどころではない。実のところ、まともに原罪に論及した断章は、〈A.P.R.〉(1)の略号で始まるB.430と、「背反性」を論じるB.434に止まる。問題は神学ではない。人間の背反性に関する論究である。パスカルは神学用語を排して独自の分析を進める。

両断章は原罪の観念を持ち出すに際して、いずれも同じ事実を強調する。人間における背反性の異常さ、異様さを力説する。〈人間は人間を無限に超えている〉[B.434]とでも言う外はないその度外れの超出振りを縷術《るじゅつ》する。洵《まこと》に人間は人間の手に負えない混沌混淆《こんこう》である。〈縺れ〉である。ならば、人間は何を為すべきか。いかなる手段に訴えるべきか。とはいえ、人間が人間を無限に超えていれば、人間が人間の手に負えぬ〈怪物〉[B.434]であれば、人間に為す術があろうか。施す術があろうか。人間を〈形成した〉[B.430]創造主の言葉を〈聞く〉[B.434]外に。〈神〉[B.434]に、〈神の智慧〉[B.430]に、イエス・キリスト(2)に問い質す外に。聴従する外に。断章B.434は懐疑論・独断論の両論を細説し、人間の背反性に説き及ぶが、しかしながら、そこには神の言葉は書かれていない。人間性の〈縺れ〉は〈完全さの段階〉からの人間の〈転落〔堕落〕〉の結果であるとの見解を表明した後、補足的説明を抜きにして、パスカルは一気にこう断定する、〈驚くべきこと〉だが、人間の自己認識の可能性は専ら〈理知とは掛け離れた神秘〉の然らしめるところである、と。すなわち〈原罪遺伝の神秘〉のお蔭である、と。一方、断章B.430は〈不可解さを説明した後《のち》に〉との記述で始まる。が、人間の不可解な背反性に関する詳細な論述は欠落している。そこでは専ら〈あからさまな〉背反性の事実に眼を閉ざされた哲学ならびに他宗教による人間救済の不可能性が説かれ、次いでイエス・キリストの口を借りて以下のように言われる、〈人間に真理をも慰藉《いしゃ》をも期待するなかれ〉、と。すなわち両断章が相互補完的関係にあるのは明らかである。

（2）人間の背反性と原罪観念の導入

哲学者等の人間観を細説する断章B.434の前半では、人間による真理把捉の可能・不可能を巡る独断論者・懐疑論者の両説が要約される。先ずは既述のような〈自然本性的に（naturellement）感覚される〉懐疑論的諸原理の不確実性が説かれる。〈時間、空間、延長、運動、一個[3]（unité）〉の如き、また〈数（の比例関係）〉[B.282]の如き、人間生活に密着した諸原理の本質的な非原理性を衝く尖鋭な論が展開される。パスカルは〈いかなる独断論〔者〕にも超克し得ぬ証明力の無さ〉[B.395]を指摘する。如上の所謂諸原理も、実は〈定義による不確定化を免れぬ〉[B.392]観念、つまりは〈定義不能〉の観念であると喝破する。[4] 独断論者によれば、〈運動〉の如きは自然的原理であり共通概念である。が、懐疑論者によれば、同原理は定義不能であり、因って万人における同概念の内包の同一性は保証の限りではない[Cf. B.392]。懐疑論者によれば、由来睡眠中の感覚はすべて〈錯覚〉[B.434]であるが、覚醒と睡眠とを劃然と区別するのが何人《なんぴと》にも不可能である以上、[5] つまり〈眠ると思う時に目覚め〉、目覚めると思う時に眠る可能性が否定されない以上、覚醒中に抱懐した〈真理の観念〉の真理性も保証の限りではないのである。[6]

パスカルは当初懐疑論に与する。あるいは与する素振りを見せる。が、最終的には独断論の〈砦〉に立て籠もるのを良しとする。自然的諸原理の原理性を〈誠実かつ真摯に〉疑う謂れはないからである。パスカルは科学者である。懐疑のための懐疑の不毛なることは先刻承知しているのである。由来人間はいかなる懐疑論の徒をも寄せ付けぬ〈真理の観念〉[B.395]の真理性に関する動かぬ証拠を有する。例えば、幾何学における論証には「数」「空間」等の諸原理が不可欠である。これらの諸原理はなるほど〈定義不能〉である。が、この諸原理に基づく論証がこの諸原理に基づく論証なるがゆえに幾何学的論証に混乱を引き起こした例はない。のみならず、世には〈懐疑論者を困惑させる〉[B.434] 事実が満ち溢れている。定義不能の自然的諸原理に依拠するに〈両義性を完全に脱した説明に固有の安心と確信〉(7) とを以ってする行為が充満している。否、人間の生の営みはすべて共通観念としての自然的諸原理に従う。農業、然り、商業、然り、衣食住に必須の簡単な計算もまた然り。生は、生活は、万人を同諸原理の信奉者にする。信者にする。懐疑論者も例外ではない。この論者もまた己れの懐疑を中断する。棚上げにする。生きるために。生きて、懐疑するために。ならば信者を信者の名において侮蔑する謂れはない。そもそも〈いまだかつて実在の完全な懐疑論者なるものの存在した例《ためし》はない〉[B.434] のである。〈自然本性が無力な理性を支えて、かかる常軌を逸した振る舞い〈懐疑主義者の懐疑〉を阻止する〉(8) のである。

無論、独断論の一面性は否定すべくもない。人間理性の〈自然的明晰性〉[B.392] を説き、理性による真理の確実な所有 [Cf. B.434] を公言する独断論が懐疑論者の〈ひと吹き〉で〈転覆する〉[B.434] のは明らかである。〈ちょっと突《つつ》かれただけで何の証文も出せず、ただ引き下がる外はない〉独断論者の理性が、他ならぬこの論者を〈困惑させる〉のは明らかである。〈自然的な知恵〉[B.374] を〈信じる〉独断論者が人間の〈脆弱さ〉の具現者となり、〈懐疑論の徒〉に〈栄光〉[B.392] あらしめるのは明らかである。蓋し人間の〈脆弱さ〉は、懐疑論者という〈これを認識せる者〉においてよりも、独断論者という〈これを認識せざる者〉において〈際立つ〉[B.376] のである。〈味方 (ami)〉ではなく〈敵〉が懐疑論者を勢い付かせるのである。

パスカルの所謂哲学の二大流派すなわち独断論と懐疑論はつまるところ各々の論に合致する人間性の一面のみを度強《どぎつ》い光で照らし出し、〈相互排除〉[B.432] を旨とし、結局のところ道を誤ることになった。が、人間は畢竟一面的ではない。人間性の把捉は一筋縄では行かない。両論の自己完結性は人間の複合性にはそぐわない。相互排除は各論者の短見をむしろ露《あらわ》にする。人間は〈真理の受託者〉[B.434] である。と同時に〈不確実さと謬見の汚水溜め〉である。〈矛盾の権化〉である。〈逆説〉である。逆説が、二面性が、背反性が、不幸なる人間をさらに不幸にする。己れの所有する〈幸福の観念〉［B.434］が単なる観念であって幸福自体ではなく、己れの望見する〈真理の心像〉が単なる心像であって真理自体ではないからである。観念が、心像が、人間を幸福の欠落感の裡に、〈虚偽〉の裡に置き去りにするからである。とはいえ、誰に〈縺れ〉が解《ほぐ》せようか。背反性が超克し得ようか。「矛盾の統一」が果たせようか。その由って来るところを説明する思想が、哲学が、皆無であれば。そもそも〈人間が人間を無限に超えている〉のであれば。人間が人間の手に負えない〈怪物〉であれば。〈神に聞くべし（Écoutez Dieu）〉(9)。神に、神の智慧に、イエス・キリストに問い質すべし。パスカルは創造主の言葉に聴従する道を説く。無論、人間を創造した神に伺いを立てる外に手立てがないからである。為す術がないからである。が、既述のように、当該断章に神の言葉は記されていない。

（3）「悲惨さ」の感覚と「偉大さ」

『パンセ』においてパスカルは「原罪」なる用語の使用を極力控えている。理由は外でもない、罪意識の欠落した人間の〈反撥（choquer）〉［B.434］を予防するためである。往昔の人間の罪との断絶を当然と心得る当代の人間（別けても社交人士）の〈理性〉の反撥を熟知するからである。パスカルは搦め手から説く。万人共有の不幸と悲惨さの意識を楯に取って原罪観念の正当性を主張せんとする。

人間理性は〈真理〉を〈希求する〉［B.437］。が、完全な確実性には手が届かない(10)。人間は〈幸福〉を〈希求する〉。が、人生は文字通り〈悲惨〉である。ところで〈悲惨さ〉の感覚は人間固有の知的活動の表れである［Cf. 397］。〈崩落した家屋〉に悲惨さの感覚はない［B.399］。いかなる感覚もないからである。〈樹木〉［B.397］

には何がしかの感覚がある。動物については言わずもがなである。が、自己意識としての悲惨さの感覚はない。悲惨さは人間固有の感覚である［Cf. B.397］。動植物における〈自然性［当たり前の事象］(ce qui est nature)〉［B.409］が、人間には悲惨なのである。なぜか。パスカルは独自の考えを展開する。〈口がひとつしかない〉のを〈不幸〉と思う者はいない［B.409］。〈眼がひとつしかない〉のを〈不幸〉と思わぬ者はいない[11]。すなわち不幸は、悲惨さは、欠落の感覚である。喪失感である。あるいは〈転落〉者の落魄《らくはく》の感覚である。〈転落〉の結果ならば、不幸の度合いは、悲惨さの程度は、当然「落下」した距離の長さに比例しよう［Cf. B.416］。今昔の身上の落差に一致しよう。〈廃帝〉［B.398, B.409］は苦汁を嘗める。身の不遇を託《かこ》つ。人間は今や甚だしく不幸である。甚だしく悲惨である。人間はさながら追放された「廃帝」の如くである。ところで、王国と追放は表裏を成す。追放の憂き目を見るのは外ならぬ王である。悲惨さを痛感するのは過去の栄華を知る当人ばかりである。余人の与り知るところではない。同様に人間における悲惨さと偉大さは表裏を成す。悲惨さは偉大さの裏返しである。偉大さの欠落の感覚である。喪失感である。悲惨さは失われた過去の偉大さの証しである［Cf. B.398］。実は偉大さは悲惨さから〈引き出されるほどまでに明白〉［B.409］である。人間は悲惨なればこそ偉大なのである。〈人間は己れの悲惨なるを知る。つまり悲惨である。［…］が、人間はまさに偉大である。己れの悲惨なるを知るからである〉［B.416］。

人間はかくの如くに引き裂かれている。かくの如くに背反性を露呈する。人間は悲惨である。が、かつては偉大であった。人間は「混淆」である。が、かつては「純一」であった。人間は「矛盾」である。が、かつては「整合」であった。人間は確かに異様な分裂である。〈縺れ〉である。しかし人間は、パスカルによれば、実のところ、単なる悲惨さの虜囚ではない。背反性の傀儡ではない。人間は動き出す。行動を開始する。〈見通しの利かぬ暗黒〉［B.427］の中に足を踏み入れる。〈己れの場所〉［B.406］を索《もと》めて〈不安げに〉手探りする。〈己れの真の場所〉［B.427］を回復するべく登攀を試みる。悲惨さは、背反性は、欠落の感覚だからである。喪失感だからである。「転落」［Cf. B.427］の結果だからである。が、探し物は見つからない。「己れの場所」は摑めない。「己れの真の場所」には届かない。つまり試みは〈成功しない〉［B.427］。しかし、そもそもかつて探し当てた者がいるのか。到達した者がいるのか。それが問題である［Cf. B.406］。

（４）『パンセ』における「原罪」説

既述のように、前掲断章 B.434 の前半は独断論ならびに懐疑論の論理的一面性批判に充てられ、原罪説への言及はおろか原罪なる術語自体をも排除する。パスカルは人間の知的・精神的二面性を強調する。〈完全なる無知（ignorer absolument）〉と〈確実なる知（savoir certainement）〉の中間地帯に位置する人知の現状を剔抉《てっけつ》する。而して以下のように敷衍する、人間が〈無垢〔無罪〕〉の状態に在らずして〈真理と至福を確実に享受する〉能わざるは、〈腐敗〔堕落〕（corrompu）〉の故なり、と。また、〈真理ならびに永福の観念を所有せざる〉に非ざるは〈腐敗〔堕落〕〉が始めからのものに非ざるなればなり、と。パスカルはここに至ってようやく原罪説ならびに原罪遺伝説を導入し、以下のように断定する、人間が〈完全なる段階〉から〈転落〔堕落〕〉したのは明々白々である、と。然る後に、外ならぬ〈原罪遺伝〉なる術語を投入し、以下のような結論を下すのである。同観念が〈人知の遠く及ばぬ神秘〔玄義〕〉であるのは明らかであるが、同観念なくしては人間の〈自己認識〉の道が完全に閉ざされるのは明白である、と［B.434］。「原罪」は、「原罪遺伝」は、パスカルによれば「神秘」である。「神秘」は説明を拒絶する。事実、パスカルによる同観念に関する合理的説明はない。

〈A.P.R.〉の略号で始まる断章B.430は〈不可解さの説明を行なった後《のち》に〉との覚書を以って始まるが、[12]「偉大さ」と「悲惨さ」に関する端的な論述を含んでいない。ただ人間の背反性の「あからさま」なることが説かれ、その由って来るところを説明するには〈神の智慧〉を以ってする外はないとの結論が下される。が、同断章は原罪ならびに原罪遺伝なる語を含んではいない。パスカルは大胆にも〈神の智慧〉に語らせる。神は始めに宣言する、〈人間に真理をも慰藉をも期待するなかれ〉と。なぜなら人間に〈己れの何たるか〉を教示するのは、「真の本性」を悟らせるのは、人間を〈形成した〉[B.430]創造主すなわち神を措いて外にないからである、と。蓋し理の当然と言うべきだろう。余人には〈計り知れぬ〉〈驚異〉[B.72]といえども、〈創造者〔考案者〕〉にはまったく驚異ではないからである。謎ではないからである。のみならず、周知のように、ユダヤ・キリスト教を措いて外に、神と「万物の創造主」とを同一視する思想・哲学・宗教はない。ならば「人間に関する真理」の開示と人間に対する「慰藉」を期待するべきはキリスト教徒のいわゆる創造主を措いて外にないはずである。ところで、〈神の智慧〉によれば、人間は今や神に形成された〈状態〉にはない[B.430]。創造時の状態にはない。〈暗黒〉と〈致死性〉と〈悲惨さ〉とに埋没している。なぜか。

(5)　創造時の人間の状態

〈神の智慧〉は言う。〈我が創造せしは聖なる人間、罪なき人間、完全なる人間なり。我は人間を光明と知性とで満たせり。人間に我が栄光と驚異とを伝えたり。当時、人間の眼は神の荘厳さを映しいたり。当時、人間は暗黒の裡にも[…]致死性の裡にも悲惨さの裡にも在らざりき[…]〉[B.430]。当時、人間は〈アダムの栄光の状態〉[B.560]にあった。〈完全なる段階〉[B.434]に位置していた。〈〔他の〕被造物を使用しかつ支配する〉〈尊厳さ〉［B.486］を享受していた。『恩寵文書』にも同様の記述がある。同書はアウグスティヌスの「原罪と恩寵」の神学をパスカルが正確かつ簡潔に要約した文書である。

〈神は人祖〔アダム〕を創造せり。人祖の裡に全「人性」を創造せり。／神は人祖を義なる・健全なる・強壮なる人間として創造せり。／〔人祖は〕いかなる邪欲をも持たざりき。／善悪いずれにも順応する自由意志（libre arbitre）を持てり。／至福を欲しかつこれを欲せざる能わざりき〉(13)。

上記の『恩寵文書』の一節と『パンセ』の当該諸断章との間には微妙なずれがある。前者は完全なる段階に位置していたアダムの自由意志の健全さを強調し、後者は〔前掲の引用文が示すように〕知性あるいは理性の完全性に力点を置く。恐らくは『パンセ』が理性を重視する読者用に計画された原稿だからである。

(6)　アダムの過誤

『パンセ』の前掲断章B.430は〈神の智慧〉をして以下のように言わしめる。人間は〈過分なる栄光を担い得ずして倨傲に堕したり〉。〈己れを自己自身の中心たらしめんと欲し〉、〈不羈《ふき》〉ならんとして、神の〈救援〉を拒めり。己れを神と〈対等〉ならしめんと欲したればなり、云々。上記の〈神の智慧〉の言葉の後半は『恩寵文書』の一文と重なる。〈〔アダムは〕神より不羈ならんとし、神と対等ならんとせり〉(14)。ところで、同上の言の意味するところは『パンセ』における批判の対象たる独断論者の言い分と一致する。同論者は人間に専ら〈卓越せる被造物〉［B.431］を見た。〈優秀さの実在〉のみを見た。見たばかりか、神の〈同類〉となる可能性を示唆した。否、これを強調した。汝等欲すれば〈智慧、汝等を神と対等ならしめん〉。同論者はつまりアダムと同様の弊に陥った。人間の分限を弁えぬ〈慢心〔高慢さ〕〉〔B.435〕の罪に塗《まみ》れた。が、神は人間を〈意のままに為さしめた（abandonner）〉[B.430]。人間に与えた恩寵を、「自由」を、自由意志を、損なわぬためである。お返しに、アダムは神から離れた。神を放棄した。が、『パンセ』では原罪の場面は省略され、罪の結果に力点が置かれる。神は〈人間に従順であった被造物等をして背かしめ、人間の敵たらしめたのである〉、云々。

一方、『恩寵文書』は〈聖アウグスティヌス説〉に依拠し、原罪の経緯を叙し、主として人間の自由意志と神の恩寵との関係に光を当てる。

〈神の手になる罪なき人間は強壮・健全にして義なりしも、神の恩寵なくば神の戒《かい》を守り得ざりき。／［…］神はアダムが律を守り義に留まるのに他の恩寵を必要とせざるべく十分なる恩寵（grâce suffisante）を与えたり。／［…］かくてアダムの自由意志は十分なる恩寵に与る者として、己れの意向に沿いて、同恩寵をあるいは無効ならしめあるいは有効ならしむるを得たり。／神はアダムの自由意志に同恩寵の善用をも悪用をも任せたり。／アダム、同恩寵に依りて堅忍したるなれば、当然の報いとして栄光を受けしならん。すなわち罪を犯す惧れなく永遠に恩寵の裡に堅く留まり居りしならん。善き天使等が同様の恩寵の力によりて堅く留まりし如くに。／［…］〔然るに〕アダムは悪魔の唆し《そそのかし》に応じ、誘惑に屈し、神に逆らい、律を破り、神より不羈ならんとし、神と対等ならんとせり(15)〉。

上記は確かにアウグスティヌスが多数の著作で試みた原罪説の忠実な要約である。以下にアウグスティヌス自身の筆になる同説の一部を引く。〈アダムは［…］大いなる恩寵を有せり［…］。創造主の善意の賜物なる安寧（*bona*）の裡に在りぬ。［…］いかなる害悪をも被るなき安寧〔の裡に〕〉(16)。〈人祖は恩寵を有せり。これに留まるを望まば絶えて悪しくならざる恩寵を［…］。しかもそれなくば（*sine qua*）己れの自由意志を以ってしても善きもの足り得ずという恩寵を。されど己《おの》が自由意志によりて捨て得べき恩寵を。［…］人祖アダムに与えられし第一の恩寵とはこれなり。［…］〔すなわち〕これを望まば義を所有するを得べき恩寵なり。［…］その救援なくんば善の裡に留まるを得ず、望まば救援を放棄するを得べき〔恩寵なり〕〉(17)。〈ゆえに堅忍せんと欲すれば、人間は堅忍するを得たり。堅忍能力を付与する救援が人間に欠如したるに非ず、而して救援なくんば、己れの欲する善の裡に堅忍する能わざればなり。［…］聖天使等はこれ〔善の裡に堅忍する〕を為せり。［…］聖天使等は同じ自由意志によりて忍耐し、堅忍せしことの報いとして、至福の充溢を受くるに値し、これを恒常的に有するの全き確信を得るに至れり〉(18)。〈人間にして早《はや》慢心し始めざりしならば、悪魔また人間を誘惑せざりしならん。「汝、神々の如くにならん」の言、人間を喜ばしめたればなり〉(19)。

　両者の叙述を比較すれば、前掲のパスカルの〈アウグスティヌス説〉が「頗《すこぶ》る簡略化(20)」されているのは一目瞭然である。パスカルはさながら「斧」を手にして「アウグスティヌスの密林」に分け入り、草木を切り払い、「数本の巨木」のみを残して立ち去った「樵夫」の如くである(21)。『恩寵文書』は暫く措く。そもそも『パンセ』の当該断章［B.430］は原罪なる術語を含まない。恩寵はおろか「十分なる恩寵」にも言及しない。「アダムの過誤」と「悪魔の誘惑」との関係にも論及しない。「過誤」の原因として人間中心主義ならびに「神と対等」たらんとする「倨傲〔傲慢〕さ」を挙げる。あたかもアダムよりも独断論者を糾弾するかの如くである。

（7）「堕落」による変化

人間が神から離反する。神を放棄する。〈心胆を寒からしめる変化〉(22)が人間に生じる。以前とは正反対の状態が出来《しゅったい》する。第一に〈知性〉が驚くべき変化を示す。〈眼を晦ます暗黒〉[B.430]が生じる。〈神の荘厳さ〉を映す能わざる〈盲目と邪欲〉が支配する。知性の〈認識〉の火が〈消し去られる〉。あるいは明智の光が〈曇らされる〉。〈己れの創造主の幽かな光〉を残して。第二に「肉体」が激しく変化する。健全かつ強壮で、〈致死性にも悲惨さにも〉[B.430]侵蝕されぬはずの肉体が病苦を知る。不死性を喪失する。第三に〈感覚（les sens）〉が〈理性〉から〈独立〉する。否、理性の支配者となる。かつて〈感覚〉は〈理性〉の従順な友であった。あるいは僕《しもべ》であった。が、今や〈理性〉の〈主《あるじ》〉となり、理性としての人間を〈快楽の追求〉へと駆り立てる始末である。人間の行動原理はすでに〈己れの存在を形成する理性〉[B.439]ではない。〈腐敗した本性〉[B.439; Cf. 441]が、変化した本性が、人間の〈第二の本性〉[B.430]となったからである。第四の変化は〈被造物等〉[B.430]の行動に現われる。かつて人間は〈他の被造物等〉を支配していた。〈服従〉せしめていた。〈罪なき〉人間は〈〔他の〕被造物を使用し支配する〉〈尊厳〉[B.486]を有していた。が、様相は一変した。主客が転倒した。人間は他の被造物等の〈背き〉[B.430]の対象となった。〈力で屈服させる〉べき〈敵〉、あるいは〈たらしこむ（charmant par leur douceur）〉べきかもとなった。危険なのは、〈質《たち》が悪い（injurieuse）〉のは、むしろ「たらしこみ」の方である。麻薬のように人間の思考力と抵抗力を失わせ、人間を他の被造物に服従せしめる〈魅力（charme）〉あるいは魔力の方である[Cf. B.486, B.429]。魅せられた人間は懐疑論者の言う〈獣の同類〉[B.430; B.434]にまで成り下がるからである。第五の変化は〈意志〉の働きに現われる。パスカルは〈聖アウグスティヌス説〉として『恩寵文書』に以下のように書く。

〈アダムは罪を犯せり、［…］／その不服従に対する罰として／神はアダムが被造物を愛するがままに打ち棄てたり。／而してアダムの意志は、［…］神ならぬ悪魔の植えし邪欲に満ち充てり。／邪欲は肢体の内にて肥大し、悪への意志を且つは刺戟し且つは喜ばしめたり。暗黒がアダムの精神に満ち、為に意志は［…］今や肢体の内にて肥大せし邪欲の取りつくところとはなれり[23]〉。

トマス・アクィナスもまたアウグスティヌスの恩寵論を論じて上述の「変化」に説き及ぶ。

〈［…］『伝道の書』第七章に「神は人間を真直《ます》ぐなる者（*rectus*）に造り給えり」と言えり。蓋し〔神が創造されし最初の状態における人間の〕真直ぐさ（*rectitudo*）とは、（一）理性は神に従属せり、（二）下位の諸能力は理性に従属せり、（三）身体は霊魂に従属せり、の三点につきて言えるものなり。然るに第一の従属は第二・第三の従属の因なり。聖アウグスティヌスの言える如く、下位のものの理性に従属し続けるは、理性の神に従属し続ける限りにおいてなればなり。［…］身体の霊魂に対する従属も下位の諸能力の理性に対する従属も自然本性的なものに非ざるは明白なり。さもなくば罪の犯されし後《のち》もなお従属し続けたはずなればなり。［…］聖アウグスティヌスが『神国論』第十三巻にて下記の如くに説く所以なり。［…］もし恩寵の去りて後《のち》、肉の霊に対する服従の失われしなれば、霊に存せし恩寵によりて下位のものが霊に従属せしめられていたりしなればなり、と[24]〉。

トレント公会議第五総会（一五四六年）は「神からの離反」に伴う激烈な「変化」に関して以下のように宣言

する。

〈人祖アダムは天国にて神の戒に背きし時、己れを構成せし聖性と義とを直ちに喪失せり、また、背叛の故に神の憤怒・憤激を買い、為に神が憂えて予告せし死を招き、死〔の侵入〕と共に、以後、「死の領域を統《す》べるに至りし悪魔」［ヘブル、2・14］の支配下に入り、且つ「アダムは違反行為によりて、身体ならびに霊魂に関して全的に変化して悪しき状態を呈するに至れり」。これを認め且つ公言するに非ざる者は排斥さるべきなり（*anathema sit*）〉[25]。

人間が神から離反する。神を放棄する。激烈な変化が人間に生じる。「致死性」が生起する。「死」の出現はまさに激烈な変化である。が、最大の変化ではない。変化の極みではない。人間を「死の領域を統べる悪魔」の虜囚たらしめる変化に較べれば。しかし『パンセ』にはこれを明記した件《くだり》はない。

『パンセ』によれば、激烈に変化した人性は、腐敗した本性は、不可避的に伝導する。伝播する。伝染して人間の〈第二の本性〉［B.430］となる。が、既述のように、前掲断章B.430には原罪遺伝に関する言説は見当たらない。同術語すら見つからない。のみならず、著者は〈盲目と邪欲〉に埋没した人間における〈第一の本性の幸福〉の〈力なき余韻のごときもの（quelque instinct impuissant）〉の〈残存する〉ことを指摘し、至福と真理を索《もと》める傾向の存続することを明言し、おそらくは本来の「完全性」を回復する可能性を示唆して、反懐疑論の立場に立つ。懐疑論者等は既述のように人間知性の脆弱さと「真理の不可知性」［Cf. B.434］を喧伝し、専ら人間本性の〈腐敗〉［B.430］を強調し、人間を〈獣の同類〉［B.430］と見て、人間の本来的〈低劣さ〉［B.431］と〈劣弱さ〉［B.434; B.374］を論《あげつら》った。確かに人類の現状に関する診断としては、必ずしも的外れの論とは言い難い。が、現状はあくまでも現状であって、本来の状態ではない。現状は神からの離反後に生じた激烈な「変化」を伴う「第二の本性」の然らしめるところであって、「第一の本性」のそれではない。懐疑論者はなるほど見る術を知る、現状に関する一通りの知見を持つ、が、懐疑に曇らされた眼は「変化」を見抜くには至らない。この論者は無知である。「変化」に関して明らかに無知である。独断論者もまた無知である。やはり「変化」に関して無知である。明らかに無知である。パスカルは両哲学の無知を見抜く。そこに非難の矢を向ける。両哲学の不備がパスカルに原罪説の正当性を再認識させる。原罪遺伝説を明記した断章B.434の前半に同説とは一見無縁な懐疑論・独断論批判を配した所以である。

（8）キリスト教史における「原罪」ならびに「原罪遺伝」説

聖書には「原罪」なる術語は見当たらない。人類の「普遍的な罪」の「贖い」を目的としたイエス・キリストの来臨に関する明確な記述もない。これを示唆する授洗者ヨハネの言葉を除いては。〈視よ、世の罪を除く神の子羊なり〉[26]（ヨハネ、1・29）。

周知のように、原罪説は旧約聖書中の「創世記」［1・26-3・24］の記述に依拠する。神はアダムを「神の似姿」として創造し、〈エデンの園〉に住まわせたが、〈善悪を知る樹の実〉を食するのを禁じた。食すれば〈必ず死ぬべければなり〉と。しかし妻のエバは〈喰らう日には［…］目開け［…］神の如くになるべし〉との蛇の誘惑に抗しかね、〈実を取りて喰らい〉、〈偕《とも》なる夫〉に与える。アダムこれを食す。二人は「死すべき者」となり、エデンを追われ、あらゆる艱難辛苦を知る。旧約聖書続編の「智慧の書」（2・23-24）にも同様の記述がある。〈神は人間を不滅なるものとして創造し、己《おの》が本性の似姿として造り給いしも、悪魔の妬みによりて死が世に入り、悪魔の群れに属する者どもこれを味わえばなり〉。

パウロは上記の記述に基づき以下のように推論し且つ結論を下す。〈一人によりて罪は世に入り、罪によりて死は世に入り、死はすべての人に及べり。すべての人、その人において罪を犯したればなり。[…]一人の罪によりて罪に定むることのすべての人に及び、[…]一人の不従順によりて多くの人が罪人とされたり(27)[…]〉(ロマ、5・12)。

アウグスティヌスはパウロ説を踏襲し、随所でパウロの言を復唱する。〈すべての人、アダムにおいて罪を犯せり(28)〉。〈すべての人、彼《か》の人において罪を犯し、すべての人、彼の人において死するなり(29)〉。アウグスティヌスがパウロ説を受け入れるのには理由《わけ》がある。苦い経験がある。心胆を寒からしめる人間経験がある。〈甚だしい悪に塗《まみ》れた〉人間に関する痛切な認識がある。〈例えば空虚かつ有害なるあまたの事象への愛とその見返りとしての身を噛む不安、放縦、悲嘆、恐怖、熱狂、不和、訴訟、戦争、陰謀、憤怒、反目、腹背《ふくはい》、追従、瞞着、窃盗、横領、背信、慢心、野心、羨望、殺人、弑逆《しいぎゃく》、残酷、残忍、背徳、色欲、厚顔、無恥、淫猥、淫行、密通、相姦、口に出すのも憚られる強淫・強姦の横行、瀆聖、異端、瀆神、偽誓、無辜の民の抑圧、誹謗、詐欺、背任、偽証、不当判決、暴行、略奪[…](30)〉。〈仮に仮面を着けて生くるを許され、しかも歓楽の限りを尽くすを許さるるならば、人間は、我が述べし、あるいは述ぶる能わざりし如上の犯罪・大罪のすべてを、あるいは少なくもその多くを犯さん(31)〉。乳幼児にしてからが例外ではない。すでに病苦を知るのみならず、〈多様な欺瞞的本能(32)〉を有する。而して自己愛もしくは我欲に発する〈罪〉を犯す。およそ老人から〈地上に一日しか生きぬ赤子〉に至るまで、人間に〈罪なき者は皆無なり(*nemo mundus a peccato*)(33)〉。とはいえ、乳幼児の病苦の原因は乳幼児にはなかろう。罪の責を負うべきはまさか乳幼児ではなかろう。が、また、人間の病苦や罪を神に帰するわけには行くまい。〈破損せる本性（*natura vitiosa*）〉[34]のつけを神に回すわけには行くまい。これは冒瀆である。己れの創造を「善しと観たまえる」（創世記、1・12）創造主を蔑《なみ》するものである。人間を創造して善の状態に置いたのは神である。恐るべき他の本性を故意に現出したのは人間である。原因はすべて人間にある。アウグスティヌスは神の善意を確信する者として、「第二の本性」の元凶が人間であり、「堕落」したのが外ならぬ人間であるとの実感を有していた。その由って来る原因を探求するアウグスティヌスがパウロ書翰に解答を見出したのは当然の成り行きであった。

人祖の「第二の本性」は受け継がれる。アウグスティヌスによれば、人類には「堕落の神秘的連帯責任」がある。とはいえ、アダムと後裔とを「結合」するのは「法律的」関係ではない、言わば「実在的（réel）」関係である。[35]遺伝病と家系との関係に類する断ちがたい関係である。[36]実際、〈罪ある根〉から〈罪の芽〉が芽吹いたところで何の不思議もないのである。[37]

トマス・アクィナスもまたパウロ説を踏襲する。〈アダムの裔《すえ》はすべてアダムを介して原罪を負えり。さもなくば万人がキリストによる贖いを必要とするとは限らざるなればなり〉。ところで〈始祖の罪〉が〈原初の罪過〉として〈後裔に伝えらるる〉は〈自罪（*peccatum actuale*）〉が〈肢体全体〉に及ぶのと同様である。〈自罪〉が〈全肢体〉に及ぶのは後者が〈意志によりて動かさるる〉からであるが、〈原初の罪過が万人に伝えらるる〉は〈万人がアダムに由来せる生殖運動によりて動かさるる〉からである。[38]

前掲のトレント公会議第五総会の「原罪に関する教令」第二条はパウロ説を以下のように書式化する。

〈アダムの背叛は本人のみを害して後裔は害せざりし、［…］あるいは不従順の罪によるこの腐敗（*inquinatum illum*）は全人類に肉体の死と苦痛をのみ伝えて、霊魂の死なる罪は伝えざりし、かかる説を成す者は排斥さるべきなり。使徒の言に反するなればなり。使徒は言えり、一人によりて罪は世に入り、罪によりて死は世に入り、死はすべての人に及べり。すべての人、その人において罪を犯したればなり、と[39]〉。

さらに同第四条は「幼児の洗礼の必要」をも宣言する。

〈母の胎より出《いで》しばかりなる嬰児は［…］アダムより原罪の何ものをも享けず、永生に達するべく再生の洗礼盤にて贖罪による浄化を必要とする何ものをも享けずと主張する者あらば、［…］排斥さるべきなり。使徒の言は別様に解するべからざるなればなり。曰く、一人によりて罪は世に入り、罪によりて死は世に入り、死はすべての人に及べり。すべての人、その人において罪を犯したればなり、と[40]［…］〉。

（9）パスカルと「原罪遺伝」説

パスカルが上記の説を踏襲したことは言を俟たぬ。例えば『恩寵文書』にはアウグスティヌスの「腐敗した植物」の表象を借りてアダムと後裔との「有機的連帯」を説いた件《くだり》がある。〈この罪はアダムより全子孫に伝われり。全子孫は悪しき種より実る果実の如く自《おの》ずから腐敗せり。為にアダムより出でし全人類は生まれながらにして無知にして欲念多く、アダムの罪を負い、永遠の死に値するなり[41]〉。「初代のキリスト者と今日のそれとの比較」には〈教会が、いと幼きより世の伝染病より引き離せし者等[42]〉なる文言が見られ、「父の逝去の際の手紙」には、霊魂を〈汚染せし〉〈伝染病〉なる表現が用いられている。(43)『パンセ』においてもパウロの言葉〈万人がその人〔アダム〕において罪を犯せり（*In quo omnes paccaverunt*）〉〔ロマ、5・12〕がラテン語で引かれ、累は〈幼児〉にまで及ぶとされる〔Cf. B.775〕。別の断章には「創世記」の一文〈人の心の思い量るところは幼きより悪しければなり〉〔8・21〕が引かれ、続けて〈この悪しきパン種は人間が造られし時より内部に混ぜられてあるなり〉〔B.446; Cf. 第一コリント、5・8〕と註記されている。

しかし、既述のように、『パンセ』においては原罪ならびに原罪遺伝に言及した断章の数は固より同説に関する神学的言説も極《ごく》僅少である。パスカルはアウグスティヌスに比して、「罪なき状態」や「原罪遺伝」に関してはむしろ「異常なほど」寡黙である。(44)理由の第一は〈アダムの栄光の状態をも罪の性質をも〉知らぬ同時代人が、況《ま》して原罪遺伝を〈抱懐する〉〔B.560〕はずはないからである。同時代人の「本性」とは掛け離れた「第一の本性」に生じた事象をそもそも理解するはずはないからである〔Cf. B.560〕。

因みに十九世紀人キルケゴールによれば〈原罪は今日《こんにち》的なるものであり、罪障である(45)〉。なぜなら〈アダムは人祖であり、当人であり且つ人類だから(46)〉である。ところで〈最初の罪〉が〈抽象的悟性の躓きの石である〉のは「最初の罪」なるものが〈質的規定語（Qualitäts-bestimmung）〉だからである。〈新たなる質は、最初のものとともに、飛躍的に、〔いかにも〕不可解なるものらしく唐突に出現する(47)〉からである。

ならば「罪なき状態」や原罪遺伝に関する言説などは不要である。そもそも不可能である。〈原罪〉とは所詮〈筋の通らぬ（sans raison）〉〔B.445〕話ではあるまいか、〈人間理性に衝突する〉観念、〈気違い染みた話（folie）〉〔B.445〕、否〈人祖〉の大昔の〈罪〉が〈隔絶〉した時代の〈意志の行使もままならぬ嬰児〉にまで及ぶとは由来〈不当〉〔B.434〕且つ不可解千万な話ではなかろうか、そう言ったのは外ならぬパスカル自身である。が、そう言いながらも、パスカルは、『パンセ』において、やはり〈罪の遺伝〉の話を持ち出す。〈人間の認識〉の遠く及ばぬ〈神秘〔玄義〕〉［B.434］に触れる。なぜか。この玄義〔神秘〕に依拠せずして、人間は偉大さと悲惨さに分裂した自己の現状に関する説明に筋を通す術を他に知らぬからだ。〈いかなる自己認識をも持ち得ない〉［B.434］からだ。終に〈理に適わぬ（incompréhensible）〉代物のままに留まる外はないからだ。人性がこの〈腑に落ちぬ（inconcevable）玄義〔神秘〕以上に腑に落ちぬ背反性を呈するからだ。〈そもそもこれなくして人間の何たるかについて何が言えようか。人間の状態は全面的にこの知覚し難い一点に掛かっている。この一点がどうして理性によって捉えられようか。それは理性に反することだからである。理性は理性の方法によってこれを案出するどころか、これが提示されるや、離反するからである〉［B.445］。

人間が露呈する偉大さと悲惨さの奇妙な背反性の原因に関する説明としては、実は原罪説の他にも例えばマニ教の善悪二元論的教説がある。が、パスカルは同説など歯牙にもかけず、その理由も明らかにしない。蓋し、アウグスティヌス説を俟つまでもなく、〈至善〉なる神から「悪しき本性」が生じるはずもなく、したがって神の創造せる〈本性のすべては善なり（*omnis* [...] *natura est bonum*）〉(48)との論理は自明なりと考えたのであろう。が、パスカルが専ら原罪説に依存する理由は恐らく他にある。人性が本来的に背反的であれば、善悪二元的であれば、人間における「偉大さと悲惨さの感情」あるいは感覚の現実性が説明の付かぬものになるからである。既述のように、人間固有の感情あるいは感覚である悲惨さは、不幸は、つまるところ「喪失」感である。〈完全なる段階〉［B.434］からの〈転落〔堕落〕〉の帰結である。〈かつては人間に固有であったより良き本性から堕ちた〉［B.409］蕩児の落魄の意識なのである。しかし、それぱかりではない。パスカルが原罪遺伝説に拘泥するのは背反性の感覚を説明するためばかりではない。同説に依拠せずば、イエス・キリストの来臨の趣旨が［Cf. B.547］、「受難」

の真意が、薄れるからである。明瞭を欠くからである。キリストの来臨は、「受肉」は、人間の「第一の本性」の偉大さと、神の「独り子」が「人」とならねばならぬほどの〈人間の悲惨さの深刻さ（grandeur）〉［B.526］を人間に教える。「受難」は、〈全能ならずしては耐える能わざる〉［B.553］「受難」の過酷さは、残虐さは、〈人間が必要とした治療の困難さ（grandeur）〉［B.526］を伝える。キリストの来臨・受難と人間の背反性は表裏を成す。人祖アダムは、原罪を犯す前は、〈歓喜（délices）〉の〈園〉［B.553］にいた。受難の前夜、イエス・キリストは〈己れを救い、全人類を救った責め苦（supplices）の園〉にいる。

パスカルはイエス・キリストの口を借りて言う、〈我、苦悶の最中《さなか》に汝を思えり。我、汝がためにかくも血を流せり。［…］もし汝が汝の罪を知らば、汝は意気阻喪せん。［…］汝にそを学ばする我は汝を癒やす術を知る。我《われ》がそを汝に告ぐるは、我が汝を癒やすを欲する印なり〉［B.553; Cf. B.737］。

イエス・キリストは確かに〈道徳と教理〉［B.547］を教える偉大な〈教師〉である［Cf. B.553; B.550］。指導者である。が、キリストの来臨の意義が教育目的に限定されるならば、キリストは〈杯〉の苦きを遠ざけ［B.553］、敢えて〈そを〔杯を〕来たらしめる〉には及ばなかったはずである。十字架上で汚辱に塗《まみ》れた残虐な死を遂げるには及ばなかったはずである。が、キリストは敢えて「受難」の道を選んだ。無残な死を受け入れた。最後にキリストは十字架上で言った、〈成し遂げられたり〉と（ヨハネ、19,30）。「贖われたり」と。何が成し遂げられたのか。何が贖われたのか。キリストが来臨して、神が人となって「贖わねばならぬ」ほどの罪とは何か。無論、罪の罪、原罪である。「神の似姿」として創造された人間が創造主に背いた大いなる罪、原罪である。原罪はアダムの罪である。人祖の罪である。「一人」の罪である。が、原罪は人間の「第一の本性」に激烈な変化をもたらした罪である。人類の本性自体を変えた罪の罪である。すなわち「万人がその人〔アダム〕において犯した」罪である。パスカルは「己れにおいて」これをよく知っていた。原罪が己れの罪であることをよく知っていた。「決定的回心」の「覚書」に言う、〈イエス・キリスト。／イエス・キリスト。／我キリストに離叛せり。キリストを逃れ、放棄し、磔刑に処せり。／願わくば我永遠にキリストに離叛せざらんことを〉。また断章B.737に言う、〈我が「救済主」は地上に来りて我がために苦しみ、我がために死に給う〉。

　原罪説は、原罪遺伝説は、一見反理性的な［Cf. B.434］珍説・奇説の観を呈する。〈気違い染みた話〉［B.445］、強引な、〈不当〉な［B.434］断定とも映る。が、然《さ》に非ず。珍説・奇説に非ず。謬説に非ず。既述のように、人間の偉大さと悲惨さの、幸と不幸の、由って来るところを、背反性の原因を、つまり〈人間の何たるか〈本質〉〉［B.445］を明確にする唯一の教説だからである。ならば同説は実は理性に衝突する不条理ではない。〈尊大な動き〉［B.434］を示す理性〈実は「理」に服さぬ非理性〉に〈衝突〉し、〈率直な服従〉を肯んずる理性〈実は真の理性〉に合致する真説であると言わねばならぬ。合理的思惟を満足させる条理であると言わねばならぬ。〈愚説が人智のすべてに優る〉賢説［B.445］たる所以である。のみならず、同説は「気違い染みた話」ではない。不当な断定ではない。「決めつけ」ではない。イエス・キリストが、神である人が、人である神が、人類に代わって、人類の罪を背負って、「贖い」の業を「成し遂げた」のだからである。

　キルケゴールは『不安の概念』の中で言う、〈筆者がアダムを忘失し得ない理由は美学的な意味での「美」のゆえではない。［…］アダムと罪を共にせんと決意するのは雅量のゆえではない。［…］アダムを手から離さぬのは思惟（Gedanken）のゆえである[49]〉。

(10) 人間性の回復とイエス・キリスト

問題は〈脱出〉［B.560］である。〈脱出〉に関する知識、罪から遁れるための必須の知識である。アダムの〈栄光の状態と罪状〉ならびに〈［原罪の］遺伝〉に関する知識も重要だが、「脱出」の役には立たぬ。パスカルが『パンセ』において原罪ならびに原罪遺伝に関して「異常なほど」寡黙である所以である。ならば何を知るべきか。必須の知識とは何か。無論人間の〈悲惨〉な現状に関する知識である。〈堕落〉の実態に関する知識である。加うるにイエス・キリストによる〈贖罪〉の事実に関する知識である。幸いにして人類は〈地上にあってその感嘆すべき証拠に事欠かぬ〉のである。〈全宇宙〉［B.560bis］が人間の〈堕落〉とキリストによる〈贖罪〉の事実を〈教えている〉からである。

アウグスティヌスもまた同様の説を成す。人間は原罪に関する正確な知識を備えていない。完全な知識を有し得ない。が、問題は「救霊」である。「解放」である。肝腎なのは同上の事項に関する完全な認識ではない、原罪による腐敗からの脱出を可能にする恩寵に関する考察である、云々。[50] 言うまでもなく、パスカル説、アウグスティヌス説はパウロの教説を典拠とする。後者は言う、〈されど恩寵の賜物は罪の如きには非ず、一人の罪によりて多くの人の死にたらんには、況《ま》して神の恩寵と一人の人イエス・キリストによる恩寵の賜物とは、多くの人に注がれざらんや〉［ロマ、5・15］。とはいえ、アウグスティヌスによれば、人間の〈邪欲の罪過〉は、人間をキリストの犠牲の恩寵に与らしめる「洗礼」によって除去されるが、〈脆弱さ〉は残存する。実はこれが原罪の「罰」である。[51]

確かに、原罪は全人類を〈堕落〉させた［B.286］。〈盲目と邪欲〉の虜にした。〈第二の本性〉［B.430］の支配に委ねた。人類は〈力〉を喪失した。独力では〈神の許に行く能わざる〉［B.286］〈病人〉［B.545］となった。

自己愛の〈奴隷〉［B.545］になった。「罪の贖い」などは歯牙にもかけなくなった。が、パスカルによれば、人間を創造時の偉大さと栄光の状態に戻すのが、あるいは〈全自然〉［B.434］よりも高め、〈神に似たるもの〉とするのが、神の悲願である。神はそのために「神秘的」な手段を講じた。人間の「罪を贖う」べく、〈人間と結合する〉［B.430］方法を採った。人間と結合して「人」となる［Cf. B.286］道を選んだ。本来ならば人間が贖うべき罪をみずから〈引き受け〉［B.668］、「人間」として〈謙《へりくだ》って〉〈十字架の死〉［B.765］を受け入れ、神から離叛した人間の罪を贖い、神への帰還の道を拓く〈仲介者〉［B.547］の役を務めた。ゆえに、「第一の本性」の回復を望む人間は、神の許への帰還を願う人間は、何よりも先ず〈イエス・キリストに従う〉意志を固める必要がある。〈自己を憎み、十字架の死と悲惨〉を受け入れる必要がある。救霊は、すなわち「第一の本性」の回復は、〈もはや自己において生きず〉［B.440］、キリストに倣い、キリストの謙虚な生を〈模範として〉［B.740］生きるのを前提とする。キリストはかかる〈完全なる道〉［B.733］を〈教える〉べく来臨した。が、既述のように、原罪は全人類を堕落させた。本性に激烈な変化をもたらすほどまでに。人間が〈常時己れの嘆かわしき条件の諸結果〉［B.435］を経験せざるを得ないほどまでに。「罪の贖い」を失念するほどまでに。とはいえ、人間が〈自己の裡に消し難き極めて良好なる性格を感ずる〉［B.435］のもまた確かである。悲惨さとともに偉大さを感じるのもまた確かである。〈日の光〔を見る〕よりも〉確かである。さもなくば悲惨さに傷つくはずもないのである。背反性に苦しむはずもないのである。パスカルは〈神の智慧〉をしてこう言わしめる、〈今や注視すべし、かくも多大なる悲惨さの苦難によりても窒息せざる偉大さと栄光の躍動のすべてを〉［B.430］。『パンセ』の著者はつまるところ「神と人間とのペルソナ的関係に基づく成聖の恩寵論」者であり、「反・自由意志無力論」者である。神はイエス・キリストを通じて人間に「完全なる道」を教え、「道」に忠実なる者を救霊すると考えるからであり、「救霊は人間の行為によるにあらずして、キリストの功績による」との主張を異端として退けるからである。[52]

「十字架の死」への道を選んだキリストは明らかにアリストテレス説くところの「神」ではない。人間と交わらぬ神ではない。ピュタゴラス学派の「神」でもない。〈数の比例関係〉の如き〈永遠の非物質的真理〉[B.556]でもない。エピクロス派の「神」でもない。〈[…] 諸元素の秩序の創始者〉[B.556]でもない。〈哲学者ならびに知者等〉〈[「覚書」]〉が己れの形而上学的体系を構築すべく考案した「理論神」[Cf. B.556]でもない。イエス・キリストは〈愛と慰め〉[B.556]の神である。人間に〈人間の悲惨さ〉と〈神の無限の慈悲〉を〈内的に感知せしめる〉[B.556]神である。

『パンセ』の著者は極端な救霊予定説からも自由である。パスカルは〈万人のためのイエス・キリスト〉[B.774]を説く。〈万人のために十字架の犠牲を捧げた〉神＝人を顕揚する。[53] なるほど「万人」なる語の一義性に疑いを挟《さしはさ》む余地がまったくないとは断じ難い。これを限定的に捉えて〈御許《みもと》に到るを望む者のすべて〉[B.781]と解するのをあながち不可能とも言えない。〈アウグスティヌスとその弟子等〉のように〈救霊予定者〉すなわち〈選ばれし者〉の「すべて」の意味に取る向きもあろう。[54]『恩寵文書』や『プロヴァンシヤル書翰』に頻出する「充足的恩寵」〈[「救霊を望む人間」が救霊に与るのに十分な恩寵〉の拝受者の「すべて」、あるいは「効果的恩寵」〈人間に「堅忍」を貫かせて間違いなく救霊に至らしめる恩寵〉の拝受者の「すべて」の意味に解する余地も無しとしない。が、『パンセ』に関する限り、両恩寵に関する記述は無きに等しい。[55] それどころか、独断論と懐疑論の一面性を批判した断章B.435は、キリスト教の独自性を説いて、この宗教は〈義人〉を〈高めて〉〈神性自体の分有〉を可能ならしめ且つ〈不信仰の極みにある者等〉に〈呼ばわりて〉〈贖罪主の恩寵〉に与るのを可能ならしめる宗教であるとの説を成す。

さらに、原罪に論及した前掲断章B.430には、〈神の人間との結合〉に不信を抱く者等を想定して書かれた駁論がある。パスカル曰く、かかる不信の念は〈人間の何たるか〔人間の本質〕〉に関する〈無知〉に起因する。人間の卑小さにのみ捕らわれ、他の一面である偉大さを閑却したところにその由って来る原因がある。人間を単に一面的に見て、神との〈交わり〉の可能性もしくはこの事実にわざわざ目を塞いだ結果である。が、他面、かかる不信の念は〈神とは何であるか〔神の本質〕〉に関する〈無知〉の表れでもある。神は「愛」である。キリスト教の神は「愛」である。人間を「神の似姿」として創造したのは「愛」の神である。「愛」の神が人間に〈期待する〉のは他でもない、人間の神に対する〈愛〉である。人間による神の〈認識〉である［B.430］。しかも神は不変である。ならば神の「期待」もまた不変である。変化が生じるはずはないのである。ところで、人間は原罪以後も〈地上の諸事物〉の間に依然として〈何らかの愛の対象〉を見出す。己れを取り巻く〈暗闇〉を透かして〈何か〉を見る。何かを垣間見る。人間が今もなお〈本性的に（naturellement）愛と認識の能力を有する〉［B.430］ことの証しである。ならば人間が〈神を認識する〉のも不可能ではなかろう。神を〈愛する〉のも不可能ではなかろう。無論〈神の本質の何がしかの光明〉に照らされずして〈地上の諸事物〉の外に〈愛の対象〉を見出すのは難しい。辺りを閉ざす闇を打ち払うのは難しい。が、「本性的能力」に依拠するならば、「神の本質の光明」に照らされるならば。しかも、と『パンセ』の著者は断章B435で言う、おおよそ世上の思想・宗教の内で、〈悪徳〉に染まらず、〈誤謬〉を犯さずして、人間の〈教化・矯正〉の任を全うし得るのは僅かにキリスト教のみである、と［B.435］。これは事実である。〈明白〉な事実である。ならば、およそ「理性」を重んじるほどの人間にしてなおも〈かかる天上的光明〉を〈信じ崇めるのを拒み得る者〉はなかろう。パスカルは明らかに人間の理性に訴えているのである。

ならばパスカルを非合理的信仰者呼ばわりするのは甚だ不当である。人間の奇妙な背反性を洞察し、原因探求を敢行し、キリスト教教義を措いて外に整合説なしと喝破した理論家を純然たる実存主義者扱いするのは著しく適切を欠く。とはいえ、探求の結果は、結論は、恐らくは当人にも意外なものであったろう。当初、〈背反性〉の認識はおよそ〈宗教〉に関する当人の〈認識〉［B.424］とは〈掛け離れたものと映っていた〉からである。宗教の出る幕ではないと思われていたからである。が、実際は予想とは違っていた。実情はむしろ逆であった。〈背反性〉の認識が探求者を〈直ちに真の宗教へと導いた〉からである。人間の〈本性〉の〈腐敗〉と〈神からの堕落〉というキリスト教の〈原理〉［B.441］が探求者の〈開眼〉に寄与したからである。事実、この〈真理の痕跡（le caractère de cette vérité）〉は〈至るところで〉目に付いた。〈自然〉は〈失われた神の指標〉となり、〈堕落した本性〉を露呈していた。本来の「神の如き偉大さと崇高さ」を喪失した本性が、堕落した卑小な本性が、人間を苛んでいた。キリスト教は探求者に「原理」を開示した。同時に「本来の本性」を回復する道を指し示していた。

(11)　理性の領分

人間に〈残存する過去の偉大さの内的感覚〉［B.435］は〈神の認識〉を欠いた独断論者を〈驕慢〉にした。根拠なき楽天主義者にした。〈現在の劣弱さ〉は懐疑論者を〈落胆〉させ、意気消沈させた。根拠なき厭世主義者にした。一方は〈慢心〉し、他方は〈絶望〉した［B.527］。キリスト教は「真理」を指し示していた。キリスト教のみが、人間の〈何たるか（本質）〉を、人間の「第一の本性」を教えていた。「第一の本性」と不可分の〈良き教義と良き人倫〉［B.547］を。而して「堕落」を。背反性を。その由って来る理由を。〈根拠〔理性〕〉［B.245］を。合理性を。かかる〈神的認識〉［B.435］の欠如は人間を驕慢にする。もしくは絶望させる。〈イエス・キリスト無きところには〉深々とした暗闇しかない。〈悪徳が、悲惨さが、誤謬が、暗黒が、死が、絶望が〉［Cf. B.546］人間を捉える。視界を遮る。が、〈イエス・キリストとともにあれば〉話は別である。「神の本質の光明」とともにあれば話は別である。人間は「第一の本性」の極致を、〈己れの徳の一切〉を、〈至福の一切〉［B.546］を捉えるのである。

パスカルは人間の背反性を合理的に捉えた。原罪による説明を合理的と判断した。が、原罪自体を、また「受肉」を、合理的と判断したのではない。同教義を合理的に説明したのではない。無論それは不条理とは言えない。理に適わぬ教義ではない。が、「神秘」ではある。人間理性には不可解でさえある［Cf. B.445］。とはいえ、不可解なのは同教義ばかりではない。既述のように、人間生活に不可欠な「第一諸原理」はすべて不可解である。少なくとも「定義不能」である。〈空間、時間、運動、数〉の〈理性〉による把捉は、共通観念としての把捉は、不可能である［Cf. B.282］。〈自然的諸事象〉からしてすでに〈理性〔による把捉〕〉を超えている〉［B.267］。ならば〈理性〉は〈最後の一歩〉をどこに踏み出すべきか。最後に何を為すべきか。理性の窮極の活動とは何か。当然のことながら〈理性を超える無数の事象の存在を認めること〉である。〈同事実の認識にまで至らぬ理性〉の〈劣弱〔さ〕〉を認めることである。パスカルは考える、〈理性の力〉とは〈〔懐疑論者のように〕疑うべきところで疑い、〔独断論者のように〕確言すべきところで確言し、〔キリスト者のように〕服従すべきところで服従することである〉[56]［B.268］と。〈〔世人の〕反論〔ならびに〕否定する者の多きを口実にした〉「真理の排棄」は、実は他ならぬ〈真理〉や〈慈愛〉への不条理な嫌悪の念［Cf. B.261］の然らしめるところに過ぎぬのである、と。

第七章　「隠れたる神」と人間の認識

——人間と自由意志（Ⅱ）——

（1）「隠れたる神」概念の思想的背景

純粋に救済史的観点に立つ「イザヤ書」（45・15）は預言者イザヤの以下の如き言を伝える。将来、異教徒等はイスラエル民族の幸福を目にし、そこにヤーヴェの御業《みわざ》を感知し、イスラエル民族の指導者の前にひれ伏して叫ばん、〈洵《まこと》に神は汝の中《うち》にいませり。他に神なし、又と無し。救いを施し給うイスラエルの神よ、洵に汝は隠れたる神（*Deus absconditus*）なり。偶像を造りたる者は［…］慌てて退かん。されどイスラエルはヤーヴェに救われて永遠の救いを得ん〉。意味深長なこの預言はキリスト教世界に浸透して多様な展開を見せることになる。

（2）クザーヌスと「隠れたる神」

ニコラウス・クザーヌスは考える、神とはいわば人間の手をすり抜け、一切の名辞のかなたに存在する存在である、と。したがって「隠れたる神」とは神の存在に関する不可知論的表現であるか、もしくは神の実在に関する形而上学的無知をさらけ出した表現に外ならぬ、と。[1] 以下に示すのはクザーヌス本人と異教徒との対話の一部である。〈異教徒—貴君の崇拝する神とはいかなる御方か。／クザーヌス—我、知らず。［…］／異教徒—貴君の崇拝する神について貴君は何を知るや。答えられたし。／クザーヌス—我の知る一切は神にあらず、而して我の概念する一切は神に類せず［…］／異教徒―かくて神が世の一切の知者の眼より隠れて永遠に賛美されんことを〉(2)。クザーヌスは「無知の知」に真の智慧を見る。ソクラテスのように。別けても「人間とは本質を異にする神」に関して働かせるべきは「無知の知」でなければならぬ。神に関する「知」が否定神学的な傾きを示す所以である。当人曰く、人間の知る「一切」は「神にあらず」、人間の「概念する一切」は「神に類せず」と。クザーヌスは神を崇拝する。知らぬがゆえに。「我の知ると思うもの（*id quod se scire putat*）」への傾斜は当然のことながら「我の知らざるもの（*id quod ignorant*）」への傾倒よりも奇妙である。否、理解不能である。

（3）　十字架のヨハネと「隠れたる神」

神はいかなる意味においても〈被造物〉にはあらずとの認識に基づき、十字架のヨハネは、神を、人間の〈霊魂〉が竟《つい》に一致すべき窮極の対象として捉える。〈何らかの限定された様式ならびに様態で表象〉される〈何らかの形式を備えた〉被造物に対して(3)、〈完全、純粋、単純〉なるがために〈いかなる様式・様態にも〉限定されぬばかりか、〈判然たる個別的知解のいずれにも〉服さぬのが由来神の叡智というものだからである。とはいえ神は創造主である。被造物のすべてを「愛」ゆえに創造しかつ統括する中心である(4)。〈霊魂〉は神と被造物との間に横たわる絶大な〈距離〉を、困難な道のりを、神の愛に依拠して踏破する他はないのである(5)。

十字架のヨハネの『霊の賛歌』は花婿（すなわち神）の不在を嘆く花嫁（すなわち人間の霊魂）の問いかけを以って始まる。〈何処に隠れ給いしや、最愛の方よ〉。「不在」は〈霊魂〉と神（イエス・キリスト）との無限の距離を暗示する。愛の「傷」を負わせたまま、いずこかに隠れた神を探求するのは〈神の神的本体の顕現を願うのに等しい〉(6)。隠れた神の御子の所在とは外ならぬ〈御父の懐裡《ふところ》〉（ヨハネ、1・18）すなわち「神の実体」だからである。

十字架のヨハネは「イザヤ書」の一句「洵に汝は隠れたる神なり」を註解して曰く、神は人間の眼を遁れ、悟性から「隠れている」、と。それなら、神とのいかに密なる交わりも神に関するいかに深遠な認識も神の本質の把捉には程遠い。霊魂はどこまでも「神よ、何処に隠れ給いしや」との問いを繰り返し、神の所在を、神の実体を探求し続ける外はない。のみならず、「伝道の書」は以下のように言う、〈我は［…］義《ただし》き者と賢き者および彼等の為すところは神の手にあるを明《あきら》めんとせり、愛《いつくし》むや悪《にく》むやは人これを知ることなし〉（9・1）。人間の行動が神の愛と憎しみのいずれに値するのかが不明であれば、神との霊的交感の体験を直ちに恩寵の賜物であると断じるための根拠はなく、霊魂の「暗黒状態」を一概に神との断絶の結果であると決めつけるための証拠もないはずである。[7] 由来十字架のヨハネの願望は神との単なる情感的交流ではない。神の実体の「明らかな現前と直観」である。「栄光の中で与えられる［…］確実性と歓喜」である。[8] すでに、人生の短さを、永遠の生に至る道の狭さを、現世の富の空しさを、義人の救霊の辛苦を熟知する霊魂とは、[9] 取りも直さず「全被造物ならびに自己自身より離隔せる霊魂」に外ならぬからである。

かかる霊魂は那辺に神を探求するべきか。〈神の御子なる御言葉は、本来、御父ならびに聖霊とともに、霊魂の最奥の中枢に隠れて現存し給う〉[10]。上記の『霊の賛歌』中の一句には「ルカ福音書」のキリストの言葉〈神の国は汝等の中《うち》に在るなり〉（17·21）と、アウグスティヌスの『告白』中の一句〈御身は我が裡に在り給う。然《さ》れど我は誤りて外部に御身を探求せり〉[11]が反響している。神の「隠れ家」はすなわち霊魂である。霊魂の最奥である。ならば〈真の観想者〉はすべからく〈愛と意志〉を以って〈霊魂の裡に神を探求すべし〉[12]。霊魂は「愛」と結合して「己れの内部における観想」に入るべし[13]。十字架のヨハネによれば、神はいわば「本質に由来する欲求に応じて隠れ給う」からである。「全被造物ならびに自己自身より離隔せる霊魂」からさえ「隠れ給う」からである。神を隠すのは神の「超越性」である。[14] 霊魂に神を探求させるのは「愛」である。霊魂をして「全明証性」を超越せしめ、「全感覚」を超克せしめ、かくして本質にまで至らしめるのは霊魂と結合した「愛」である。霊魂は「愛」に導かれて瞑想と克己を実践する。すなわち〈観想の道〉を行く。遂に〈霊的婚約の段階〉に達するまで。〈一致の道〉に辿り着くまで。[15] そこで、つまり最終段階で、神性と人性との間に〈名状し難き交流〉が生ずる。双方が各々の〈本質〉を維持しながら、しかも双方がさながら神であるかの如き〈一致〉を現出する。[16]〈一致〉は霊魂を、言わば〈あらゆる花の完全性と美とを集約した花〉にする。[17]〈愛の糸〉が神と霊魂とを固く結び合わせた結果である。〈実体において異なる〉両者が〈変容して愛による一致〉を実現し、あたかも霊魂を神と、神を霊魂と思わせる状態を現出するのである。[18] かかる〈名状し難い〉一致が実現するまで、霊魂には休息する遑《いとま》はない。

洵に「隠れたる神」は神秘主義者十字架のヨハネの原理であり道標であった。[19]

(4) パスカルと「隠れたる神」の思想

パスカルもまたしばしば「イザヤ書」の一句〈洵に御身は隠れたる神なり(*Vere tu es deus abscoditus*)〉を引き、[20]「隠れたる神」の思想を展開する。が、そこには前二者の影響は見られない。残響は聴かれない。なるほどパスカル思想全体を通覧して幾許かのクザーヌス的思考を読み取るのも不可能ではない。[21] が、両者の間にはやはり甚だしい径庭がある。開きがある。既述のように、クザーヌスは「無知の知」に「真の智慧」を見た。而して徹底した不可知論を展開した。神は不可知である。が故に神とは本質的に「隠れたる神」であると考えた。神が本質的に不可知であれば、「隠れたる神」であれば、堕落した人間には固より罪なき人間にも「真の観想者」にも神が認識し得ぬ存在であるのは理の当然である。いかなる名辞を以ってしても捉え難き存在であるのは論理の必然である。一方、パスカルは別様の立場に立った。聖書の文言に基づいて別様に主張した。人は探せば必ず見出すはずであると考えた。詳細は後述するが、パスカルの「隠れたる神」論は本質的に不可知論とは異質であった。

パスカルは一時期ルーアンに住んだ。同地では十字架のヨハネの思想を含むスペイン神秘思想が広く知られていた。のみならず、ポール・ロワイヤル修道院もまたこの思想に関心を示し、アヴィラのテレジアの著作の翻訳を企てていた(22)。同神秘思想がパスカルに何らかの影響を及ぼす条件は整っていた。が、公表を目的として書かれたパスカルの著作には神秘主義的傾向を示す主張は皆無である(23)。実際、パスカルは「隠れたる神」の観念を十字架のヨハネの思想とは別様に展開した。パスカルの論に不可欠な「アダムの堕落」は、神と人とを離隔した要因は、ヨハネの思想の契機たり得なかった。ヨハネは考えた、神が隠れているのは被造物たる人間の本質と神のそれとの絶対的相違の然らしめるところである、と。人間と神との結合の成就は、「霊的婚約」は、偏《ひとえ》に神秘的な「観想」の結果である、と。一方、パスカルによれば、現に「見神」不能の状態にある堕落せる人間も探せば必ず神を見出すはずである。

（a）「隠れたる神」と人間の救済

パスカルによれば、神が〈時折出現する〉［B.559］のは、否〈一度でも出現する〉のは、神が〈恒常的に存在する〉証拠である。神とは〈永遠の存在〉［B.559bis］を「本質」とする存在だからである。ところで、神はイエス・キリストを通してすでに己れを現わしたのである。ならば神の永遠の存在は明白である。にもかかわらず、神の〈不在〉論者［B.559］が依然として後を絶たぬのは、この論者には単に神が見えぬからに過ぎない。認識し得ぬからに過ぎない。神が顕現しかつ己れを隠蔽するのではない。由来〈神は部分的に隠れ、部分的に露《あらわ》なのである〉［B.586］。もしくは、〈世界〉とはすでに〈己れを隠す神の現前［B.556］なのである。〈光〉［B.586］あれば見え、〈闇〔堕落〕〉あれば見えぬ、ただそれだけである。ただし、「見えぬ」者が実在するのはやはり〈神が隠れるのを欲した〉［B.585］結果である。「隠れる」のが神の意志だからである、そう考えざるを得ない。[24]ならば神は何故に、ある時は〈顕現し〉［B.430］、ある時は〈隠れるのを欲した〉のか。パスカルによれば、〈人は闇が無ければ己れの腐敗〔堕落〕を感知せず、光が無ければ救済（remède）を望まない〉［B.586］からである。つまり神は隠れることによって〈腐敗〔堕落〕〉の〈事実〔現実〕（vérité）〉を教え、顕現して〈贖い〉の〈真理〉を教えるのである。

既述のように、神は人祖を〈神〔認識〕の可能なる者〉［B.557］として創造した。見神可能なる者として存在せしめた。パスカルは〈神の智慧〉をして人祖アダムの原初の状態に関して以下のように語らせる、〈我が創造せしは聖なる人間、［…］完全なる人間なり。我は人間を光明と知性とで満たせり。人間に我が栄光と驚異とを伝えたり。当時、人間の眼は神の荘厳さを映しいたり。当時、人間は暗黒の裡にも［…］悲惨さの裡にも在らざりき〉［B.430］。しかし人祖が犯した「罪」は人間の眼を曇らせた。暗黒で蔽った。本性を〈腐敗〔堕落〕〉［B.242］させ、〈神に相応しからぬもの〉［B.559, B.557］とした。が、神が人間を暗闇に置き去りにしたのは、〈盲目〉［B.242］の状態に放置したのは、見神不能にしたのは、実は「教える」ためであった。人間の「罪」を、本性の腐敗を思い知らせるためであった。つまり神は己れを隠したのである［Cf. B.585］。隠れたのである。が、人間を創造したのは無論、神である。創造主は神である。人間に原状を回復させるのは、人間を再び「神〈認識〉の可能なる者」に戻すのは、本性を〈光明と知性〉で満たすのは、神の望みである。悲願である。キリストの「受難」を思えば、「贖い」の業を見れば事は明白である。のみならず、原状の回復は、本性の浄化は、無論人間の手に余る仕事である。創造主にあらずんば到底為し能わざる事業である。すなわち神は人間を〈罪〉の結果として〈暗闇〉の裡に置き、腐敗を教え、イエス・キリストの〈贖い〉によって [Cf. B.560]〈光〉を与え、〈完全に〈神の〉認識を可能〉[B.430] にしたのである。つまり神は〈顕現〉したのである [B.430, B.557]。

（b）「自然世界」と「隠れたる神」

〈地上〉にはイエス・キリストの〈贖い〉の印《しるし》がある。〈数々の見事な証拠〉[B.560] がある。〈自然は恩寵の形象である〉[B.675]。が、万人の眼が見たのではない。万人が盲目の状態を脱したのではない。光の戻った眼には見え、闇に蔽われた眼には依然として見えぬのが実状である。洵に〈世界の現象は神性の完全な排除の証ではない、明瞭なる現前の証しでもない、己れを隠す神の現前[25]〉[B.556] である。敢えて「自然」を主語にして言い換えれば、以下のようになろう、自然は〈万物〉に〈己れの形象と己れの創造者（auteur）を刻印した〉[B.72] と。万物の〈二重の無限性〉[B.72] に徴《ちょう》しても事は明らかである。「自然」における〈無限性〉の第一は「極大」と「極小」の無限性である。すなわち物理的無限性である [Cf. B.72]。「無限性」の第二は「無」と「存在」の無限性である。すなわち形而上学的無限性である。パスカルは言う、〈万物は無より出《い》で、無限へと導かれる〉[B.72]。「無」の対極は「存在」である。「無」と「存在」は無限に本性を違《たが》えた両極を構成する。万物は、全自然は、有始有終の被造物である。ところで、「無」の結果は永遠の「無」である。「無」は「存在」の生成因ではない。理の当然である。ゆえに「無」が、「無」とは無限に本性を違える「存在」へと「導かれる」ためには、「存在を本質とする存在」すなわち「非被造の永遠の存在」の実在が不可欠である。同存在の作用が、「働き」が不可欠である。ところで「存在を本質とする存在」の〈名〉を〈我在り〉という（出エジプト記、3・14）。神の〈名〉は、ユダヤ・キリスト教の神の「本質」は、〈我在り〉である。「無始無終の存在」である。「存在を本質とする存在」の「働き」を「創造」という。万物は、全自然は、創造されて存在へと導かれるのである。パスカルの所説は恐らくはアウグスティヌスの〈無からの創造（*creatio ex nihilo*）〉説と一致する。[26] とはいえパスカルは形而上学者ではない。形而上学的表現の運用を事とする哲学者ではない。因って、ただ単に、〈自然〉は万物に〈己れの形象〉（すなわち「無」）と「己れの創造者」（すなわち「存在」）を〈刻印〉したと言ったのである。

然らば人間とは何か。人間の存在とは。〈自然の中《うち》なる人間〉［B.72］は〈「無」に対する「全」〉である。〈「無限」に対する「無」〉である。すなわち〈「無」と「全」の「中間」〉である。[27]〈全〉は、〈無限〉は、〈無〉の対極を構成する「存在」を意味する。同時に「永遠の完全なる存在」すなわち神の意味をも併せ持つ。いずれにせよ、人間は己れの出自である〈無〉をも己れを〈呑み込む〉〈無限〉をも〈見る〉［B.72］術《すべ》を知らぬ。〈両極に関する理解から無限に引き離されている〉［B.72］からである。現存する人間の〈存在〉が、〈第一諸原理〉の「無からの創造」という事実の〈認識〉を奪い、同じ人間の〈存在〉の〈乏しさ〉が〈無限の眺めを遮る〉［B.72］からである。〈諸事象の終局と本源（principe）が窺い知れぬ秘密〉［B.72］の観を呈する所以である。

確かに〈自然は恩寵の形象〉である。〈森羅万象〉の〈驚異〉と〈荘厳さ〉は〈神の全能の可感的刻印の最たるもの〉［B.72］である。が、すべての人間が罪の闇を払い除けたのではない。「光」を取り戻したのではない。

〈多数者〉[B.244] は暗黒に蔽われている。光を奪われている。「見る」術を知る〈少数者〉の傍らで、見ても見えぬ「多数者」は「自然の二重の無限性」にただ茫然自失する有様である。否、〈無限の空間〉[B.206] を〈永遠の沈黙〉と受け取り、〈恐怖〉するばかりである。〈空〉も〈鳥〉[B.244] も被造物である。神の〈刻印〉である。が、自然を自然の名で捉える「多数者」は〈自然的諸結果〉に専ら自然的原因を空想し、〈別の作り手の探求〉を放念する。(28)〈空や鳥は神を証明する〉との命題は真か偽か。光を回復した見る術を知る「少数者」は言う、〈真なり〉と。「大多数」は言う、〈偽なり〉[B.244] と。(29)

〈奇蹟〉もまた同断に論ずべき事柄である。多数者は言う、〈奇蹟を見れば信仰は固まろう〉[B.263]。ところが、〈奇蹟〉に遭遇した「大多数」はこう嘯《うそぶ》くのである、〈例外なき法則なし〉と。自然的もしくは物理的法則にも〈例外〉はあるのだ、と。旧約聖書に記された数々の〈可視的なる奇蹟〉は現実には〈不可視的なる奇蹟の形象（images）〉[B.675] である。神の恩寵の「可感的刻印」である。神がイスラエルの民を解放すべく〈紅海を分断した〈可視的なる奇蹟〉は後《のち》のイエス・キリストの〈贖罪〉による〈真の解放〉の形象である。が、奇蹟を専ら可視的なるものと捉える「大多数」は〈可視〉の背後に隠れた〈不可視〉を感知しない。見ようとはしない。

神は万物を「無」から「存在」へと導く創造主である。全能者である。ところで、神が人間に〈神〔の存在〕を教える〉ことが、〈世界〉の〈存続する〉理由であれば、〈神の神性は〔世界の〕各部分に歴然と輝いていよう〉[B.556]。〈神の本質の真理〉は、いかに〈頑迷なる者〉といえども〈疑う能わざる〉までに、明白に、〈顕現〉しよう [B.430]。が、現実は然《さ》に非ず。少数者には見える〈恩寵の可感的刻印〉が大多数には見えないのである。なぜか。理由は他でもない、神が〈欲しない〉からである。他に理由は考えられない。あり得ない。ならば〈世界が存続する〉真の理由は明らかである。人間に〈堕落〉の〈実相（vérité）〉と〈贖い〉の〈事実（vérité）〉を〈教え〉且つ〈証明〉［B.556］するためである。〈神の慈悲と審判〉の事実を実証するためである［B.584］。つまり〈世界〉は〈ただイエス・キリストによりて、ただイエス・キリストのために存続している〉［B.556］のである。

パスカルの「隠れたる神」論は、しかし、畢竟するに、形而上学的思考の産物ではない。存在論を展開するための方便でもない。「原罪」による人間の「堕落」とイエス・キリストの「贖い」による救済を説く独自の救済神学である。この論は「イザヤ書」の文脈から大幅に逸脱する。遥かに離隔する。パスカルは言わば「イザヤ書」の隠れた真意をパスカル風に解明したのである。

（c）　イエス・キリストと「隠れたる神」

〈神は部分的に〔は〕隠れ、部分的に〔は〕露わである〉［B.586］。事実その通りである。一句の真意を明かすのは外ならぬイエス・キリストである。〈洵に隠れたる神〉［B.751］として〈暗々裏に（obscurément）〉［B.757］来臨したキリストの存在である。神は洵にキリストの裡に〈隠れ〉、キリストの裡に「露わ」であった。「人の子」として〈隠れ〉、つまり〈顕現〉せず［B.430］、永遠の生命として顕現した。キリストは、神とは本質を違《たが》える「人間」であった。神は〈人間性で己れを隠した〉のである。[30]〈イエス・キリストに完全なる人間を見て、他の本性の探求を望まぬ〉者[31]がキリストに躓いた所以である。不可視の神の方が可視の神よりも〈識別〉し易かったのである。[32] 神は露わになった時に〈さらに隠れた〉のである。[33]

キリストの生涯と行為は〈洵に隠れたる神〉［B.751］のそれに相応しい。キリストは貧者であった。学者ではなかった。支配者でもなかった［Cf. B.793］。三十三年の生涯において、三十年は世に埋もれて生き、僅か三年の「公生活」中は〈詐欺師〉呼ばわりされ、祭司・長老等から〈拒絶〉され、〈弟子〉の一人に裏切られ、〈友〉から〈否認〉され［B.792］、多衆から〈無視され〉、死刑判決を受け、十字架上で無残な最期を遂げた［B.792; Cf. B.679, B.765］。神に相応しからぬ〈下賤〔の者〕（obscurité）〉なるが故である。救霊主〔塗油受けし者〕に似つかわしからぬ〈曖昧さ〔捉え難さ〕（obscurité）〉の故である［Cf. B.751］。無論〈神の本質の真理〉を露わにして大多数の〈頑迷さ〉を打ち砕くのも［B.430］、〈最大の明証性を以って己れを明示する〉［B.557］のも、絶対的神性を露わにして〈万人を納得させる〉［B.430］のも、全能の神には容易な業である。が、神の〈意図〉［B.751］は別のところにあった。神は神性を明証的に顕示する方法を採らなかった。部分的に隠し、部分的に露わにした。キリストは預言者等が伝えた通り、大多数の〈躓きの石〉［B.751］となった。神は〈隠れたる神〉として来臨した。〈神の寛大さ〉に値しなくなった［B.430］大多数の〈悪意ある者〉を〈盲目にする〉［B.795; Cf.B.735］ためである。〈盲目の状態に放置する〉［B.796; Cf. B.242］ためである。

無論、神には、全人類を完全に〈盲目の状態に放置する〉意図はなかった。遺棄し去る意志はなかった。さもなければ、キリストの〈全行為〉は〈脈絡なきもの〉［B.795］となっていたろう。意味不明なるものとなっていたろう。が、実際にはそうはならなかった。キリストは〈光輝〉［B.792］を放っていた。他の何人《なんぴと》にも増して。キリストは預言を「成就したる者」であった(34)。〈ユダヤ民族全体〉［B.792］が、旧約聖書全体が、〈イエス・キリストの来臨に先立って〉行なった預言を。〈来臨の時期と様相〉［B.710］に関する預言を。〈異教の民〉が来てイエスを〈礼拝〉する［B.792］。〈異教の民が群れを成して神を崇拝し、天使のような生活を送る〉［B.724］。プラトンやソクラテスの如き〈賢人にも為し得なかった〉［B.769; Cf. B.724］〈異教徒の回心〉が実現したのである。

キリストは数々の〈奇蹟〉［B.808; B.834; B.838］を行なった。[35]〈マホメット〉［B.600; B.601; Cf. B.596; B.599］を含む他宗教の教祖には絶えて見られぬ［Cf. B.600; B.693］超自然的行為を。のみならず〈救世主《メシア》〉の来臨はイスラエルの民には待望久しい一大事であった。由来キリスト教は旧約聖書に〈基礎を置く〉［B.601］〈永久〉なる宗教である[36]［B.613; B.616; B.617］。哲学が諸派に四分五裂して〈誤謬〉を犯す古代ギリシャ時代の〈世界の一隅〉で〈啓示〉された〈真理〉に基づく〈四千年〉の歴史を閲《けみ》した「活ける」宗教である［Cf. B.618］。すべてが〈イエス・キリストの神性〉［B.547］の〈堅固にして明白な証拠〉［B.547］である。各事象がそれぞれに〈最大の証拠〉［B.706; B.713］である。イエス・キリストの〈神性の証し〉［B.430］である。

ならばキリストの〈権威〉［B.430］は、〈神性〉は、完全に隠れているとは言えない。全人類を完全に盲目にする意図が神の側にあったとは言えない。否、神性はある意味では露わである。なぜか。〈真摯に神を探求する〉人間にも〈認識されぬほどまでに隠れる〉のは〈正当な〉［B.430］顕現方法ではないからである。神は恐らく〈理由なき（sans raison）〉信仰を排するのに、盲信を退けるのに、キリストの「権威」を以ってした。〈説得的な証拠〉に基づく真摯な信仰を「欲した」からである。〈真摯に〉、〈全心で探求する者〉には〈完全に認識可能となる〉べく〈顕現する〉が、〈全心で神を回避する者〉には〈隠れる〉という〈温和な〉［B.430］方法を採ったキリストが〈隠れたる神〉［B.751］と呼ばれる所以である。

（d）聖書と「隠れたる神」

果たしてイエス・キリストを肉眼で捉えながらもその神性に目を開かれぬ者等がいた。神＝人であるイエス・キリストを〈排斥〉し、為に〈神から排斥される〉［B.735］はめになる集団があった。当時のユダヤ教徒である。

ユダヤ教徒は何故にキリストの神性を見損なったのか。何故に神を排斥したのか。原因の一半は旧約聖書の記述にある。〈両義的〉な〈暗号〉[B.678; B.691]や〈諷喩《ふうゆ》〔象徴〕（figure）〉[B.670, B.679]に満ち充ちた叙述にある。事実、旧約聖書には少数の直叙[Cf. B.571]と、[37]多数の比喩もしくは換喩が混在している。言わば暗号や諷喩が〈字面（sens littéral）〉[B.678]を〈ヴェール〉[B.676]で蔽い、〈霊的意味〉を隠しているのである[Cf. B.677]。〈霊的な意味〉が露わにされた箇所も無論あるにはある。〈極めて明確な説明を施された〉[B.571]箇所さえある。〈肉〉に〈屈服〉した〈霊〉を〈肉〉が〈盲目〉にしない限り、疑いを差し挟む余地がないほどに〈霊的な意味〉を明瞭判然たらしめた〈章節〉もある。が、当時の〈ユダヤ人〉は優れて〈肉的なる民〉であった。「霊的な意味」の〈敵対者〉であった。為に暗号や諷喩の〈ヴェール〉に蔽われた霊的な意味を把捉せず、〈字義的に偽なるは霊的に真なる〉[B.687]神の言葉を理解するには至らなかった。

〈救霊主《メシア》は民を敵より解放する〉[B.692]。旧約聖書に記された預言である。ユダヤ人は〈敵〉の意味を〈肉的に〉捉えた。〈エジプト人〉[B.692]もしくは〈バビロニア人〉[B.571]の意に解した。が、〈敵〉は実は〈両義的〉な語である。そこには〈二重の意味〉[B.692]が込められている。背後に〈霊的な意味〉[B.571]が隠れている。〈敵〉はここでは〈罪〉[B.692]を意味する。また、人間をして〈神に背叛せしめる邪欲〉[B.692]ならびに幸福を〈地上の幸福に限定する強欲〉や〈色欲（passions）〉[B.571, B.678]の謂いである。〈肉的なる民〉が預言の内容を〈取り違える〉[B.571]のも故無しとしないのである。

とはいえ、預言のすべてが両義的な暗号のヴェールに蔽われていたわけではない。諷喩で語られたわけではない。さもなければ、イエス・キリストを〈救霊者《メシア》〉と認める〈善人〉などはまずありえないからである。実は、〈救霊者《メシア》〉は〈多数の章節では物質性（le temporel）に蔽われ、若干の章節では極めて明瞭判然と露わに〉[B.571]

されているのである。〈善人には認識可能にし、悪人には認識不能にするため〉[B.758] である。〈救霊者《メシア》〉の来臨の〈様相〉が〈諷喩〉で〈不明瞭に〉〈預言され〉[B.758; B.570]、来臨の〈時期〉と〈世の有り様〉が〈太陽よりも〔火を見るよりも〕明らかに〉[B.571; Cf. B.758] 預言された所以である。

既述のように、ユダヤ人は肉的なる民であった。〈現世的思考〉[B.670] の持ち主であった。が、そこには弁解の余地がまったくなかったわけではない。ユダヤ人は神から常に〈可視的なる福利〉[B.675] を〈受け取った〉からである。預言者等もまたイスラエルに対する神の〈愛〉を、地上的な愛を、〈明確に〉語ったからである [B.678]。したがって、ユダヤ人が〈救霊者《メシア》〉に物質的福利 [Cf. 738] や現世的救済を期待するのも或る意味では無理からぬことであった。とはいえ、〈救霊者《メシア》〉の来臨の様相はともかくも甚だ異様であった。奇妙であった。来臨したのは〈貧なる〉者であった。〈下賤の〉者であった [B.571]。〈救霊者《メシア》〉はしかも〈武器を以《も》て〉〈諸国の民〉を〈制圧〉せず、したがって〈制圧すべき〉異教徒から奪った〈戦利品〉を分配せず、〈財貨〉を賦与しなかった [B.760]。キリストはユダヤ人の〈期待した光輝〉[B.670] を放ってはいなかった。〈失望した〉[B.571] 民はキリストを〈救霊者《メシア》〉として受け入れるのを拒んだ [Cf. B.761; B.760]。まさにイエスの有り様《よう》の故に、〈その生涯〉[B.760] の故に、キリストを、〈救霊者《メシア》〉を、否んだのである。とはいえ、神の〈愛〉を説いた預言者等はこうも預言していたのである、〈民は我等の言葉の意味を悟らじ〉と。〈そは蔽われてあるなり〉と [B.678]。

一方、キリストと使徒等は旧約聖書の〈封印を解き、幕〔蔽い〕を裂き、真意を露わにした〉[B.678]。〈贖い主の霊的なるを、またその支配の霊的なるを〉露わにした。〈救霊者《メシア》〉の二度の来臨の内、一度目のそれは〈尊大なる者を謙遜せしめんがための悲惨なる来臨であることを〉[B.678] 明らかにした。事実、キリストの〈貧なる下賤の来臨〉は〈義人〉［B.571］と〈霊的幸福〉［B.675］を希求する者の躓きの石とはならなかった。キリスト・イエスは紛れもなく〈救霊者《メシア》〉なのであった。神から〈受け取った可視的なる福利〉の裡に働く〈至大至聖の〉神意も、また、神の力が〈不可視の幸福と救霊者《メシア》を〔世に〕与えるほどに絶大である〉のも［B.675］、かかる人々には明瞭であると思われた。洵に旧約聖書は〈ある者の目を潰し、他の者の目を開く（éclairer）〉［B.675］はずの書であった。

ところで、ユダヤ人の盲目なるは尊大さの然らしめるところなるも、神の「救いの計画」に則るものなりとは、アウグスティヌスの考えである。〈十字架に掛けらるる方は十字架に掛くる者等（＝ユダヤ教徒）を盲目にせり（*excaecare*）。汝等（＝ユダヤ教徒）は〔かの方を〕滅ぼさんとの企てを実行し〔…〕〔一方〕かの方は〔ユダヤ教徒を〕盲目ならしめんとの企てと、救わんとの企てを実行せり。尊大なる者を盲目ならしめ、謙虚なる者を救わんとの企てを実行せり(38)〔…〕〉。

パスカルはアウグスティヌス説を踏襲する。が、パスカルの表現にはアウグスティヌスほどの激烈さはない。前者曰く〈ユダヤの民はイエス・キリストを排斥し、神より排斥されん。〔…〕神はこの民の目を潰し、この民は真昼に盲人の如く手探りせん〉［B.735］。パスカルによれば、これは実は〈預言〉されたことである。さらに別の断章で、パスカルは以下のように言う、聖書が〈ヴェール〉［B.676］で蔽われたのは啻《ただ》に〈ユダヤ人〉のためばかりではなくして、また〈悪しきキリスト信者〉ならびに〈己れを憎まぬすべての者〉のためである、と。

（e）　教会と「隠れたる神」

〈万事が神を露わにするというは真ならず、万事が神を隠すというも真ならず〉［B.557］。教会においても然り。

神は〈真摯に神を探求する者等〉［B.194］には〈完全に認識可能となる〉［B.430］べく、〈教会〉に〈可感的なる標《しるし》〉［B.194］を設けたが、〈神を試みる者等〉からは〈隠れる〉［B.557］べく、つまり〈衷心より神を探求する者等にのみ感知される〉［B.194］べく、〈標《しるし》〉を〈蔽い隠した〉からである。教会における〈可感的なる標《しるし》〉に関して、パスカルはイエス・キリストの口を借りて言う、〈我、汝に現前す、聖書中の我が言葉によりて、教会における我が霊によりて、諸々の神来（inspirations）によりて、司祭の裡なる我が権能によりて、信者の裡なる我が祈りによりて〉[39]［B.553］。教会における〈可感的なる標《しるし》〉の最たるものは司祭の裡なるキリストの〈権能〉によって「聖変化」したパンである。天に戻ったキリストは〈世の終わりまで人間とともに在る〉との約束を果たすべく、日用の可視的なパンを、外的変化をもたらすことなく、〈司祭の裡なる〉キリストの〈権能〉によって己れの〈聖体〉に変える。キリストは〈只のパンの中に〉［B.789］隠れる。〈不思議この上ない、曖昧（obscur）この上ない秘密〉の裡に〈とどまる〉[40]。が、衷心より神を探求する者等はかかる「秘密」の裡にイエス・キリストが〈光輝を発する（éclairer）〉のを見て、外ならぬ〈神を認識する〉[41]。無論地上に生きる人間が〈諷喩〔象徴〕〉の助けを借りず、〈蔽い《ヴェール》〉無きキリストを、言わば〈実在として（réellement）〉[42]〈所有する〉のは不可能である。己れの同類を認識するように認識するのは土台無理な話である。が、真摯に神を探求する者等は〈パンの実体〉の〈我等の主《しゅ》の体の実体〉への〈変化〉によって、〈実体移行（trans-substancié）〉によって、イエス・キリストがそこに〈実在的に現前する〉［B.862］のを識るのである。〈未だ蔽い《ヴェール》に蔽われた〉キリストではあるが、外ならぬキリストを〈間違いなく、実在的に〉〈所有する〉[43]のである。ポール・ロワイヤル修道院において、〈隠れたる神、救世主よ、我等を憐れみ給え（*Deus Absconditus et Salvator, miserere nobis*）〉の祈りとともに聖体拝領が行なわれた所以である。[44]

当然のことながら、〈異端者〉には「パン」に隠れているイエス・キリストは見えない。見出し得ない。そこに〈別の実体〉を〈探す〉気などは毛頭ないからである。[45] が、パスカルによれば、聖なるパンの裡に神を認識するのは独りキリスト信者ばかりではない。新約の民ばかりではない。旧約の民もまた、預言者イザヤもまた、〈洵に汝は隠れたる神なり〉と言った時、神を〈この状態において見ていた〉[46] のである。

(f) 光と闇

パスカルは考える、人間が神の〈本質〉を理解し得るか否かは問題ではないのだ、と。[47] 物理的存在の〈本質〉を理解するように理解し得るか否かは問題ではないのだ、と。むしろ〈かくまでに顕現した〉[B.288] 神に〈感謝〉すべきであって、〈神が隠れたことに不平を唱える〉権利は本来人間にはないのである、と。しかし、厳密に言えば、既述のように、神は「隠れる」のではない。真摯に神を探求する人間に、義人に、神は、神の「標《しるし》」は、「現前する」のである。「常に存在する」のである。が、原罪は、原罪による堕落は、人祖から光を奪い、人類を闇に沈めた。見る能わざる盲目の状態に至らしめた。が、これまた既述のように、人間に原状を回復させるのは、人間を再び神認識の可能なる者に戻すのは、本性を光明と知性で満たすのは、神の望みである。悲願である。神がみずから「人」となり、人間の罪の〈贖いを欲した〉[B.430] 所以である。「腐敗」した人間には「本性の腐敗」を元に戻す力がないからである。とはいえ、己れが人間に与えた人間の意志を無視してまで事を運ぶのを欲しないのが神の本性である。慈悲である。而して神は〈神を探求するはずの人間〉[B.430] には〈救いを開かんと欲し給い〉[48]、みずからが〈完全に認識可能となる〉[B.430] を〈欲し給い〉、〈顕現する〉を〈欲し給うた〉のである。〈真摯に神を探求するはずの人間にも認識されざるほどに隠れたる方法〉[49] を採るのは〈正当〉ではないからである。が、〈反対の意向（disposition）を持てる者〉［B.430］、〈頑迷きわまる強情さ〉を露わにして〈衷心より神を忌避せる者〉には、「露わには現われざるを」欲したのである。〈隠れて〉〈現われる〉ことを欲したのである。前者に〈与え〉られた〈可視的なる標《しるし》〉が後者には「与えられぬ」［B.430］所以である。正確に言えば、「与えられる」のは「光」である。堕落した本性の闇を払う光明と知性である。真摯に神を探求する〈心の正しき者〉［B.847］には、原罪に沈める人間の目には見えぬ「光」が見えるのである。〈暗闇の中にても光の現われる〉のが認識されるのである。「標《しるし》」が「光」に「照らされて」見えるのである［B.430］。洵に〈専ら「見る」を欲する者には十分なる光あり、反対の意向を持てる者には十分なる闇（obscurité）あり〉［B.430］。神は〈ある者〉には〈慈悲によりて与え〉、〈他の者〉には〈その頑迷さの故に拒絶する〉［B.430］のである。

聖書には「光」と「闇」なる語が頻出する。「ヨハネ福音書」［1・1-12］の言う「光」は概ねイエス・キリストと同義であり、「闇」は「この世」の謂いである。

〈初めに言《ことば》あり。［…］言は神なりき。［…］万物はこれによりて成れり［…］。これに生命《いのち》あり。生命は人の光なりき。光は闇に輝《て》る。而して闇はこれを悟らざりき。［…］諸々の人を照らす真《まこと》の光ありて、世に来たれり。［…］されどこれを受けし者、すなわちその名を信ぜし者には、神の子となる資格を与え給えり〉。

ヨハネは言う、イエス・キリストは「闇」に沈む人間に「光」として来臨したが、悟らざりし者あり、と。なぜか。理由は明記されていないが、ヨハネ福音書の別の箇所には、〈人の信ぜざる理由〉は、神が〈その目を暗くした〉ればなり、と言う。パスカルはこれをラテン語で書き写している。

〈人の信ぜざる理由。ヨハネ、12・37。〔イエスは〕かくも多くの標（*signa*）を行ない給いたれど、なおイエスを信ぜざりけり。これ預言者イザヤの言葉の成就せんためなり。曰く〔…〕「彼等の目を暗くし〔*Excaecavit*〕、云々」〉[50]〔B.826〕。

パスカルが「云々」と書いて省略した部分を聖書から引く。〈〔神は〕彼等の目を暗くし、心を頑なにし給えり。これ目にて見ることなく、心にて悟ることなく、回心することなく、我に癒やさるることなからんためなり〉（ヨハネ福音書、12・40）。現代の神学者の多くはこう解釈する、「人間を盲目にするのは神ではない、神は邪悪な者がみずから盲目になるのを許すのである」[51]と。しかし「ジャンセニスト的」解釈に従えば以下のようになる、「神は隠れたる神なれば、排斥されし人間が神を見出すことなからんためなり」[52]と。パスカルが「ヨハネ福音書」の当該箇所を省略したのは事実である。が、「ジャンセニスト的」見解と思しき立場を表明した断章が実在するのもまた確かである。曰く、〈〔旧約聖書は〕ある者の目を潰し〔盲目にし〕〉、他の者の目を開くべく作られし〔書なり〕〉〔B.675〕。〈神はある者の目を潰し、他の者の目を開く〔照らす（éclairer）〕を欲したりとの原理に拠《よ》らざれば、神の御業の何たるかは悉皆《しっかい》理解されざるなり〉[53]〔B.566〕。パスカルの「隠れたる神」論と「救霊予定説」との「両立」が説かれる所以である[54]。

（g）「選ばれし者」と「排斥されし者」

パスカルは『恩寵文書』において〈聖アウグスティヌスの信奉者等〉の〈主張〉を以下のように要約する。〈同等に罪あり且つ等し並みに堕地獄に相当せるかかる人群れを神は二分せり〉。すなわち〈一部〉を〈至純且つ無償の慈悲に由る絶対的なる意志によりて救済せんと欲し〉、〈他の一部〉を神は〈堕地獄〔の罪〕に放置〉した。後者が〈有罪〉を宣告されるのは、〈各人が犯すはずの個別の罪〉を神が〈予見〉したからである。予見したが故に、後者を現状の〈堕地獄〔の罪〕に放置した〉のである、云々[55]。この説は所謂「功徳予見後説（*poste praevisa merita*）」である。

アウグスティヌスによれば、不信の原因は「信」に対する「意欲の欠如」にある。意欲の欠如は、神が意欲なき者の「悪しき意志」を「予見」したがためである。ユダヤ人を見れば事は明らかである。〈〔ユダヤの民は〕預言者イザヤの預言の故に信ずる得ざりしなり。ならば何故に〔信ずるを〕得ざりしやと問わば、即座に答えん、「欲せざりし」なればなり、と。神は同民の悪しき意志を予見した（*malam quippe eorum voluntatem praevidit Deus*）ればなり、と。神に未来のことが隠さるるはあり得ざるなれば、神は預言者を通して預言したるなり。〔…〕「神は〔…〕彼等に眠れる心、見えぬ目、聞こえぬ耳を与え給えり」（ロマ、11・8）と。また「ユダヤの民の心を固くし〔…〕目を盲《めしい》にせり」（イザヤ、6・10）と。〔…〕すなわち神は見捨て、〔同民を〕助けず（*deserendo et non adjuvando*）、聴かず、盲にし、心を固くせり。神はこれを隠れたる審判によりて為し得るなり[56]〉。

パスカルは言った、〈ユダヤの民はイエス・キリストを排斥し、神より排斥されん〉と。〈神はユダヤの民の目を潰し、ユダヤの民は真昼に盲人の如く手探りせん〉[B.735; Cf. B.826] と。パスカルは確かにそう言ったのである。が、「功徳予見後説」を示唆する表現は、実は『パンセ』にはない。神が「同民の悪しき意志を予見したが故に」との文言はない。パスカルは『パンセ』ではこう言ったのである、神は〈神を探求するはずの人間〉には〈救いを開かんと欲し給えり〉[B.430] と。みずからが〈完全に認識可能となる〉を〈欲し給えり〉と。〈顕現する〉を〈欲し給えり〉と。ただし〈頑迷きわまる強情さ〉を露わにして〈衷心より神を忌避せる者〉には

〈十分なる闇あり〉と。〈専ら「見る」を欲する者には十分なる光あり、反対の意向を持てる者には十分なる闇あり〉と。断章B.584で、パスカルは言う、〈慈悲を垂れ審判を行なわんがために世界は存続する。〔しかし〕人間はそこに神の手になるものの如くにはあらずして、神の敵としてあるなり。神は己れの敵が己れを探しかつ己れに従うを欲するならば己れを敵とせる人間に己れに立ち戻るに十分なる光を恩寵によりて与え給うも、己れを探し己れに従うを拒まば、これを罰するに〔…〕〉。人間は言わば神の敵である。神に悖《はい》反したからである。現に悖反し続けているからである。が、神は敵に恩寵を与え給うのである。「己れに立ち戻るに十分なる光」を与え給うのである。ただし、無条件ではない。無条件の恩寵ではない。人間が「欲する」ならば、人間が「己れ〔神〕を探しかつ己れに従う」を「欲する」ならば、との条件が付く。が、真に「欲する」ならば、この唯一の条件が満たされるならば、パスカルによれば、神に「立ち戻るに十分なる光」が人間に与えられるのである。ところで、同断章は中途で切れている。「これを罰するに」に続く帰結の文が不足している。敢えて繋げるとすれば、書き加えるとすれば、いかなる文を付加するべきか。補足するべきか。上記の「ジャンセニスト的」見解に従えば、ここは当然のことながら「十分なる闇を与え給う」となるべきところであろう。が、ブランシュヴィクは〈己れを罰するに〉の部分は前文の〈十分なる光を〉云々の対句となるべきとの判断に基づき、「〔罰するに〕十分なる光〔を与え給う〕」となるべきとの結論を下す[57]。後の諸版も同説を踏襲する。ならば「神は己れに従うを拒む者」にも「これを罰するに十分なる光を与え給う」ことになる。この説の正当性を裏付ける断章がある。

〈[…] 選ばれし者の目を開く（éclairer）に十分なる光（clarté）があり、同人を謙《へりくだ》らするに十分なる闇（obscurité）があるなり。排斥されし者を盲《めしい》にするに十分なる闇があり、罪に定められし者には弁解の余地無からしむるに十分なる光があるなり。[58] […]〉[B.578]。

〈選ばれし者〉と〈排斥されし者〉なる対義的表現が「救霊予定説」を連想させるのは確かである。神が主導する「選抜」と「排斥」の「予定」論を想起させるのは確かである。が、同上の断章は厳密な意味での「救霊予定説」の要約ではない。同説の結論ではない。〈排斥されし者〉の「予定」が明言されていないからである。後半の文意はむしろ同説に対する反論の体をなす。曰く、〈選ばれし者〉にも〈排斥されし者〉にも〈十分なる光がある〉と。〈罪〉を〈弁解の余地無からしむる〉ほどまでに照らし出し、罪を認識させ、罪人を神に立ち戻らせるに足る〈十分なる光〉があるのだ、と[Cf. B.584]。万人を照らすに〈十分なる光〉が与えられているのである、と。それなら「光の欠如」は「神の探求」を回避するための下手な言い訳に過ぎぬ。同上の断章の主旨は前掲断章B.584のそれと完全に一致する。「光」無きが故に排斥されるのではない、「十分なる光」に照らされながらも「神の探求」を「拒む」者が結果的に己れを「排斥されし者」にするのである。

〈預言〉は、〈奇蹟〉は、キリスト教の真実性を裏付ける〈証拠〉である。拠り所である。が、そこにも「光」があり「闇」がある。〈明白さ(évidence)〉があり〈曖昧さ〔暗さ〕(obscurité)〉がある[B.564; Cf. B.758]。〈救霊者《メシア》〉に関する〈預言〉も例外ではない。この預言にも〈明瞭なる預言〉があり〈諷喩〔象徴〕〉で語られた〈曖昧なる預言〉がある[B.758]。来臨の〈時期〉に関する預言は〈明瞭(claire)〉であり、来臨の〈仕方〉ならびに〈約束されし福利〉の〈有り様《よう》(manière)〉に関するそれは明瞭さを欠く。無論偶然ではない。故なきことではない。〈善人〉には〈救霊主《メシア》〉を〈認識可能〉にし、〈悪人〉には〈誤認可能(méconnaissable)〉にするためである。〈約束されし福利〉の預言を曖昧にするのは神ではない。人間である。この預言の曖昧さは人間の幸福観の表れである。人間の〈愛〉の対象の然らしめるところである［B.758］。「福音」は、〈幸福〉の〈約束〉は、人間を裸にする。〈腹〔心〕の底〉を露わにする。〈邪欲〉［B.564］に囚われた〈悪人〉の〈心〉が〈愛する〉のは〈現世的福利〔幸福〕〉［B.675］である。〈物質的なるもの〉［B.758］である。然るにイエス・キリストの「約束」はそれではなかった。地上的福利ではなかった。永続性なき幸福ではなかった。〈悪人〉は失望した。己れの邪欲に遮られてキリストを〈救霊者《メシア》〉として認知するには至らなかった。〈強欲〉［B.571］が〈幸福〉を〈地上〉のそれに〈限定〉し、〈真の幸福を理解するを妨げる〉のである。一方、〈善人〉の〈愛〉［B.758］の対象は物質ではない。「地上」ではない。現世ではない。つまり〈時間性（temporel）〉［Cf. B.675］ではない。〈専ら〔非時間的な〕神の裡に幸福を有する〉［B.571］善人の愛の対象は〈霊的幸福（les biens spirituels）〉［B.675］である。「非時間性」である。〈幸福を〔非時間的な〕神との関係において捉える〉善人が「約束された幸福」の〈霊的意味〉［B.571］を正確に把捉し、イエス・キリストに〈救霊主《メシア》〉を見た所以である。

とはいえ〈救霊者《メシア》〉に関する預言が極端に「誤認可能」であれば、著しく不明瞭であれば、〈悪人〉については言わずもがな、〈善人〉といえども躓く可能性がある。確信が揺らぐ惧れがある。果たして来臨の〈時期〉に関する預言は〈明瞭〉であった。〈約束されし福利〔幸福〕〉を福利〔幸福〕と見做すか否かが各人の思惑（〈腹〔心〕〉）次第であるのに対して、〈時期〉には私情を交える余地がなかった［Cf. B.758］。したがって〈時期〉の〈明瞭さ〉は〈善人〉と〈悪人〉の双方に対してイエス・キリストの神性を「十分」に明示しているはずであった。〈善人〉は確信を強めた。が、〈悪人〉は〈惑乱する〉ばかりであった［B.758］。預言が善人用と悪人用の二種に分かれているわけではない。預言は同一である。同一の「曖昧なる預言」と「明瞭なる預言」があるばかりである。が、明瞭なる預言に「照らされ」［Cf. B.578］、曖昧なる予言に〈惑乱〉されぬ善人が一方に実在し、他方には曖昧なる預言に「目を潰され〔盲目にされ〕」[Cf. B.578]、明瞭なる預言に惑乱する悪人が存在する。いずれにせよ、預言が各人の思惑を「照らす」のは確かである。「腹〔心〕の底」を露わにするのは確かである。善人の目を開くに「十分なる光」があり、悪人に「弁解の余地なからしむるに〔足る〕十分なる光」があるのは確かである。救霊への招きに応じる「善人」とこれを拒絶する「悪人」の双方を照らす同じ「光」があるのは確かである。ならば前掲断章B.578に倣って、前者を〈選ばれし者〉と呼び、後者を〈排斥されし者〉と称するは決して不当ではない。的外れではない。事実、世には〈聖書の曖昧さ〔暗さ〕(obscurité)〉がむしろ〈幸いし(tourner en bien)〉[59]、〈神的な明瞭さ(clartés divines)〉の故に当の〈曖昧さ〉を〈尊ぶ〉善人すなわち〈選ばれし者〉が実在する。が、他方には〈曖昧さ〉を理解し得ず、為に「明瞭さ」を疎んじ、〈光〉ですら〈冒瀆する〉[B.575]悪人すなわち「排斥されし者」が存在するのである。蓋し万人共通の明瞭さと曖昧さが善人には「幸いし」、悪人には〈災いする(tourner en mal)〉[B.575]のである。

断章B.564によれば、〈預言〉は、〈奇蹟〉は、キリスト教の真実性を裏付ける〈証拠〉である。〈不合理〉ならぬ証拠である。かく言うわけは、そこに、或る者を照らす〈光〔明白さ〕(évidence)〉と他の者の目を晦ます〈闇〔曖昧さ〕(obscurité)〉があるからである。明証性と反明証性すなわち〈逆の明証性(l'évidence du contraire)〉があるからである。いずれにせよ、明白さがあるのは間違いない。反明証性に〈勝るとも劣らぬ〉明証性があるのは間違いない。無論、偶然ではない。故無きことではない。理由は明らかである。「光〔明白さ〕」に対する不服従が理性の判断の結果にあらずして〈邪欲と悪意〉の反映であることを明示するためである、云々。なるほど、明証性があり、明証性に勝るとも劣らぬ反明証性があれば、あるいは反明証性があり、反明証性に勝るとも劣らぬ明証性があれば、理性にはキリスト教の合理・不合理を判断する基準がない。確証がない。

したがって、理性には意志をしてキリスト教に「服従」させる手立てがない。「不服従」を決断させる決め手もない。ならばキリスト教に対する不服従の原因は理性による判断ではない。合理的判断ではない。因って不服従の原因は別にあると言わねばならぬ。無論、原因は「邪欲」である。「悪意」である。他にはない。考えられない。不服従に合理的理由がなければ、「不信」の理由はすべて「言い訳」に過ぎない［Cf. B.578］。不信者が「罪に定められ」［Cf. B.564; B.578］、「罰せられ」［Cf. B.584］、救霊から「排斥される」［Cf. B.578］のは当然である。「排斥」は結果である。

キリスト教の〈証拠〉に明証性があり、同時に反明証性があれば、明証性といえども、「明白さ」といえども、絶対的明証性とは言えない。〈反論の余地なきもの（absolument convaincants）〉［B.564］とは言えない。因って、キリスト教に対する「服従」は理性の然らしめるところではない。純粋に合理的なる判断の結果ではない。ならば信仰はどこから来るのか。何に由来するのか。既述のように、原罪は人間のすべてを〈神の敵〉［B.584］たらしめた。全人類を〈邪欲と悪意〉［B.564］の器にした。神を見る能わざる暗黒の俘囚《ふしゅう》にした。が、神は〈救いを開く〉のを欲する。〈慈悲によりて〉［B.430］暗黒の中の、闇の中の全人類に光を放つのを欲する。神の光はすべてを照らす光である。全人類の「目」を開くに足る「十分なる光」である。が、光を見るのは、闇の中に明白さを見るのは、人類の「一部」である。「邪欲と悪意」を離れて、「見る」のを欲するのは、僅か「一部」である。その「一部」にも、しかしながら、「邪欲と悪意」を脱するに足る力はない。もしも神の恩寵がなければ。恩寵の働きがなければ[60]。すなわち信仰の源は恩寵である。恩寵の働きである。〈選ばれし者〉［B.578］とは恩寵の受領者の謂いである。〈善人〉［B.758］とは恩寵の働きによって「光〔明白さ〕」を「見る」者の謂いである。

聖書には確かに「暗さ〔曖昧さ〕」がある。諷喩や象徴が混在する。なぜか。何のために、か。アウグスティヌスによれば、「探究心」を掻き立てるためである。真理の探究へと人間を駆り立てるためである。暗さが〈皆無〉であれば、一切が明瞭であれば、真理を〈探究する〉必要はなかろう。〈強い熱意〉を示す必要もなかろう。〈見出す喜び〉も得られまい。のみならず、聖書の「暗さ」には〈真理の標《しるし》〉がある。〈〔その〕痕跡〉がある。〈強い熱意〉が無駄になる気遣いはないのである。[61]

　世には〈いかなる妨害に遭おうとも、真理を見るに十分なる精神を有する者〉〔B.288〕が存在する。〈専ら「見る」を欲する者〉〔B.430〕が実在する。パスカルによれば、かかる者等がすなわち「神の認識者」〔Cf. B.288〕である。アウグスティヌス流に言えば、「真理探究に対する強い熱意」の持ち主だからである。専ら「見るを欲する者」は「見る」のに「十分なる光」を得る。〈十分なる光〉〔B.430, B.578〕に照らされて、聖書の〈暗さ〉〔B.758〕を見る。「暗さ〔曖昧さ〕」の中に〈神的なる明るさ〔明瞭さ〕〉〔B.575〕を見る。アウグスティヌス風に言えば、「象徴」に充ちた「暗さ〔曖昧さ〕」の中に「標《しるし》と痕跡」を見出す。「真理の標と痕跡」を発見して〈こよなき歓喜を味わう〉。真理を甘美に発見する。[62] 一度《ひとたび》真理発見の甘美さを味わった者が聖書の他の諸々の曖昧さ〈暗さ〉を〈尊び〉〔B.575〕かつこれを一層の熱意をもって「探求する」のは想像に難くない。アウグスティヌスの指摘を俟つまでもなく、「光」を得て「見る」者は「理解し易き真理」に対してよりも「容易く理解され得ぬ真理」に対して一層「強い熱意」を抱くのが常だからである。蓋し〈十分なる光〉〔B.430〕を得た者は深い闇の奥に明るさを捉える。難解なる真理に〈神的なる明瞭さ〉〔B.575〕を見出す。すなわち「真理」を「見る」のである。

　一方、「見るを欲する」なき者はどうなるのか。「真理探究に対する強い熱意」を持ち合わせぬ者は。言うまでもなく、暗さの中に置き去りにされるのである。〈十分なる曖昧さ〔暗さ〕〉〔B.430, B.578〕の中に。〈己れの理解し得ぬ曖昧さ〔暗さ〕〉故に聖書の〈明瞭さ〔光〕をも冒瀆する〉［B.575］精神の荒廃の中に。問題は「精神」である。「いかなる妨害に遭おうとも真理を見るに十分なる精神」を有するか否かである。これを有するのがすなわち「選ばれし者」である。持たざる者が「排斥されし者」である。事は明確である。

　上記の解釈が正当であれば、『パンセ』には「排斥されし者」の「予定」を説いた箇所はないと言わねばならない。皆無であると言わねばならない。パスカル説は「ジャンセニスト的」解釈を逸れ、前掲の「現代の神学者」の説との類似性を露わにする。「人間を盲目にするのは神ではない、神は邪悪な者がみずから盲目になるのを許すのである」との説に接近する。果たしてパスカルは断章B.430において「善の欠如」の原因を「善に対する意欲の欠如」に帰するのである。〈かくも多数の人間が神の寛容さに値せぬものとなり、為に神はかかる人間をその欲せざる善の欠如の裡に放置するを欲したり〉。そればかりではない、パスカルが「排斥予定」論者であれば、当人の論理が破綻を来《きた》すのは明白である。「排斥予定」が「不服従」の理由であれば、「予定」が「不服従」の合理的理由となるのは必然であり、「言い訳」をする意味すら失われるからである。のみならず「予定者」が罪に定められたり罰を受けたりする謂れは本来まったくないはずだからである。[63] 果たしてパスカルは下記のように明記する、〈イエス・キリストは聞か（ouïr）ずして罪に定めしこと絶えてなし〉［B.780］。キリスト教の「証拠」に明証性（明瞭さ〔光〕）があり、同時に反明証性（曖昧さ〔暗さ〕）があるのも、「不服従者」の「言い訳」を無用にし、これを罪に定め、排除するためばかりではない。服従する者が服従するのは〈恩寵〉の働きであって〈理性〉のそれではないことを示すためである［B.564］。反明証性は、恩寵を得て選ばれたる者も本来ならば「選び」に「値せぬ」者であるとの事実を本人に悟らせ、これを〈謙らせる〉［B.578］ためにあるのである。パスカルがこう言ったのも故無きことではない、〈謙遜の心を有し、己れの卑賤さを愛する者〉は〈神を認識する〉と［B.288］。〈選ばれし者〉にも〈十分なる曖昧さ〔暗さ〕〉［B.578］がある理由は他にもある。〈明視する者〉［B.771］が「選ばれし者」を自任し、慢心し（高慢の罪）、〈善行を積まず、懶惰に打ち過ぎる〉［B.497］のを防ぐためである。神の〈慈悲〉が〈弛緩を認める〉と思うのは〈大間違い（tant s'en faut）〉である。神は絶えざる緊張を説く。むしろ人間は〈神に慈悲あるがゆえに有りと有らゆる努力を尽くさねばならぬ〉［B.497］のである。洵に〈神は隠れる時ですら人間を有効に教化する〉［B.848］。「選ばれし者」に「十分なる暗さ」がある所以である。(64)

（h）「探すこと」と「見出すこと」あるいは「人間の意志」と「神の恩寵」

「衷心より探求する者」もしくは「ひたすら『見る』を欲する者」は必ず「見出さん」。この『パンセ』の基本命題は言うまでもなく「マタイ福音書」（7·7）の有名な聖句に基礎を置く。曰く〈探せよ、さらば見出さん（Cherchez, et vous trouverez）〉。(65) また、断章B.737の一句〈至純なる神の顕現するは純化されし心情を有する者にのみ〉が、同福音書の次の聖句〈幸いなるかな、心の清き者、その人は神を見ん（Magnifiques les cœurs purs, car ils verront Dieu）〉(66)（5・8）と呼応するのは明らかである。

ところで、アウグスティヌス神学は、既述のように、原罪を犯した人類がなおも己れの意志で創造主に回心する「力」を有するとの主張を認めていない。〈今や〔それは〕自由意志の力のまったく及ばざるもの（*Non est hoc omnino in virbus liberi arbitrii*）〉と考えるからである。(67) アウグスティヌスの自由意志無力論の背景にはペラギウスとの確執がある。ペラギウスは使徒パウロの一句〈善を欲すること我にあり（*Nam velle, adjacet mihi*）〉（ロマ、7・18）に依拠して善を「欲する〔こと〕（*velle*）」は人間の自由意志の領分であるとの説を成す。(68) アウグスティヌスはこの説に違和感を覚える。純粋に人間的なる状態に放置された人間が有するのは「衰弱せる意志作用（volition）」のみとの感を深めていたからである[69]。すなわち、神の〈召命〔呼びかけ〕〉が、原罪を犯せし人類の〈善き意志に先行する〉のであり、因って〈人間が善く欲するは神の召命に帰する〉べし、と[70]。パウロもまた別の箇所で〈汝等の裡に働き、御意《みこころ》のままに欲せしめ、行なわしめ給うは神なり（*Deus est enim, qui operatur in vobis et velle et perficere pro bona voluntate*）〉（フィリピ、2・13）と言い、「箴言」（8・35（七十人訳））も〈意志は神により て準備される（*voluntas* [...] *a Domino praeparatur*）〉と謳っているからである[71]。『恩寵文書』において、パスカルはアウグスティヌス説を忠実になぞっている。「善を欲する」は〈今や自由意志の力の及ばざるところ（Cela n'est maintenant dans les forces du libéral arbitre）[72]〉、あるいは〈意志は神によりて準備される〉などの文言をフランス語で数回引用しているのみならず[73]、聖句〈求めよ、さらば与えられん。探せよ、さらば見出さん。叩けよ、さらば開かれん〉に関するアウグスティヌスの註解をフランス語で記している。

〈人間が受領せんと欲するもののすべてを人間に求めさせるは神なり、人間が見出さんと欲するもののすべてを探求せしめるも神なり、人間に〔門を〕叩かせるも神なり［…］人間をして叫ばしめるは人間の裡に住める神の霊なればなり[74]〉。

『恩寵文書』は「祈り」に関しても同様の解釈を示している。「マタイ福音書」の一句〈祈りの時何にても求めばことごとく得《う》べし〉（21・22）に関連して、パスカルは、真に祈るキリスト者は〈常に己れの求むるもの（demande）を得ん[75]〉と言い、〈神は神に祈る者を断じて放置せず[76]〉却って〈祈る者が真摯に神に求めるならば救霊に必要なる手段を常に与えん〉と付言する。とはいえパスカルは「祈りの欲求とは人間の意志の自発的能力なり」と言ったのではない。神が人間の意志に「祈りの欲求」を「準備」し、これを受容する者が真に「祈る」のであると言ったのである。祈る者が「祈り求めるもの」を常に「得る」のは神が祈りの欲求を準備するからである、と。

『パンセ』においても同趣旨の見解が表明される。〈*Petenti dabitur*〈求める者には与えられん〉〉なる聖句は〈「求めること（demander）」は人間の能力の及ぶところなり〉の謂いではなく、むしろ〈それ〔求めること〕はそこ〔人間の能力の内〕には無し〉(77)［B.514］の謂いである。〈得ること（obtention）はそこに在るも、祈ること（prier）はそこには無きが故なり〉云々。また、断章B.513も〈神は己れの優位（la première）(78)を保つべく御旨《みむね》に適う者に祈りを与うなり〉と謳い、祈りの因って来るところは神であると断定する。パスカルの言は明らかにアウグスティヌスの一句〈祈りからしてすでに神の恩寵なり（[…] *orationis, ut donum gratiae consequatur*）(79)〉の変奏である。

ところで、「探すこと」「祈ること」が純粋な神の賜物であれば、既述のように、「探すを否む」者が「恩寵の欠如」を「言い訳」にして「否む」のも不可能ではない。不条理ではない。筋の通らぬ話ではない。が、これまた既述のように、神は〈神を探すを欲し且つ神に従うを欲する〉者に〈十分なる光〉を与えるのみならず、これを〈否む〉者にも〈〔神に〕戻るに十分なる光〉を〈恩寵によりて〉〈与える〉［B.584］というのがパスカルの説である。神は「否む者」を〈罪に定め〉、〈排斥されし者〉の罪を照らし、〈言い訳を無用にするに十分なる光〉［B.578］を与えるのである、と。由来イエス・キリストは〈すべての人間の裡に存在するを得んがために〉、〈すべての身分（conditions）の範型となるを得んがために〉、〈不幸なる身分を選べり〉と［B.785］。因って、〈神を識るが故に神に衷心より仕える者〉［B.194］は、〈神を識らず探さずして生くる者〉といえども現世に生きる限りはこの者を〈照らし得る恩寵を受ける可能性ある者〉と〈見做す〉義務を負うのである、と。[80]

上記は恐らく「イザヤ書」［65・1］に依拠した説である。パスカルは「キリスト教の証明」用に書き留めた覚書中に同箇所を引く。

〈我（＝神）を尋ね（consulter）ざりし者、我を探し（chercher）、我を探さざりし者、我を見出しぬ（trouver）。我、我が名を呼ばざりし民に語りぬ、我ここにあり、我ここにあり、と。己《おの》が思いに従いて悪しき道を歩む民に、我ひねもす我が手を差し伸べたり〉［B.713（傍点、引用者）］。

引用箇所は〈異邦人の回心〉と〈ユダヤ人の排斥〉に関する預言である。が、「神の名を呼ばざりし者」を一般の「未信者」に、「悪しき道を歩む不信の民」を「神の敵対者」に、それぞれ読み替えるのも不可能ではない。神は「神の名を呼ばざりし者」にも「我ここにあり、我ここにあり」と叫び続け、「悪しき道を歩む神の敵対者」にも「ひねもす手を差し伸べている」のである。あたかも神を「探す」のを欲するのが神の一方的な欲求であるかのように。事実、イエス・キリストは人間の要請を受けずして来臨した。神から離叛した人間の罪を憂えてこれを癒やすべく世に現われた。〈皆堕落〔腐敗〕し、神にそぐわず〔似る能わず〕なりしかば、神が人となりて人と結合せり〉［B.286］。ならば〈人間が神を愛し且つ神を識る〔認識する〕〉［B.430］以外の何を神は人間に「求め」ようかとパスカルは考える。而して聖句〈探せよ、さらば見出さん〉を逆転させたと覚しき言葉を他ならぬイエス・キリストに語らせ、人間の不安を払拭しようとする。

〈心を安んじよ、もし汝が我を見出さざりしならば、汝は我を探さざるべし〉［B.553（傍点、引用者）］。

〈もし汝が我を所有せざりしならば、汝は我を探さざるべし。因って、心を騒がすべからず〉［B.555（傍点、引用者）］。

〈心を安んじよ。汝はそれを汝に期すべきにあらず。却りて汝に一切を期せず、かくてそれを期すべきなり〉［B.517］。

上記の説は確かに前掲のアウグスティヌス説と一致する。パスカルは言う、アウグスティヌスのように。人間が「見出さんと欲するもの」「受領せんと欲するもの」を人間に「探求せしめる」のは、つまり「人間をして叫ばしめる」のは、「人間の裡に住める神の霊なり」と。しかし、パスカルはさらに言う、「神の霊」は万人の裡に住む、と。「未信者」の裡にも「神の敵対者」の裡にも住むのである、と。無論、「神の霊」による「探求」の「欲求」を無視して、人間の〈自然本性的〉な〈悪徳〉が〈超自然的恩寵に抵抗する〉［B.498］可能性はある。否、その可能性は大である。元々「欲する」も「欲しない」も人間の自由である。なるほど、人間は神の「召命〔呼びかけ〕」があって初めて「探す」を「欲する」のである。が、「召命」に応じるか否は人間の自由である。応じる者は自発的に応じるのである[81]。のみならず「召命」に応じて「探す」者〈善人〉［B.758］はすでに神を「見出している」のである[82]。すでに探し物を探し当てているのである。「召命」に、人間の裡に住める「神の霊」の「呼びかけ」に、応じたからである。ならば「心を騒がせる」には及ぶまい。已れに「期する」には及ぶまい。果たして前掲の「イザヤ書」［65・24］もこう謳っているのである、〈〔人間が〕呼ばざる前《さき》に我〔＝神〕応え、〔人間が〕語り終えざるに我〔＝神〕聴かん〉［B.713］と。由来神は人間と〈顔を対《あわ》せて相見ん〉ことを欲しているのである。親交を結ぶのを欲しているのである。

（ⅰ）「隠れたる神」と護教論

ならば、キリスト教の教理に対する攻撃材料は実質的にはごく僅かしかない。否、実のところ、ただ一点を措いて外にはない［Cf. B.194］。仮に真摯なる探求者が〈教会の提示物〉を隈なく検証し、〈努力の限り〉を尽くして真理を探究するも、不幸にして徒労に終わったとすればどうか。〈いかなる満足をも得るに至らなかった〉とすればどうか。それなら同探求者にはキリスト教を攻撃する正当な権利があるはずである。実質的な「攻撃材料」があるからである。が、実のところ、かかる人間は実在した例《ためし》がないのである。「光の完全なる欠如」［Cf. B.228］を、「闇〔曖昧さ〕の完全なる支配」［Cf. B.227］を主張し得た者はどこにもいないのである［Cf. B.194］、そうパスカルは〈断言〉する。なぜなら、神は常に人間とともに在って、〈我ここにあり、我ここにあり〉と叫び続けているからである。探せば必ず見出されることが約束されているからである。ところで、いやしくも〈理性的人間〉［B.194］を自任しながら敢えて探求を遠慮する者はあるまい。これを拒み得る者はあるまい。神が「見出される」のを欲するのであれば、待っているのであれば、「探せば見出す」は〈確率上〉［B.236］最高度の確実性を持った命題だからである。事実、己れを包む闇の中にさえ〈何ものかが見える〉［B.430］のである。〈地上の諸事象〉にも、見ようと思えば〈愛の種（sujet d'amour）〉が見つかるのである。由来〈愛と認識〉は人間の生得の能力である。ところで、神の人間に対する「欲求」あるいは「期待」が、他でもない、「人間の神に対する愛」であり「人間による神の認識」であれば［Cf. B.430］、剰《あまつさ》え〈神が己れの本質の幾許かの光（rayon）を人間に顕わすというのであれば〉、まさに〈神が良しとするはずの［…］交信手段〉で、人間の方が〈神を認識しかつ愛する〉〔B.430〕のは不可能ではない。否、可能性は極めて大である。

かくの如く、キリスト教を排撃するための口実はどこにも見当たらぬ。攻撃材料は払底している。因って〈我に真理を示すものなしと叫ぶ〉〔B.194〕が如き手合いにはこう言わねばならぬ、貴君は〈真理の探求を標榜しながら〉、その実、己れの〈怠慢さ〉を曝け出しているに過ぎぬ、と。また、「探求」自体の無意味さを訴え、〈〔我に〕顕わるるものなし〉〔B.247〕と広言して憚らぬ連中には〈絶望するなかれ〉と言って励まし、さらに〈神の意志の標《しるし》〉〔B.236〕の欠如を理由に〈神を崇拝する〉のを拒む輩《やから》には、実《げ》に〈神は標《しるし》を遺せり〉と答えて相手の「怠慢」を衝き、直ちにこう命ずれば済むのである、すなわち〈探すべし〉と。

翻って考えるに、神が〈完全なる光〔明瞭さ〕〉〔B.581〕を顕わせばどうなるか。〈神が恒常的に己れを人間に顕示すれば[83]〉どうなるか。パスカルは言下に答える、「光」の完全なるは〈意志を損なう〉〔B.581〕と。神の「恒常的顕現」は〈信ずる価値〉を貶めるものなり、と[84]。意志が信仰を余儀なくされるからである。意志の自由が踏みにじられるからである。人間の自由は、自由意志は、神の創造物である。恩寵の賜物である。神が「隠れる」のは、己れの創造物を、己れが人間に与える恩寵を、尊重するためである。神の「召命〔呼びかけ〕」に対する自由を意志に対して保証するためである。そもそも〈超自然的恩寵に抵抗する〉〔B.498〕のは、既述のように、人間の「自然」である。自然的本性である。「神の似姿」たる人間の、「超自然」に抵抗する〈自然本性的〉なる〈悪徳〉である。ならば〈衷心より神を忌避する者〉〔B.430〕を、「探す」を拒む者を、〈悪人〉〔B.758〕の名で呼ぶのは決して不当ではない。的外れではない。神は「悪人」が〈頑迷〉なるが故に、「悪人」の自由意志を尊重して、己れを顕示するのを〈拒否する〉〔B.430〕のである。

パスカルを所謂「実存主義」の「先駆者」扱いする二十世紀人サルトルは言う、〈神は人間に語りかけていたが今では沈黙している〉と。故に人間はもはや〈その屍骸に触れているに過ぎないのである[85]〉と。パスカルがサルトルの頑迷固陋の弁に接したとすれば、言下にこう応じたはずである。キリスト教は人間の〈探求〉の結果として〈見出される〉宗教である［B.574］。〈探求の労を執るを欲せざる者が［…］これを奪われてあるは当然なり〉［B.574］。己れの「闇」の奥に「光〔明瞭さ〕」を見るのを欲せず、自然本性的悪徳の産物たる頑迷さを飼い馴らしているが如き「実存主義者」に対して、神が己れの「本質の幾許かの光」を「顕示」するのを「拒む」のは理の当然である。〈肉欲（chair）〉に〈人間の幸福〉［B.692］を見出し、〈感覚の快楽〉からの離隔に〈不幸〉を予感する悪人の目に、〈解放者〉である〈神〉が、イエス・キリストが、闇の中に横たわる屍骸と映るのはまさに自業自得である、と。一方、〈衷心より神を探す者〉に対して、〈ひたすらに神を所有する願望を持てる者〉に対して、パスカルは言う、〈心を安んずるべし〉［B.692］と。〈心を騒がすべからず〉と。由来「護教論」である『パンセ』執筆の意図は〈解放者〉の存在を〈探求する〉道理を説き、「探す者」には〈神在り〉との〈福音〉を〈告知〉するにあるからである。

後記

本書は勤務校桜美林大学の紀要に発表した論稿の集成であるが、一本にまとめるに際して大幅に補筆修正したばかりか全面的に改稿したために書き下ろしに近いものとなった。第一章「『ド・サシ師との対話』におけるパスカルと哲学」は本書のための新稿である。本文と註のいずれにも若干叙述の重複した箇所があるが、単に文脈を重視した結果であり、他意はない。

著者の本格的なパスカル研究は大学院哲学専攻修士課程時代に遡るが、博士課程終了後の出身校における任務は中世哲学講義であり、アウグスティヌス、トマス・アクィナス等の中世神学者への研究対象の移行は当然の成り行きであった。が、同講義の経験はパスカル理解の新たな糸口となった。別けてもパスカルにおける恩寵と自由意志の問題に関して。デカルトの所謂「神の第三証明」とトマス・アクィナス哲学との関係ならびにパスカルにおける同証明の所与としての受容に関して。また、現勤務校における「哲学史」等の講義の経験もパスカル解釈の新たな地平を開いた。例えば、諸々の哲学とパスカル思想との類似性と差異性に関して。ストア哲学とキリスト教との類似性と差異性に起因するパスカルのエピクテトスに対するアンビヴァレンツに関して。諸々の哲学者の「神の存在証明」とパスカルのそれとの大いなる懸隔に関して。パスカルによる「神の存在証明」批判とカントの同証明批判との質的相違に関して、等々。すなわち著者の西洋哲学研究に起因するパスカルからの離隔はなかったのである。パスカルの哲学的思想の普遍性と独創性を際立たせるべく、時代を異にする哲学者・神学者等の言説への言及もまた当然の成り行きであった。

私事にわたるが、著者は二十数年前にカトリックの洗礼を受けた。ごく私的な事情が受洗の切掛けとなったのであるが、無論キリスト教の真正なるを納得した上での行動であった。当時、著者にキリスト教の真理を確信させたのは主として中世哲学であると考えていたが、本書の執筆中、パスカルもまた独自の方法で秘かに著者を説得していたことを思い知らされたのであった。加えて、本書は期せずしてパスカル没後三五〇年目に刊行される運びとなった。不思議な思いで受け止めているところである。

最後になったが、知泉書館代表取締役小山光夫氏ならびに同書肆編集部の皆様に謝意を表する。別けても、独断に陥りがちな著者に数々の的確な御助言を与えられた小山氏の御厚情に深謝する。また、長年にわたって著者を励まし続けたばかりか Résumé の校閲まで引き受けてくれた Hélène Suzzoni に衷心より謝意を表する。

二〇一二年夏

著　者識

初出一覧

第一章のⅡ　懐疑主義との闘い――アウグスティヌス、デカルト、パスカル
（「懐疑主義とパスカル」『桜美林論集』第三一号、桜美林大学、二〇〇四年三月）
第二章のⅠ　哲学者たちによる「神の存在証明」とその批判
（『神の存在証明』とその批判の系譜」『桜美林論集』第三二号、桜美林大学、二〇〇五年三月）
第二章のⅡ　パスカルと「神の存在証明」
（「パスカルと神の存在証明」『桜美林論集』第二一号、桜美林大学、一九九四年三月）
第三章のⅠ　「護教論」としての「賭けの論証」
（「『小護教論』としてのパスカルの『賭けの論証』」『桜美林論集』第三三号、桜美林大学、二〇〇六年一月）
第三章のⅡ　「賭けの論証」における「信仰の道」
（「パスカルの『パンセ』における『信仰への道』」『桜美林論集』第三四号、桜美林大学、二〇〇七年一月）
第四章　人間存在と思惟
（「人間存在と思惟」『桜美林論集』第三五号、桜美林大学、二〇〇八年三月）
第五章　真の哲学と真の宗教
（「真の哲学と真の宗教について」『桜美林論集』第三六号、桜美林大学、二〇〇九年三月）
第六章　人間学の基礎としての原罪論
（「人間学の基礎としての原罪論」『桜美林論考（人文研究）』創刊号、桜美林大学、二〇一〇年三月）
第七章　「隠れたる神」と人間の認識
（「『隠れたる神』と人間の認識」『桜美林論考（人文研究）』第二号、桜美林大学、二〇一一年三月）

道躰 滋穂子（どうたい・しほこ）

1945年生まれ。1981年，早稲田大学大学院文学研究科哲学専攻博士課程満期退学。早稲田大学，清泉女子大学講師を経て，現在，桜美林大学教授。
〔主要業績〕『真理への旅——新・基礎の哲学』（共著，北樹出版，1997年），『哲学のエチュード』（水声社，2002年）。ロバート・ウィルケン『ローマ人が見たキリスト教』（共訳，ヨルダン社，1987年），上智大学中世思想研究所編『中世末期の神秘思想』「中世思想原典集成 17」（共訳，平凡社，1992年），ジャン・ミール『パスカルと神学』（晃洋書房，1999年）がある。

〔パスカルの宗教哲学〕 ISBN978-4-86285-138-3

2012年9月10日 第1刷印刷
2012年9月15日 第1刷発行

著者 道躰滋穂子
発行者 小山光夫
製版 ジャット

発行所 〒113-0033 東京都文京区本郷1-13-2
電話03(3814)6161 振替00120-6-117170
http://www.chisen.co.jp
株式会社 知泉書館

Printed in Japan

印刷・製本／藤原印刷

Philosophie religieuse de Pascal

par

Shihoko DÔTAÏ

Chisenshokan Tokyo
2012

Résumé de *Philosophie religieuse de Pascal*

Ainsi que chacun le sait, *Les Pensées* contiennent quelques propos visant la philosophie. Par exemple, 《Se moquer de la philosophie, c'est vraiment philosopher.》 [*Les Pensées*, B.4].

Toutefois comme Aristote le dit, on ne peut contredire la philosophie sans bien la comprendre, puisqu'on doit utiliser les raisonnements philosophiques pour le faire. En effet, il y a toujours eu des chercheurs pour affirmer que Pascal était un philosophe, ses ouvrages étant marqués du sceau de la philosophie cartésienne.

Certes, M. de Sacy qui a eu un entretien avec Pascal juste après sa conversion définitive, témoigne que Pascal s'est préoccupé de la philosophie. Toutefois, dans cet entretien, Pascal ne mentionne ni le nom de Descartes, ni la philosophie de celui-ci, et la pensée développée par Pascal est toute différente de la philosophie cartésienne.

Cependant, il est vrai que *Les Pensées*, quoique n'ayant pas été écrites en tant qu'œuvre philosophique, contiennent un grand nombre d'éléments difficiles à comprendre dans leur totalité sans connaissances philosophiques préalables. Justement parce que Pascal y utilise une méthode faisant appel à la philosophie. Il dit, par exemple, du vrai devoir de la raison: 《Il faut savoir douter où il faut, assurer où il faut.》 [B.268]. Cette règle à propos de la raison est précisément celle de la philosophie, et en l'appliquant, Pascal cherche la vérité des choses et l'obtient.

Mais il apporte finalement des restrictions au rôle de la raison: 《La dernière démarche de la raison est de reconnaître qu'il y a une infinité de choses qui la surpassent》 [B.267], et de se soumettre où il faut[Cf.B.268], parce que la vérité qu'il a obtenue par sa raison est 《loin de l'inventer par ses voies》 [B.445], c'est-à-dire que c'est la vérité qui surpasse la raison ou va 《contre la raison》 [B.445], et autrement dit, surpasse le domaine de la philosophie.

Voilà pourquoi nous avons intitulé notre ouvrage « *Philosophie religieuse de Pacal* ».

Or, avant sa conversion définitive, Pascal a fréquenté ceux que l'on appelle des 《honnêtes hommes》 qui sont la plupart 《athées》 [B.222, B.228, Cf. B.225] ou 《libertins》, c'est-à-dire, 《les impies qui font profession de suivre la raison》[B.226], en d'autres termes, ceux qui ont assez de connaissances en philosophie et qui 《se sont défaits de la religion, parce qu'ils n'y ont pas trouvé des discours solides》 [Cf.

B.259]. Quant à Pascal, après avoir étudié toutes sortes de philosophies et pensées diverses, il est parvenu à la conclusion que, seule, la doctrine chrétienne élucide l'incompréhensibilité de la condition humaine et donne le vrai bonheur aux hommes, et, fort de sa conviction ainsi acquise, il s'est aussitôt converti définitivement au christianisme, et a obtenu 《Certitude, (...) Joie, Paix》 [Cf. *Écrit trouvé dans l'habit de Pascal après sa mort*].

Dès lors, il était bien naturel que les honnêtes hommes sans Dieu lui paraissent trop malheureux et misérables [Cf. B.389]. Afin de les tirer de cet état, Pascal s'est attelé à l'écriture d'une apologie du christianisme.

Les honnêtes hommes, toutefois, ne sont pas 《le monde ordinaire》 : ils sont ceux 《qui font profession de suivre la raison》 [B.226] et 《qui n'ont pas le pouvoir de s'empêcher ainsi de songer, et qui songent d'autant plus qu'on leur défend》 [B.259]. Autrement dit, ils veulent non seulement 《être heureux》, mais aussi 《assurés de quelque vérité》 [Cf. 389]. Ils souhaitent en somme 《la vérité et le bonheur》 [B.437]. C'est pourquoi Pascal tente de démontrer non seulement que le christianisme donne le bonheur mais aussi qu'il enseigne la vérité.

Cependant, pour ce faire, Pascal n'emploie ni arguments philosophiques ni théologiques. Sa méthode est tout autre : unique et originale. Il sait combien sont inutiles les preuves philosohiques de l'existence de Dieu pour les non croyants, et c'est pourquoi il élabore pour l'honnête homme l'argumentation du pari. Il démontre qu'on peut gagner 《une éternité de vie et de bonheur》 [B.233], si on parie pour l'existence de Dieu.

C'est, véritablement, une tentative pour offrir le bonheur à l'honnête homme, et celui-ci comprend enfin quel énorme gain il peut obtenir s'il parie pour l'existence de Dieu, mais finalement, il hésite à parier. C'est que son souhait de la vérité n'est pas encore satisfait.

Voilà pourquoi Pascal s'efforce de démontrer que le christianisme est vrai, et que cette religion 《n'est point contraire à la raison》 [B.187].

Sa méthode est encore une fois toute originale. Il commence par lui expliquer ce qu' est l'homme, c'est-à-dire l'essence de l'homme. Il décrit minutieusement la condition des hommes, et lui fait saisir précisément la manière d'être et d'exister des hommes, qui est toute différente de celle des autres êtres. Il n'y a que l'homme qui possède le pouvoir de penser en se laissant guider par la raison. Seul, l'homme, parmi toutes les espèces vivantes peuplant la terre, possède cette gloire et cette grandeur. Et cependant, cela ne l'empêche pas d'être en même temps dans la misère.

Pour ne citer qu'un exemple, l'homme est perpétuellement insatisfait de sa condition présente, de sorte qu'il se raccroche au passé ou anticipe l'avenir [Cf. B,172], mais, en fait, il est trompé par l'expérience du passé[Cf. B.425], et il n'a

aucune assurance d'atteindre à l'avenir[Cf. B. 172]. La seule chose qui lui soit assurée, c'est d'être poussé de malheur en malheur jusqu'à la mort,comble éternel du malheur [Cf. B.425]; en outre, sa pensée, qui prouve sa grandeur, n'est nullement en mesure de comprendre la nature de la mort[Cf. B.194].

Les hommes, bien que souffrant de cet état de malheur et de misère, se lancent dans toutes sortes de divertissements pour se dissimuler cet état de fait évident. Ils abandonnent la raison pour affaiblir leur pensée ; ils se rabaissent à l'état d'animal.

Après avoir décrit les contradictions ou les insatisfactions des hommes, Pascal va en rechercher la cause. Il passe au crible les philosophies et les religions, et ne parvient à trouver aucune explication satisfaisante, si ce n'est dans la doctrine du christianisme.

D'après cette doctrine, Dieu, Créateur empli de bonté, a créé l'homme selon son image, soit un être grand, heureux et intelligent, mais l'homme, ayant voulu usurpé la place de son Créateur, a péché contre Lui et Lui a tourné le dos; d'où l'état misérable et malheureux dans lequel il est tombé. L'homme a été 《dans un degré de perfection, dont il est malheureusement déchu》 [B.434], et 《dont il ne lui reste maintenant que la marque et la trace toute vide》 [B.425]. Par cette doctrine qui est, pour ainsi dire, la métaphysique du péché originel, la cause de l'insatisfaction humaine est parfaitement expliquée, et cela prouve que la religion chrétienne est empreinte de vérité. C'est ainsi que le désir de l'assurance de la vérité[Cf. 389] chez les honnêtes hommes est satisfait.

Et pourtant, leur conversion au christianisme n'est probablement pas encore garantie. C'est que leur aspiration au bonheur n'est pas encore parfaitement comblée.

Afin que les hommes se donnent les moyens d'être heureux, il faut qu'ils retournent au degré de perfection qui leur avait permis de jouir avec certitude de la vérité et de la félicité [B.434].

La religion chrétienne indique, bien entendu, la voie par laquelle l'homme peut revenir à ce degré de perfection. Il suffit d'avoir confiance en Jesus-Christ et de le suivre, car, bien que d'essence divine, Il s'est sacrifié à la place de l'homme pour la rédemption de ses péchés.

C'est certes un événement mystérieux que la raison humaine n'est pas à même de saisir pleinement. Cependant, il est une chose qu'elle est en mesure de comprendre. C'est que cet événement prouve que le Créateur ne délaisse jamais ses créatures, et que Son affaire la plus grande est la conversion des hommes[Cf. B.553]

Autrement dit, Dieu veut que les hommes retrouvent le degré de perfection d'autrefois.

Si 《les impies qui font profession de suivre la raison》 [B.226] le comprennent,

ils ne pourraient s'empécher d'aimer Dieu.

Toutefois, certaines personnes hésitent encore à suivre Jesus-Christ parce qu'elles se refusent probablement à croire sans voir [Cf. Jean, 20·29].

Or, Pascal tâche de convaincre ceux qui se donnent pour des《personnes raisonnables》[B.194] de chercher sincèrement Dieu. Car le testament assure qu'on trouvera si l'on cherche[Cf. Matthieu, 7·7]. Cela signifie que Dieu ne se cache pas, au contraire, il se tient toujours aux côtés de l'homme, criant :《Me voici! Me voici!》et tendant les mains [Cf. Isaïe, 65·1-2 ; B.713]. C'est Dieu qui veut que l'homme le cherche. La proposition《[celui] qui cherche trouve》[Matthieu, 7·8] est donc celle qui provient de la plus haute certitude obtenue《par les partis》[B.236]. Puisqu'il en est ainsi, si ceux qui se donnent pour des《personnes raisonnables》[B.194] hésitent encore à chercher Dieu, c'est qu'ils ne sont sans doute plus dignes de cette appellation.

Telle est la méthode employée dans *Les Pensées* de Pascal. Ce n'est rien de moins que celle sur laquelle s'appuie la philosophie religieuse.

人名索引

＊ 哲学者名の欧文表記は平凡社版『哲学辞典』（1993 年）に準拠する。
＊ 聖書に登場する人名あるいはキリスト教関係者の欧文表記は『新カトリック大事典』（全 4 巻，1996—2009 年，研究社）に準拠する。
＊ パスカルが引用する人名中，仏語綴りが上記と異なる場合は仏語綴りを併記する。
＊ n は註ページを示す。

アウグスティヌス／聖アウグスティヌス Augustinus/Augustin（saint） …………7, 20, 21, 26–32, 38, 42–47, 57, 65, 72–75, 149, 150, 153, 155, 162–64, 177, 178, 189–93, 196–200, 203, 205, 211, 216, 223, 227, 228, 233, 234, 236–38, 240, 245, 247, 13n, 14n, 17n, 21n, 25n, 28n, 29n, 30n, 31n, 32n, 34n, 35n, 36n, 37n, 38n, 39n, 40n, 41n
アダム Adam …………………………………………… 188–91, 193–99, 201–03, 213, 214, 34n
アナクシメネス Anaximenes ………………………………………………………………… 72
アブラハム Abraham ………………………………………………………………… 16, 68
アリアノス Arrianos …………………………………………………………………………… 19
アリストテレス／アリストテレス主義者 Aristoteles/Aristote ……… 7, 12, 25, 35, 155, 165, 205, 10n, 13n, 24n
アルケシラオス Arkesilaos/Arcésilas ……………………………………………………… 165
アルノー／アントワーヌ・アルノー Arnauld, Antoine ………………… 15, 32, 31n, 32n, 37n
アンセルムス（カンタベリーの）Anselmus Cantaberiensis …………… 47–49, 56, 17n, 18n
イエス・キリスト／イエス／キリスト Iesus Christus/Jésus–Christ ……………… 11, 13, 46, 47, 149, 57, 62, 64, 68, 75, 76, 81, 82, 130, 182, 185, 195, 200–05, 208, 210, 213, 215, 217–21, 223, 224, 226, 228, 231, 235, 238, 239, 243
イザヤ（書）Esaias ／ Isaïe …………………… 12, 209, 211, 212, 218, 225, 227, 228, 239, 240
稲垣良典 …………………………………………………………………………………… 25n
エピクテトス Epiktetos/Epictète ………………… 16–19, 21, 22, 76, 133, 155–57, 164, 165, 174, 245, 27n, 28n, 30n
エピクロス／エピクロス派 Epikuros/Épicurien …………………………………… 165, 205
オヴィディウス Ovidius …………………………………………………………………… 32n

カミュ／カミュ神父 Camus, Jean–Pierre …………………………………………… 28n, 31n
ガリグー・ラグランジュ Garrigou–Lagrange, Réginald ……………………………… 34n
カロー／ヴァンサン・カロー Carraud, Vincent …… 11n, 12n, 15n, 20n, 27n, 28n, 30n, 31n
カント Kant, Immanuel ……………… 8, 30, 31, 38, 41, 48–50, 55, 58, 60, 61, 64, 66, 68, 69, 77, 84, 245, 15n, 17n, 19n, 20n
キケロ Cicero, M.T./Ciceron ……………………………………………………………… 13n
キルケゴール／キェルケゴール Kierkegaard, Sören ………………… 61–65, 128, 199, 202,

13n, 14n, 20n, 29n
グイエ Gouhier, Henri ……… 24n, 36n, 37n, 39n
クレオパトラ Cleopatra/Cléopâtre ……… 139
グロティウス Grotius, Hugo ……… 83, 167, 28n, 31n
コペルニクス Copernicus, N./Copernic ……… 102

サルトル Sartre, Jean-Paul ……… 98, 242, 243, 23n, 41n
サン・シラン Saint-Cyran ……… 7, 79, 22n, 33n
ジルソン Gilson, Étienne ……… 12n, 17n, 18n, 19n, 21n, 25n, 31n, 32n
シャロン Charron, Pierre ……… 93, 121, 22n, 23n, 26n, 30n, 33n
ジャンセニウス／ヤンセニウス Jansenius/Jansénius ………7, 152, 30n, 36n, 38n, 39n
シュテーリッヒ Störig, H.G ……… 13n, 30n
十字架のヨハネ（ファン・デ・ラ・クルス）Jean de la Cruz……… 210-13, 36n, 37n
セーヴ Sève, Bernard ……… 37n
セネカ Seneca/Sénèque ……… 19, 30n
セリエ Sellier, Philippe……… 17n, 21n, 25n, 29n, 32n, 33n, 34n, 35n, 36n, 38n, 40n
ソクラテス Sokrates ／ Socrate ……… 24, 62, 64, 132, 210, 219, 27n

タレス Thales ……… 72
テイヤール・ド・シャルダン（テイヤール）Teilhard de Chardin, P. ……… 102, 23n
デカルト Descartes ……… 7, 8, 10, 16, 17, 26, 28-34, 38, 42, 43, 49, 51-60, 67, 69, 70, 72, 78, 84, 103, 104, 113, 114, 134, 145, 173, 178, 179, 245, 247, 12n, 13n, 14n, 15n, 16n, 17p, 18n, 19n, 20n, 21n, 22n, 24n, 27n, 28n, 30n, 32n, 33n, 37n
デ・バロー Des Barreaux……… 25n
デモクリトス Demokritos/Démocrite……… 72
テレジア（アヴィラの）Teresa d'Avila ……… 213
デンツィンガー／デンツィンガー・シェーンメッツアー Denzinger-Schönmetzer ……… 34n, 35n, 36n
ド・サシ（師）／サシ Sacy, L-I Le Maistre, sieur de ……… 8, 15-17, 21, 26, 32-35, 42, 77, 133, 134, 174, 245, 27n
トマス・アクィナ／聖トマス・アクィナス／トマス／トマス主義哲学者 Thomas Aquinas/ Saint Thomas ……… 10, 35, 44, 48-50, 53, 54, 56, 57, 60, 61, 63, 69, 71, 92-95, 116, 118, 150, 151, 193, 197, 245, 12n, 15n, 16n, 18n, 22n, 23n, 25n, 29n, 34n, 35n
トムテイ Thomte ……… 19n, 20n
トレスモンタン Tresmontant, Claude……… 18n, 34n, 35n

ニコラウス・クザーヌス／クザーヌス Nicolaus Cusanus /Nikolai de Cusa ……… 209, 210, 212, 36n
ニコル Nicole, Pierre ……… 84, 22n

パウロ／聖パウロ Paulus/Saint Paul …… 78–81, 127, 196, 197, 199, 203, 236, 237, 39n, 40n
ハイデガー／マルティン・ハイデガー Heidegger, Martin 145, 146, 148, 149, 14n, 28n, 29n
パスカル／ブレーズ・パスカル Pascal, Blaise passim ………… 1, 3–13, 15–19, 22–28, 30, 32–44, 47, 49, 57, 58, 60–62, 65–85, 87–89, 92–94, 98–105, 108, 110, 111, 113–15, 118–21, 124, 125, 128, 130–40, 142–45, 148–53, 155–58, 161–68, 170–79, 181–89, 191, 192, 195, 198–208, 212–16, 218, 223–29, 234, 235, 237–43, 245–47
ハリントン Harrington, Thomas More …… 14n, 15n, 17n
ピュタゴラス（学派）Pythagoras …… 205
ピュロン／ピュロン派 Pyrrhon/Pyrrhonien/Phyrrhonisme …… 37, 89, 165
ブイエ Bouiller, Francisque …… 12n
フェルマ Fermat, Pierre de …… 105, 106
プラトン／プラトン学派／プラトン主義哲学者 Platon, Platonism, Platoniste …… 7, 25, 47, 74–76, 155, 162–65, 177, 178, 219, 31n
ブラン Brun, Jean …… 229, 22n, 28n
ブランシュヴィク Brunschvicg, L. …… 229, 21n, 22n, 28n, 40n
ブリュネ Brunet, Georges …… 25n
フルキエ Foulquié, Paul …… 12n
プロティノス Plotinos …… 74, 75
ヘーゲル／ヘーゲル体系 Hegel, G.W.F. …… 20n
ペラギウス／ペラギウス派 Pelagius/Pélage/Pélagien …… 236, 26n
ボヘンスキー Bocheński, J.M. …… 12n
ポール Paul, Jean-Marie …… 15, 32, 79, 84, 164, 213, 224, 20n, 26n, 27n

マタイ (福音書) Matthaeus/Matthieu (saint) …… 12, 81, 236, 237
松浪信三郎 …… 23n
マホメット Muhammad/Mahomet …… 167, 168, 220
マルクス・アウレリウス Marcus Aurelius …… 19, 22
ミール Miel, Jan …… 25n, 35n
モーセ Moyses/Moïse …… 48, 68
モンテーニュ Montaigne, Michel de …… 5, 16, 17, 22–27, 34, 35, 37, 115, 119, 136, 137, 142, 145, 153, 155, 160, 165, 167, 174, 11n, 13n, 16n, 17n, 23n, 24n, 25n, 26n, 27n, 28n, 29n, 30n, 31n, 32n, 33n, 39n

ヨハネ（福音書）Ioannes/Jean l'Évangéliste (saint) …… 12, 46, 169, 170, 195, 201, 210–13, 226, 227

ライプニッツ Leibniz, G.W. …… 60
ラフュマ Lafuma Louis …… 21n, 28n
ラ・ブリュイエール La Bruyère, Jean de …… 71, 72
ル・ゲルン Le Guern, Michel …… 21n, 22n, 28n, 37n, 38n

註

序

1）Cf. *ENTRETIEN AVEC MONSIEUR DE SASY SUR ÉPICTÈTE ET MONTAIGNE*（『ド・サシ師との対話』）（以後 *ENTRETIEN* と略記）, Pascal *Œuvres Complètes*, Gallimard, 2000（以下 OCG と略記）, II, p.84.

2）Cf. Pascal, LE MÉMORIAL（「メモリアル」）, Pascal *Œuvres Complètes,* DDB, 1991,（以後 , OC と略記）, t.III, p.51; OCG, t.II, p.852.

3）Cf. OC, t.III, *Ibid.*; OCG, t.II, *Ibid.*

4）Les〈Pensées〉de Port-Royal, *Préface*, OCG, t.II, p.908.

5）*Op.cit*., p.909.

6）Cf. B.256 & LA VIE DE MONSIEUR PASCAL, par Madame Périer, Pascal, OCG, t.I, p.68.

7）同命題はモンテーニュの以下の一文に触発されたものと言われる。〈理性の仕事はすべて，畢竟するに，人間を幸福に（bien), 而して安楽に生活させることに向けられる。〉Cf. *Les Essais de Montaigne*（préparée par P. Villey）, XX, PUF, 1978, t.1, p.81;『モンテーニュ（上)』（筑摩世界文学大系 13), 筑摩書房 , 1971 年，p.55。

8）パスカルの姉の証言によれば，パスカルは〈無神論者〉との面談の際には〈始めから論争を仕掛けることも［…］諸原理を立てることも断じてなく〉，〈相手が衷心からの真理探究者であるか否かを予め摑もうと欲した〉。而して相手の誠意を察知するや〈あるいは当人に欠如した光を当人が見出すべく手助けをし，あるいは真理を教示する前に真理探究の覚悟を促し，併せてこれを最重要な任務とする覚悟をも促す〉のが常であった（LA VIE DE MONSIEUR PASCAL, par Madame Périer, OCG, t.I, p.78.)。

9）アリストテレス『哲学の勧め』『アリストテレス全集 17』岩波書店，1989 年，p.543。

10）Cf. Vincent Carraud, *Pascal et la philosophie*, PUF, 1992, p.16, n.3.

11）この寸言は，モンテーニュの一文〈往古 , 哲学を業としながら，さして哲学に重きを置かざる風を咎められし男，答えて曰く，それまさに哲学するなり，と〉に由来するとの諸研究者の指摘がある。Cf. *Les Essais de Montaigne*, XII, t.1, p.511;『モンテーニュ（上)』p.366; Cf. Vincent Carraud, *Pascal et philosophie*, PUF, 1992, p.194.

12）Cf. アリストテレス『哲学の勧め』『アリストテレス全集 17』pp.542-44; V. Carraud, *op. cit.*, p.10, n.1.

13）以下の諸書がその代表である。Emile Saisset, *Le scepticisme. Ænésidème - Pascal - Kant*, 1863; Thomas More Harrington, *Pascal Philosophe*, SEDES, 1982; Vincent Carraud, *Pascal et la philosophie*, PUF, 1992; Jean Brun, *La philosophie de Pascal*, Collection QUE SAIS-JE, PUF, 1992（『パスカルと哲学』文庫クセジュ，白水社，1994 年); Félix

Ravaisson, *La philosophie de Pascal*, Éd du Sandre, 2007 (1ère parution dans la Revue des deux Mondes, 1887).

14） Cf. Francisque Bouillier, *Histoire de la philosophie cartésienne*, Deragrave, 1868, cit.in V. Carraud, *op.cit.*, p.34.

15） Cf. *Ibid.*

16） Cf. E. Saisset, *Le scepticisme. Ænésidème - Pascal - Kant*, 1863, cit. in V. Carraud, *op.cit.*, p.31.

17） Cf. *Ibid.*

18） Cf. *Ibid.*

19） Ibid.

20） Ibid.

21） E. Saisset, *op.cit.*, in V. Carraud, *op.cit.*, p.31.

22） V. Carraud, *op.cit.*, p.33.

23） Cf. V. Carraud, *op.cit.*, pp.18-20.

24） *ENTRETIEN*, OCG, t.II, p.85.

25） ボヘンスキー『哲学的思索の道』エンデルレ書店，1989 年，p.30。

26） Cf. P. フルキエ『哲学講義 1』筑摩書房（ちくま学芸文庫）1997 年，p.107。

27） P. フルキエ , *op.cit.*, p.107。

28） Cf. Thomas Aquinas, *Summa Theologiae*, I, q.1, a.6, BAC, t.1, 1978, p.8;『神学大全 1』創文社，1987, p.17; Cf. Étienne Gilson, *God and Philosophy*, Yale Univ.Press, 1969, p.76; ジルソン『神と哲学』ヴェリタス書院，1966 年，p.103。

29） Cf. É. Gilson, *op. cit.*, p.76;『神と哲学』p.103。

30） Cf. É. Gilson, *op. cit.*, p.82;『神と哲学』p.108：「キリスト教信仰の如何にかかわらず，それが混入して己れの形而上学の合理的純粋さが損なわれるのをデカルトは極度に懼れていた［…］」。

第 1 章　パスカルと哲学

1） Cf. *ENTRETIEN*, OCG, t.II, p.84.

2） Cf. Pascal, LE MÉMORIAL（「メモリアル」）, OC, t.III, p.51; OCG, t.II, p.852.

3） Cf. *Ibid.*

4） Cf. OC, t.III, p.51; OC, OCG, t.II, p.851.

5） 本書「序」註 11 参照。

6） *ENTRETIEN*, OCG, t.II, p.85.

7） Vincent Carraud, *op.cit.*, p.12.

8） *Ibid.*

9） *ENTRETIEN,* Pascal, OCG, t.II, p.94.

10） *Ibid.*

11） V. Carraud, *op.cit.*, p.112.

12） *ENTRETIEN*, OCG, t.II, p.95.

13） *Ibid.*

14） *ENTRETIEN*, OCG, t.II, p.86.

15） *ENTRETIEN*, OCG, t.II, p.97.

16） *ENTRETIEN*, OCG, t.II, p.98.

17） Cf. *ENTRETIEN*, OC, t.III, p.130, n.2.

18） *ENTRETIEN*, OCG, t.II, p.86.

19） Cf. *ENTRETIEN*, OCG, t.II, p.87.

20） *Ibid.*

21） *Ibid.*

22） Cf. *ENTRETIEN*, OCG, t.II, pp.87, 95.

23） Cf. *ENTRETIEN*, OCG, t.II, p.95.

24） Pierre Courcelle, *L'ENTRETIEN DE PASCAL ET SASY*, Vrin, 1960, p.18.

25） Cf. アリストテレス『自然学』I, 4, 187a28-a37（『アリストテレス全集 3』岩波書店，1987 年，p.18）。

26） Cf. キケロ『神々の本性について』2・46（『キケロー選集 XI』岩波書店 , 2000 年，p.168）。

27） Cf. Augustinus, *Confessiones*, XII・VI, 6-VIII, 8, *Œuvres de Saint Augustin*, t.14, Études Augustiniennes, 1996, pp.350-56;『アウグスティヌス著作集 5/II』（以後『著作集』と略記）教文館，2007 年，pp.274-80.

28） Cf. シュテーリッヒ『世界の思想史』上 , 白水社，1967 年，p.194.

29） Cf. シュテーリッヒ , p.195.

30） *ENTRETIEN*, OCG, t.II, p.87.

31） *Ibid.* この一文から察するに，パスカルにおける〈理性〉は形而上学的探求の道具であるというよりもむしろ〈道徳〉の源泉である .

32） *ENTRETIEN*, OCG, t.II, p.89.

33） *ENTRETIEN*, OCG, t.II, p.90.〈公理あるいは共通観念〉は〈狡猾邪悪なる存在によって形成された〉〈偽物〉ではないかとの「懐疑」, あるいは〈昏迷〉のなかにある〈霊魂〉が〈二プラス三を六である〉と〈信じる可能性〉なるものに言及するモンテーニュの「懐疑」は，周知のごとく，哲学者デカルトの思想的出発点でもある。それゆえこの箇所は，モンテーニュ思想の要約というよりもむしろデカルトの『省察』の要約ではないかとの指摘もある。Cf. Descartes, *MEDITATIONES, Prima, Œuvres de Descartes,* J.Vrin, 1973, VII, pp.17-25; P. Courcell, op, cit., pp.28-31; V. Carraud, op.sit., p.9; *ENTRETIEN*, OC, DDB, III, p.141, n.3 & p.142, n.4. ならば，パスカルが『対話』のなかで一度もデカルトの名を挙げなかった理由がなおさらわかりにくいものとなる。したがって，モンテーニュ思想の，デカルトならびにパスカルへの個別的流入の可能性も一概に否定し得ないことになる。Cf. V. Carraud, *op.cit.*, p.97.

34） Cf. *ENTRETIEN*, OCG, t.II, p.90.

35) Cf. *Ibid.*.

36) *Ibid.*

37) Cf. *Ibid.*

38) Cf. *Ibid.*

39) *ENTRETIEN,* OCG, t.II, p.90; Pascal, *De l'esprit géométrique*, OCG, t.II, p.158. なお，ハイデガーは当該箇所を『存在と時間』で引用している；Cf. M. Heidegger, *Sein und Zeit*, Max Niemeyer Verlag, 1967, S.4, n.1; ハイデッガー『存在と時間』『ハイデッガー選集 16』理想社，1977 年，p.19。

40) Cf. *ENTRETIEN*, OCG, t.II, p.88.

41) Cf. *Ibid.*

42) *ENTRETIEN*, OCG, t.II, p.88.

43) Cf. *ENTRETIEN*, OCG, t.II, p.87.

44) *Ibid.*

45) Cf. *ENTRETIEN*, OCG, t.II, p.93.

46) *Ibid.*

47) *ENTRETIEN*, OCG, t.II, p.94.

48) Cf. Pierre Courcelle, op.cit., pp.28-29.

49) Cf. Thomas More Harrington, *Pascal Philosophe*, SEDES, 1982, p.74.

50) *ENTRETIEN*, OCG, t.II, p.91.

51) *ENTRETIEN,* OCG, t.II, p.92.

52) *Ibid.*

53) Augustinus, *De Trinitate*, X, X, 14, *ŒUVRES DE SAINT AUGUSTIN*, t.16, Études Augustiennes, 1991, p.148;『著作集 28』2004 年，p.298.

54) *Ibid.*

55) *ENTRETIEN*, OCG, t.II, p.90.

56) Augustinus, *De Civitate Dei*, XI, 26, *ŒUVRES DE SAINT AUGUSTIN*, t.35, DDB, 1959, p.114;『著作集 13』1981 年，p.74。

57) Pascal, *DE L'ESPRIT GÉOMÉMTRIQUE*（以後 *L'ESPRIT* と略記）, OCG, t.II, pp.179-80.

58) Descartes, M*EDITATIONES DE PRIMA PHILOSOPHIA*（以後 *MEDITATIONES* と略記）, Prima, *Œuvres de Descartes*, publiée par Adam & Tannery（以後 *Œuvres* と略記）, Vrin, 1973, t.VII, p.17: IX- 1, p.13;『デカルト著作集 2』（以下『著作集』と略記）白水社，1993 年，p.29。

59) Descartes, *DISCOURS DE LA MÉTHODE*（以下 *DISCOURS* と略記）, *Œuvres*, t.VI, p.31;『著作集 1』p.38。

60) Descartes, *MEDITATIONES*, Ⅰ, *Œuvres*, t.VII, p.18: IX- 1, p.14;『著作集 2』p.30。

61) Descartes, *DISCOURS, Œuvres*, t.VI, p.32;『著作集 1』p.38。

62) *Ibid.*

63） *Ibid.*

64） Descartes, *MEDITATIONES*, Secunda, *Œuvres*, t.VII, p.24 : IX-1, p.19;『著作集 2』p.37-38。

65） Cf. Descartes, *MEDITATIONS*, Troisièmes objectons, Objection Seconde, *Œuvres*, IX-1, p.135;『著作集 2』p.209。

66） Descartes, *DISCOURS, Œuvres*, t.VI, p.32;『著作集 1』p.39。

67） Descartes, *MEDITATIONES*, Secunda, *Œuvres*, t.VII, p.25, IX-1, p.19;『著作集 2』p.38。

68） *Ibid.*

69） Descartes, *DISCOURS*, *Œuvres*, t.VI, p.32;『著作集 1』p.39。

70） Cf. Descartes, *MEDITATIONES*, *Quintae Responsiones*, *Œuvres*, t.VII, p. 352; *Œuvres philosophiques de Descartes*, t.II, Garnier, 1967, pp.792-93;『著作集 2』p.427。

71） Descartes, *MEDITATIONES*, *Secundae Responsiones*, *Œuvres*, t.VII, p.140;「第 2 反論への答弁」『著作集 2』p.172。

72） Kant, *Kritik der reinen Vernunft*（以後 *Kritik* と略記）, Felix Meiner Verlag, 1976, S.417b;『カント全集 V』（以後『全集 V』と略記）理想社，pp.117-18。

73） *Kant*, *Kritik*, S.388b;『全集 V』p.78。

74） Kant, *Kritik*, S.391b;『全集 V』p.81。

75） Kant, *Kritik*, S.379b;『全集 V』p.66。

76） Kant, *Kritik*, S.392b;『全集 V』p.81。

77） Kant, *Kritik*, SS.390b-391b;『全集 V』pp.80-81。

78） Kant, *Kritik*, S.392b;『全集 V』pp.81-82。

79） Kant, *Kritik*, S.371;『全集 V』p.57。

80） Cf. Kant, *Prolegomena*, Felix Meiner Verlag, 1957, S.100;『全集 VI』p.318。

81） Descartes, *MEDITATIONES*, Objectiones quartæ, *Œuvres*, t.VII, p.197;『著作集 2』pp.242-43。

82） Cf. Descartes, *Correspondance*, CCXIX, Œuvres, t.III, pp.247-48. 本章の眼目は無論デカルトの「コギト」の典拠に関する詮議立てにはないが，トマス・アクィナスの『真理論』の下記の記述（q.10, a.12）の影響を指摘するのは必ずしも恣意とは言えない。トマス曰く，〈何人《なにびと》も己れの存在せざるを［…］思惟する能わず。何ものかに関して思惟するとの事実自体によりて，己れの存在するを知覚するなればなり〈(...) *nullus potest cogitare se non esse* (...) : *in hoc enim quod cogitat aliquid, percipit se esse*)〉と。（S.THOMAE AQUINATIS, *QUAESTIONES DISPUTATAE*, Volumen I, *De Veritate*, q.10, a.12, MARIETTI, 1986, p.220; Cf. É. Gilson, *Études sur le rôle de la pensée médiévale dans la formation du système cartésien*, Vrin, 1975, p.267; H. Gouhier, *Cartésianisme et augustinisme, au XVIIe siècle*, Vrin, 1978, p.173.

83） *L'ESPRIT*, OCG, t.II, p.179.

84） *L'ESPRIT*, OCG, t.II, pp.179-80.

85） *L'ESPRIT*, OCG, t.II, pp.179-80.

86）人間と獣との本質的相違は「精神的なもの」にありと主張した箇所は他にもある。〈カワカマスや蛙は精神的なことをしない〉［B.341］。〈動物〉は〈精神によって〉行動するのではない［B.342］など。

87） Cf. V. Carraud, p.91, 93.

88） また，Pascal, OC に収録されている *Extraits Recueil de choses diverses* のひとつは〈それ〔モンテーニュの書〕がパスカル氏の書であった〉と伝えている : OC, I, p.889.

89）［　］内は後にパスカルが線を引いて消した部分である。

90） *L'ESPRIT*, OCG, t.II, p.158.

91） *L'ESPRIT*, OCG, t.II, pp.158, 161.

92） *ENTRETIEN*, OCG, t.II, p.90.

93） *ENTRETIEN*, OCG, t.II, p.89.

94） *ENTRETIEN*, OCG, t.II, p.90.

95） *ENTRETIEN*, t.II, p.90.

96） *L'ESPRIT*, OCG, t.II, p.158; OC, t.III, p.396［同書（p.396, n.1）によれば，『ポール・ロワイヤル論理学』第一部 , 11 章（1662), 12 章（1664), 13 章（1683）には，これを敷衍した言説が見られるという。また同様の言説はデカルトの『哲学原理』第十部にもある由］.

97） *L'ESPRIT*, OCG, t.II, p.160.

98） Cf. Thomas Aquinas, *Summa Theologiae*, I, q.2, a.3, BAC, t.1, 1978, pp.17-18; トマス・アクィナス『神学大全 1』創文社，1960 年，pp.43-45。

99） *L'ESPRIT*, OCG, t.II, p.160.

100） Cf. T. M. Harrington, *op. cit.*, p.74.

101） *ENTRETIEN*, OCG, t.II, p.90.

102） *Ibid.*

103） Cf. *L'ESPRIT*, OCG, t.II, pp.157-58.

104） Cf. *L'ESPRIT*, OCG, t.II, p.158.

105） Cf. *L'ESPRIT*, OCG, t.II, p.159.

106） *L'ESPRIT*, OCG, t.II, p.158.

107） *Ibid.*

108） *L'ESPRIT*, OCG, t.II, p.159.

109） Cf. *Ibid.*

110） *ENTRETIEN*, OCG, t.II, p.90.

111） *Ibid.*

112） すでに指摘したが（Cf. 本章 註 33），パスカルのかかる懐疑論者的叙述がデカルトのそれを連想させるのは確かである（Cf. Descartes, *MEDITATIONES,* Prima, VII, pp.17-25)。が，かかる類似によって，デカルトのパスカルへの影響を測るのは無理である。デカルトとパスカルが各々モンテーニュの懐疑主義を受け継いだ結果，前二者の言説に類似性が生じたとの見方も可能である（Cf. V. Carraud, *op.cit.*, p.97)。現にパスカルは

『ド・サシ師との対話』において同様の懐疑的言説をモンテーニュに帰しているのである（Cf. *ENTRETIEN*, *Ibid.*）。

113） Cf. *L'ESPRIT*, OCG, t.II, p.158.

114） Cf. *L'ESPRIT*, OCG, t.II, p.159.

115） *L'ESPRIT*, OCG, t.II, p.158.

116） Cf. *L'ESPRIT*, OCG, t.II, p.158 et p.161.

117） 傍点，引用者。

118） Cf. Kant, *Kritik*, S.63ff;『全集 IV』p.117ff; Cf. Harrington, *op.cit.*, p.79.

119） Cf. Harrington, *op.cit.*, p.79.

120） *ENTRETIEN*, OCG, t.II, p.92.

第２章　神の存在証明

1） Cf. Philippe Sellier, *Pascal et saint Augustin*, Armand Colin, 1970, p.53.

2） Augustinus, *De Libero Arbitrio*, II, 2・6, *Œuvres de saint Augustin*, t. 6, DDB, 1976, p.274;『著作集 3』1989 年，p.75。

3） *Augustinus, De Trinitate*, X, 1・1, *Œuvres de saint Augustin*, t.16, ÉTUDES AUGUSTINIENNES, 1991, p.116;『三位一体論』東京大学出版会，1975 年，p.272。

4） Cf. P.Sellier, *op. cit.*, p.55.

5） Augustinus, *De Trinitate*, X, 10, 13, p.146;『三位一体論』p.288。

6） Augustinus, *De Libero Arbitrio*, II, 3・7, *Œuvres de saint Augustin*, t.6, *op. cit.*, p.276;『著作集 3』p.77; Cf. Philippe Sellier, *op.cit.*, p.55.

7） Augustinus, *De Libero Arbitrio*, II, 3・7, p.276;『著作集 3』pp.77-78。

8） Augustinus, *De Trinitate*, X, 10, 13, p.146;『三位一体論』p.288。

9） Augustinus, *De Libero Arbitrio*, II, 3・7, p.276;『著作集 3』p.77。

10） Augustinus, *De Libero Arbitrio*, II, 3・8-9, pp.280-284;『著作集 3』pp.79-82。

11） Augustinus, *De Libero Arbitrio*, II, 6・13, p.292;『著作集 3』p.88。

12） É. Gilson, *Introduction à l'étude de saint Augustin*, Vrin, 1969, p.20.

13） Augustinus, *De Libero Arbitrio*, II, 12・34, pp.336-39;『著作集 3』pp.113-14。

14） Augustinus, *De Libero Arbitrio*, II, 6, 14, p.296;『著作集 3』p.89.

15） Cf. Philippe Sellier, *Pascal et saint Augustin*, p.55.

16） Augustinus, *De Libero Arbitrio*, II, 15・39, pp.346-48;『著作集 3』pp.120-21。

17） Augustinus, *De Libero Arbitrio*, II, 6・14, p.294;『著作集 3』p.89。

18） Augustinus, *De Libero Arbitrio*, II, 13・37, p.342;『著作集 3』p.117。

19） Cf. Augustinus, *Confessiones*, VII, 20, 26; *Œuvres de saint Augustin*, t.13, Institut d'Études Augustiennes, 1998, p.636;『著作集 5/1』1993 年，pp.367-69.

20） Augustinus, *Confessiones*, VII, 21, 27, *op. cit.*, p.641;『著作集 5/1』p.372。

21） Cf. Anselmus, *PROSLOGION*, cap.II, L'œuvre de S. Anselme de Cantorbery, 1, CERF, 1986, pp.101-02;『アンセルムス全集』聖文舎，1980 年，pp.152-53。

22） Cf. Thomas Aquinas, *SUMMA THEOLOGIAE*, 1, q.2, a.1, obj.2, *op. cit.*, t. I, p.15, 16;『神学大全 1』pp.38-39: ただし，トマス・アクィナスはこの種の証明法の考案者（すなわち，アンセルムス）の名前を明記していない。

23） Cf.「出エジプト記」3・13-14。

24） Cf.「マタイ福音書」14・27,「ヨハネ福音書」8・24, 13・19, 18・5。

25） Cf. Thomas Aquinas, *SUMMA THEOLOGIAE*, 1, q.2, a.1, *op.cit.*, t.I, p.15 & 1, q.2, a.2, t.I, p.16;『神学大全 1』pp.38, 41。

26） Cf. E. Gilson, *God and Philosophy*, p.72;『神と哲学』p.93。

27） Cf. C.Tresmontant, *Les métaphysiques principales*, François-Xavier de Guibert, 1995, p.51.

28） Cf. Thomas Aquinas, *SUMMA THEOLOGIAE*, 1, q.2, a.3, t.I, p.18;『神学大全 1』pp.45-46。

29） Cf. Thomas Aquinas; *SUMMA THEOLOGIAE*, 1, q.2, a.3, t.I, p.18;『神学大全 1』pp.47- 48。

30） Descartes, *Discours de la methode, Œuvres*, t.VI p, 33;『著作集 1』pp.39-40。

31） Descartes, *MEDITATIONES* III, *ŒUVRES,* t.VII, p.36;『著作集 2』1993 年，p.53。

32） *Ibid.*

33） Descartes, *MEDITATIONES* III, *ŒUVRES,* t.VII, p.52;『著作集 2』p.71。

34） Descartes, *MEDITATIONES* III, *ŒUVRES,* t.VII, p.52;『著作集 2』pp.70-71。

35） Descartes, *Discours*, *ŒUVRES,* t.VI, p.33;『著作集 1』p.40。

36） Descartes, *Discours*, *ŒUVRES,* t.VI, p.34;『著作集 1』p.40。

37） Cf. Descartes, *MEDITATIONES* III, *ŒUVRES,* t.VII, p.40;『著作集 2』p.59。

38） Descartes, *Discours*, *ŒUVRES,* t.VI, p.34;『著作集 1』p.40。

39） Descartes, *Discours*, *ŒUVRES,* t.VI, p.34;『著作集 1』p.41。

40） Descartes, *Discours*, *ŒUVRES,* t.VI, pp.34-35;『著作集 1』p.41。

41） *Ibid.*

42） Descartes, *Discours*, *ŒUVRES,* t.VI, p.34;『著作集 1』p.41。

43） Descartes, *Discours*, *ŒUVRES,* t.VI, pp.35-36;『著作集 1』p.42。

44） Descartes, *MEDITATIONES* III, *ŒUVRES,* t.VII, p.40;『著作集 2』p.58。

45） Descartes, *MEDITATIONES* III, *ŒUVRES,* t.VII, p.48;『著作集 2』p.66。

46） Descartes, *MEDITATIONES* III, *ŒUVRES,* t.VII, p.45;『著作集 2』p.63。

47） Descartes, *Discours*, *ŒUVRES,* t.VI, p.36;『著作集 1』p.42。

48） *Ibid.*

49） Descartes, *MEDITATIONES* III, *ŒUVRES,* t.VII, p.67;『著作集 2』p.88。

50） Cf. É. Gilson, *Étude sur le rôle de la pensée médiévale dans la formation du système cartésien*, p.215.

51） Cf. Descartes, *Primae Objectiones*, *ŒUVRES,* t.VII, p.98ff;「第一反論」『著作集 2』p.124ff.

52） Descartes, *Primae Responsiones*, *ŒUVRES,* t.VII, p.115;『著作集 2』p.142。

53） Cf. E. Gilson, *op. cit*., p.217; 拙論「デカルトの神の第三証明と中世哲学」『桜美林論集』第 18 号，1991 年，桜美林大学，pp.91-102.

54） Descartes, *MEDITATIONES* III, *ŒUVRES,* t.VII, pp.51-52;『著作集 2』p.70。

55） Descartes, *MEDITATIONES* III, *ŒUVRES,* t.VII, p.51;『著作集 2』p.69。

56） Cf. J. Brun, *La philosophie de Pascal*, p.29; ジャン・ブラン『パスカルの哲学』p.33。

57） Cf. *Ibid.*

58） Descartes, *Discours*, *ŒUVRES,* t.VI, p.8;『著作集 1』p17。

59） É. Gilson, *God and Philosophy*, p.79;『神と哲学』p.105。

60） É. Gilson, *op.cit*., p.80;『神と哲学』p.107。

61） Cf. E. Gilson, *op.cit*., p.83;『神と哲学』p.109。

62） Kant, *Kritik*, S.566;『全集 V』p.309。

63） Kant, *Kritik*, S.575;『全集 V』p.319。

64） Cf. Kant, *Kritik*, SS.567-70;『全集 V』pp.310-13。

65） Kant, *Kritik*, S.570;『全集 V』p.315。

66） *Ibid.*

67） Kant, *Kritik*, S.572;『全集 V』p.316。

68） Cf. Kant, *Kritik*, S.572;『全集 V』pp.316-17。

69） Kant, *Kritik*, S.574;『全集 V』p.319。

70） Kant, *Kritik*, S.578;『全集 V』p.323。

71） Kant, *Kritik*, S.566;『全集 V』p.309。

72） Kant, *Kritik*, S.575;『全集 V』p.319。

73） Kant, *Kritik*, S.576;『全集 V』p.321。

74） Cf. Kant, *Kritik*, S.566;『全集 V』p.309。

75） Cf. Kant, *Kritik*, SS.576-77;『全集 V』p.321。

76） Kant, *Kritik*, SS.576-77;『全集 V』p.322。

77） Kant, *Kritik*, S.580;『全集 V』p.326。

78） Kant, *Kritik*, S.576;『全集 V』p.321。

79） 『パンセ』B.469。

80） Kant, *Kritik*, S.592;『全集 V』p.339。

81） Kant, *Kritik*, S.590;『全集 V』p.337。

82） Kant, *Kritik*, S.566;『全集 V』p.309。

83） Kant, *Kritik*, S.596;『全集 V』p.343。

84） Kant, *Kritik*, S.593;『全集 V』pp.340-41。

85） *Søren Kierkegaards Papirer*, I A 94, *cit. in* R・トムティ『キェルケゴールの宗教哲学』「序言」法律文化社，1987 年，p.1; トムティによれば〈哲学〉とは，この場合 , 特に〈ヘーゲルの体系〉を指し，〈人間理性が到達し得る人生観〉の謂いであるという。

86） Sören Kierkegaard, *Philosophische Brocken*, GTB 607, 1991, S.37;『哲学的断片』『キ

ルケゴール著作集 6』（以下『著作集 6』と略記）白水社，1963 年，p.85。

87） S. Kierkegaard, *op. cit.*, S.42;『著作集 6』p.93。

88） S. Kierkegaard, *op. cit.*, S.41;『著作集 6』p.93。

89） S. Kierkegaard, *op. cit.*, S.37;『著作集 6』p.85。

90） S. Kierkegaard, *op. cit.*, S.37;『著作集 6』p.86。

91） S. Kierkegaard, *op. cit.*, S.38;『著作集 6』p.86。

92） *Ibid.*

93） Cf. É. Gilson, *GOD AND PHILOSOPHY*, pp.67-68;『神と哲学』pp.88-89。

94） Cf. É. Gilson, *op.cit.*, p.70;『神と哲学』p.92。

95） S. Kierkegaard, *op.cit.*, S.44;『著作集 6』p.99。

96） S. Kierkegaard, *op.cit.*, S.45;『著作集 6』p.100。

97） S. Kierkegaard, *op.cit.*, S.44;『著作集 6』p.99。

98） S. Kierkegaard, *op.cit.*, S.45;『著作集 6』p.100。

99） S. Kierkegaard, *op.cit.*, S.41;『著作集 6』p.93。

100） S. Kierkegaard, *op.cit.*, S.45;『著作集 6』p.100。

101） *Ibid.*

102） *Ibid.*

103） 例えば，断章 B.434 に弁証法的プロセスを見る研究者もいる。パスカルは「独断論」と「懐疑論」との「背反性」を指摘し，然る後に〈人間は人間〉を〈超える（passer)〉との所見を述べるが，そこには弁証法的用語としての〈dépassement（止揚)〉の意味が込められているからである。（Cf. V. Carraud, *Pascal et la philosophie*, pp.10-11.）

104） Jean-Marie Paul, *Pascal et Kierkegaard: Les énigmes de foi, Pascal au miroir du XIX*[e] *siècle*, Actes du colloque tenu à la Sorbonne Paris IV, Mame, 1993, p.129.

105） Descartes, *MEDITATIONES* V, *Œuvres*, VII, p.68;『著作集 2』p.89。

106） Kant, *Kritik*, S.576;『全集 V』p.321。

107） 本断章は「第一写本」では「気晴らし（divertissement)」の章に配置されている。理由はさまざまに考えられるが，以下は一箇の解釈である。パスカルによれば，観想生活は人間を「死の必然性」の認識に誘《いざな》い，「悲惨さ」に陥れる。神を知らぬ人間は危機を脱するべく「気晴らし」に走る。が，自己に「自己疎外」を禁じ，観想生活に一層沈潜する者は，「思惟存在」としての人間の本質から，つまり〈思惟する我〉の存在の「偶然性」と「有限性」から，否応なく「永遠無限の必然的存在（者)」の「存在」を「推論」する。が，かかる「推論」と「信仰」とはおのずから別である。神＝人であるキリストの存在を〈認識する（voir)〉までに至らぬ如上の「思惟」「推論」は所詮哲学的な「気晴らし」の域を出ないのである。

108） Emile Saisset, *Le Scepticism. Ænésidéme - Pascal - Kant*, cit. in V. Carraud, *op. cit.*, p.28.

109） Descartes, *Principes*, I, 14, *Œuvres*, IX-2, p.31（Traduction française）;『著作集 3』p.40; Cf. OCG, t.II, p.1358, note 4.

110） Descartes, *MEDITATIONES* III, *Œuvres*, VII, p.48 & IX-1, p.38;『著作集 2』p.66。

111） Descartes, *MEDITATIONES* III, *Œuvres*, VII, p.50 & IX-1, p.40;『著作集 2』p.69。

112） *Ibid.*

113） ル・ゲルンによれば，このパスカルの言説とデカルトのそれは，前掲の Jean de Silhon, *De l'immortalité de l'âme*, II, 1, p.172（cit. in OCG, t.II, p.1358, note 4）を共通の典拠とする由。

114） Cf. *Œuvres de Blaise Pascal*, XIII（*Les Grands Écrivains de France*), Hachette, 1921［以下 GE と略記］, p.378.

115） OCG, p.611.

116） Cf. Philippe Sellier, *Pascal et Saint Augustin*, p.57.

117） 確かに，断章 B.469 で用いられる若干のデカルト的表現（〈「我」とは「我」の思惟より成れるもの〔なり〕〉とか〈思惟する「我」〔の〕存在〉など）は「認識の正当性」を裏付けているかに見える。既述のように，〈今，或る神が現存するならば，かかる神が永遠の昔から現存し且つ永遠の未来へと存続することの必然的なる〉を〈我は熟知する〔なり〕（*plane videam*=je vois bien)〉（Descartes, *MEDITATIONES* V, *Œuvres*, VII, p.68;『著作集 2』p.89）と書いたデカルトもまた，己れの「明瞭判然たる認識」はすべて〈真なり〉との確信を持っていた。自己の認識と「実体的真理」との照応に関する確信を持っていた。

118） Cf. Philippe Sellier, *op. cit.*, 1970, p.58, n.28.

119） Cf. Philippe Sellier, *op.cit.*, pp.58-59; Cf. Augustinus, *De Civitate Dei*, VIII, 9: *Œuvres de Saint Augustin*, t.34, DDB, 1959, p.262;『著作集 12』1982 年，pp.182-83。

120） Cf. Philippe Sellier, *op.cit.*, p.191, note 114.

121） Cf. É. Gilson, *GOD AND PHILOSOPHY*, pp.54-57;『神と哲学』pp.76-79。

122） Cf. É. Gilson, *op. cit.*, pp.58-59;『神と哲学』p.80。

123） OC, t.III, p.151; OCG, t.II, p.95.

124） Cf. Blaise Pascal, *Pensées sur la religion et sur quelques autres sujets*, Textes, Éditions du Luxembourg, 1952［以下 *Pensées*, Éd. Luxembourg と略記］, p.131.

125） OCG, t.II, pp.608-09. 傍点，引用者。同断章はアウグスティヌスの『真の宗教について』を読了したパスカルの観想より出《いず》るものとの説がある（Cf. Philippe Sellier, *op. cit.*, pp.31-33）。

126） OCG, t.II, p.610.

127） OCG, t.II, p.611.

128）「静止せる運動（le mouvement en repos)」は「第一写本」に基づく読み方であるが［Cf. Pascal, *Pensées* , Mercure de France, 1976, p.289］異説がある。例えば，ブランシュヴィクとラフュマは「静止せる瞬間（le moment de repos)」［GE, t.XIII, p.141; *Pensées*, Éd. Luxembourg, p.393］と読み , ル・ゲルンは「運動とは静止なり」(le mouvement est repos)［OCG, t.II, p.782］と読む。

129） パスカルの同表現に，既述のトマス・アクィナスの「〔事実としての〕結果

（*effectus*）を踏まえた証明」なる表現の（間接的な）影響を指摘するのも不当とは言えない。

130）［ ］内は線引きによって消された部分。この箇所に関しては，OCG, t.II, p.1455 pour page680a に従う。

131） Cf. Descartes, *MEDITATIONES EPISTORA*, *Œuvres*, t.VII, p.2;『著作集 2』p.10; Cf. OCG, t.II, p.1461, note 1, pour Page 698 & V.Carraud, *op. cit.*, p.348.

132） *À Mlle de Roannez*, IV, OCG, t.II, p.31;『パスカル全集 I』人文書院（以下『全集』と略記），1967 年，p.356。

133） *Ibid.*

134） *Ibid.*

135） Saint-Cyran, *Théologie familière*, art.1, *de Dieu,* n.5 (cit. in J.Russier, *La foi selon Pascal*, t.II, 1949, p.403).

136） 傍点，引用者。

137） Cf. Pascal, OCG, t.II, p.1469, note 1, pour Fragment 431.

138） P. Nicole, *Instruction sur le Symbole*, t. 1, 2nd.Instruction (cit. in J. Russier, *op.cit.*, p.410.)

139） Jean Brun, *La Philosophie de Pascal*, p.30;『パスカルの哲学』p.34。

第３章　賭けの論証

1） Cf. OCG, t.II, pp.1450-51.

2） Cf. OCG, t.II, p.1450.

3） Cf. OCG, t.II, p.1451, n.2.

4） Cf. Pascal, GE, t.III, 1923, p.366;『全集 I』p.736。

5） GE 版はこの文を本文に組み入れている。

6）［ ］内は線を引いて消された部分。この部分は，OCG, t.II p.1455 に拠る。本書第 2 章註 130 参照。

7） OCG, t.II, p.1451, n.8.

8） 傍点，引用者。［ ］内は欄外の記述である。

9） Thomas Aquinas, *DE ENTE ET ESSENTIA*（*L'ÊTRE ET L'ESSENCE*）, Vrin, 1971, p.57;『形而上学叙説――有と本質に就いて』岩波文庫，1940 年，pp.42-43。

10） GE 版はこの文章の直前に〈実体的真理はないのだろうか［…]〉の一文を挿入しているが，これは欄外の記述である。同文の文意については，本書 , 第 2 章 76 頁以下参照。

11） P. Charron, *Les Trois Vérité*, I, v. p.12, *cit.* in OCG, t.II, p.1452, n.2.

12） P. Charron, *Discours chrétiens*, I, pp.2-3; *cit.* in OCG, t.II, p.1452, n.2.

13） Thomas Aquinas, *SUMMA THEOLOGIAE*, 1, q.2, a.2, *op. cit.*, p.16;『神学大全 1』p.40.

14） Thomas Aquinas, *SUMMA THEOLOGIAE*, 1, q.2, a.2, *op. cit.*, p.17;『神学大全 1』p.42.

15） これもシャロンの『三真理論』中の以下の一節を下敷きにした説と思われる。〈神

を認識するのは不可能である。神性は人間の知らざるもの，知り得ぬものであり，神ならざるものに基づく理解を不可能ならしめるものである。神の不可解さは神に由来し，また人間にも由来する。なぜなら，或る事象を理解するためには，当の事象が精神によって理解され把握され得ること，ならびに精神が当の事象を理解し得るようなものであり，理解し得るように整えられているということ，以上の二項が必要だからである〉（P. Charron, *Les Trois Vérités, etc.*, I, v, p.12; *cit.*in OC, t.II, pp.1452-53, n.2）。

16） 〈傾く（pencher）〉には〈選ぶように仕向けられている，その性向がある（être porté, avoir une tendance à choisir）〉の意味がある（Cf. *Le nouveau petit Robert*, 1, Dictionnaires Robert, 1993, p.1624）。

17） *Entretien*, OCG, t.II, p.88.

18） 松浪信三郎『実存主義』岩波新書，1962 年，pp.133-34 参照。

19） Jean-Paul Sartre, *L'existentialisme est un humanisme*, Folio, Gallimard, 1996, p.63.

20） Cf. Per LØNNING, *Cet Effrayant Pari*, Vrin, 1980, pp.75-76.

21） Cf. *Dictionnaire du français classique*, Larousse, 1971;〈embarquer〉および〈embarquement〉の項。

22） OCG, t.II, p.682.

23） OCG, t.II, p.684.

24） とはいえ，パスカルによれば，同命題の「証明」もまた不可能である。これは〈習慣〉によって信じられている「真理」である（Cf. B.252）。

25） OCG, t.II, p.682.

26） OCG, t.II, p.684.

27） OCG, t.II, p.684.

28） OCG, t.II, p.685.

29） 〈entre-deux〉の綴りは，Blaise Pascal, *Pensées*, *Textes*, Éd. du Luxembourg, 1952, p.117 に従う。

30） 確かに〈死にかつ生きる〉（mourir et vivre）というのは一見不自然な表現である。「生」と「死」の順序が逆転しているからである。とはいえ，これは恐らく無意識的な過ちではあるまい。古代ギリシャ哲学，就中《なかんずく》ストア哲学に精通したモンテーニュの如き「自由思想家」の言い分を想定した発言なのであろう。既述のように，ストア哲学は循環史的「永遠回帰説」を唱え，万物の生成と消滅 , 消滅と生成の永遠の反復を説く。同説によれば，〈滅び〉はなく，〈死の状態〉も〈永遠〉ではない。生死のいずれをも「初め」とは確定し得ない。ゆえに〈死にかつ生きる〉という表現も不可能ではない。

31） 「コヘレトの言葉」3・18-20。Cf. OCG, t.II, p.1375, n.3.

32） Teilhard de Chardin, *RÉFLEXIONS SUR LE BONHEUR*（「幸福についての省察」）, *Les Directions de l'Avenir*, *Œuvres de Teilhard de Chardin*, XI, Seuil, 1973, p.128.

33） OCG, t.II, p.682.

34） OCG, t.II, p.683.

35） *Dictionnaire du français classique*, Larousse, 1971 によれば，〈bien〉は名詞としては

〈bonheur〉の謂である。

36） Cf. H. Gouhier, *BLAISE PASCAL: COMMENTAIRES*, *Le Pari de Pascal*, Vrin, 1966, p.288.

37） OCG, t.II, p.678.

38） OCG の読み方に従う。Cf. OCG, t.II, p.797, et p.1525, n.7 (pour fr.627).

39） Pascal, *De l'art de persuader*, Pascal, OGC, t.II, p.173. 傍点，引用者。

40） 「賭け」のイマージュの援用に関しては，すでにイエズス会士 Antoine Sirmond 神父著『霊魂の不死に関する自然学的かつアリストテレス的証明』（*De immortalitate animae demonstratio physica et aristotelica*, Paris, 1635）の結論部分にその先例があるという。が，当該箇所で問題になっているのは「賭金（mise）」と「約束金（enjeux）」であり，同著者の論点は「神の現存」ではなく，「霊魂の不死」である（Cf. OCG, t.II, p.1453, n.7）。

41） Cf. OCG, t.II, p.1450, n.1.

42） Cf. GE, t.XIII, p.148, n.2.

43） Cf. GE, t.XIII, p.150, n.3.

44） 本章　註 38 参照。

45） 傍点，引用者。

46） 傍点，引用者。 また，主文〈c'est que...〉の前に，〈je dois vous dire que〉を補って読む。Cf. 朝倉季雄『フランス文法事典』白水社，1978 年，p.284〈pour-1[e] の項〉。

47） 同断章の原文は，所謂「賭けの断章」［B.213］と同じ紙面のほぼ最後の部分に記されている。それゆえ，OCG 版はこれを「賭けの断章」の〈中心軸に接ぎ木される〉べき要素のひとつとして，同断章の本文とは別に，補足文として，〈ページの下部に〉置いている。（Cf. OCG, t.II, p.679 & p.1450, n.1, pour fr.397）

48） Descartes, *Correspondance, Œuvres*, t.IV, pp.295-296;『著作集 3』p.338; Cf. OCG, t.II, p.1537, n.1.

49） Cf. Descartes, *Discours*, *Œuvres*, t.VI, p.56-59;『著作集 1』pp.57-60。

50） 傍点，引用者。

51） 同表現はラテン語の〈*consuetudo secunda natura*〉を典拠とするが，原典はアリストテレスの一句 ,〈習慣は自然本性に類似せるものなれば，云々（τὸ εθοσ [...], ότι τη φυσει εοικεεν)）〉（『ニコマコス倫理学』VII, 10, 1152 a30-31; Aristotle, *Aristotle's Nikomachean Ethics*, Aristotle, XIX, LOEB, 1975, p.428;『アリストテレス全集 13』, 岩波書店 , 1988 年，p.238）であるとされる。稲垣良典『習慣の哲学』創文社，1981 年，p.75 参照。

52） Cf. *Les Essais de Michel de Montaigne*, III, X, t.II, 1965, p.1010;『モンテーニュ（下）』筑摩書房（筑摩世界文学大系 14），1985 年，p.308。

53） Thomas Aquinas, *Summa Theologiae*, Prima Secundae, q.49, a.3,〈*Ad Secundum*〉, *op.cit.*, t.II, p.309:『神学大全 11』p.16.

54） Thomas Aquinas, *op.cit.*, Prima Secundae, q.49, a.4,〈*Respondeo*〉, *op.cit.*, t.II, p.309;

『神学大全 11』p.17.

55） Thomas Aquinas, *op.cit.*, Prima Secundae, q.54, a.3, 〈*Respondeo*〉, *op.cit.*, t.II, p.337;『神学大全 11』p.101。

56） Cf. 稲垣良典『習慣の哲学』p.141。

57） Thomas Aquinas, *op.cit.*, Prima Secundae, q.55, a.1, 〈*Sed contra*〉, *op.cit.*, t.II, p.339;『神学大全 11』p.109。

58） Cf. Thomas Aquinas, *op.cit.*, Prima Secundae, q.51, a.4, 〈Sed contra〉, *op.cit.*, t.II, p.323;『神学大全 11』p.60.

59） Cf. Thomas Aquinas, *op.cit.*, Prima Secundae, q.50, a.2, 〈*Respondeo*〉, *op.cit.*, t.II, p. 313;『神学大全 11』p.28。

60） 稲垣良典『トマス・アクィナス』講談社，1979 年，p, 347 参照。

61） Cf. Thomas Aquinas, *op.cit.*, Prima Secundae, q.51, a.4, 〈*Respondeo*〉, *op.cit.*, t.II, p.323;『神学大全 11』pp.60-61.

62） Thomas Aquinas, *op.cit.*, Prima Secundae, q.50, a.2, 〈*Respondeo*〉, *op.cit.*, t.II, p. 313;『神学大全 11』p.28.

63） 稲垣良典『トマス・アクィナス』pp.346-47 参照。

64） Cf. Thomas Aquinas, *op.cit.*, Prima Secundae, q.49, a.4, 〈Respondeo〉, *op.cit.*, t.II, p.309;『神学大全 11』pp.17, 18。

65） アウグスティヌスにも，「習慣（*consuetudo*）」は時として「異端」を生ぜしめるほどまでに強力であるとの言がある。Cf. P. Sellier, *Pascal et St. Augustin*, p.552, n.48.

66） 「〈自然に〉は〈習慣的に（coutumièrement）〉と同義である」（Georges Brunet, *Le Pari de Pascal*, DDB, 1956, p.97）。

67） 〈信仰は第二の自然本性たるべし〉（J. Miel, *Pascal and Theology*, Johns Hopkins Press, 1969, p.163）; ジャン・ミール『パスカルと神学』晃洋書房，1999 年，p.200。

68） Cf. *LE NOUVEAU PETIT ROBERT*, 1993, p.4.

69） 『パンセ』の諸注釈書はこのラテン語の言葉と「集会書」XIII, 15 の一句〈動物はすべて同類を愛す , 同様に人間はすべて隣人を愛す〉との関連性を指摘する。Cf. Pascal, OCG, t.II, p.1507, n.5; Cf. Pascal, GE, t.XIII, p.21, n.2.

70） Cf. P. Lønning, *Cet effrayant pari*, Vrin, 1980, p.105; É. Gilson, *Les idées et les Lettres*, Vrin, 1932, pp.273-74.

71） Cf. P. Lønning, *op.cit.*, p.100; また同書は〈abêtir〉の出典を探り，デ・バロー（Jacque Vallée Des Barreaux: 1599-1673）の詩の一節を挙げる ; *Op.cit.*, p.101.

72） M. Montaigne, *Les Essais de Montaigne*, II, 12, t.1, p.492; Cf. *Pensées*, *Notes*, Éd. du Luxembourg, 1952, p.74;『モンテーニュ（上）』p.352。

73） M. Montaigne, *Les Essais de Montaigne*, II, 12, t.1, p.500;『モンテーニュ（上）』p.357。

74） M. Montaigne, *Les Essais de Montaigne*, III, 12 , t .II, p.1052;『モンテーニュ（下）』p.340; Cf. P. Lønning, *op.cit.*, 1980, p.97.

75） 傍点，引用者。

76） P. Charron, *Les Trois Vérités*, I, xii, p.64; cit. in OCG, t.II, p.1454（p.678, n .1）; パスカルの原文とシャロンのそれとの関連づけは，パリ国立図書館が保管する『パンセ』の見本に記された Daniel Huet による手書きの註（notes manuscrites）の中に既に見られると言う。Cf. OCG, *Ibid.*

77） 同断章の原文は，所謂「賭けの断章」［B.213］の加筆として，本文の左欄外に記されている。それゆえ，OCG 版はこれを同断章の本文とは別に，補足文として，〈ページの下部に〉置いている。Cf. OCG, t.II, p.680 & p.1450, n.1, pour fr.397.

78） Pascal, *De l'art de persuader*, OCG, t.II, p.173.

79） *Op.cit.*, p.171.

80） *Ibid.*

81） *Ibid.*

82） Pascal, *op.cit.*, p.173.

83） 傍点，引用者。またこの原文は，所謂「賭けの断章」［B.213］の加筆として，本文の上欄外に記されている。それゆえ，OCG 版はこれを同断章の本文とは別に，補足文として，〈ページの下部に〉置いている。Cf. OCG, t.II, p.679 & p.1450, n.1, pour fr.397.

84） OCG, t.II, p.686.

85） Pascal, LETTRE À MADEMOISELLE DE ROANNEZ, VII, OCG, t.II, p.36;『全集 I』

86） Pascal, *Écrits sur la grâce*, XI, OCG, t.II, pp.289-90;『全集 II』pp.518-19。

87） *Ibid.*

88） *Les Provinciales, Dix-Huitième Lettre*, OCG, t.1, pp.800-01;『全集 II』p.390.

89） Pascal, *Écrits sur la grâce*, XI, *Ibid.*

90） Pascal, *op.cit.*, VIII, p.272-73;『全集 II』pp.565-66.

91） Pascal, *op.cit.*, p.272;『全集 II』p.565。

92） Pascal, *op.cit.*, XI, 290;『全集 II』pp.518-19。

93） Pascal, *Les Provinciales, Dix-Huitième Lettre, op.cit.*, p.801;『全集 II』p.390。

94） Pascal, *Écrits sur la grâce*, XI, OCG, t.II, p.290。

95） Pascal, *Les Provinciales, Dix-Huitième Lettre, op.cit.*, p.801;『全集 II』p.391。

96） Cf. Pascal, *op.cit.*, p.801;『全集 II』p.390。

97） 同引用文は概して以下ように解釈される。「功徳（les actes méritoires）」を行なう能力を人間の「自然本性」に認めるペラギウス派と，同善行を専ら神の「恩寵」によるものと見なすカトリック正統派の立場が常に併存し，為に「自然」と「恩寵」の区別が曖昧になる，云々。Cf. OCG, t.II, p.1510, n.4.

98） Jean-Marie Paul, *Pascal et Kierkegaard: Les Égumes de la foi*, Pascal au Miroir du XIXe siècle, MAME, Editions Universiaires, 1993, p.129.

99） Kierkegaard, *Journal and Papiers*, volume 2, London, 1970, X^2 A 536, p.20; cit in J.-M. Paul, *op. cit.*, p.136.

100） J.-M. Paul, *op. cit.*, p.136.

101） OCG, t.II, p.685.

102） 同断章の原文は，所謂「賭けの断章」［B.213］の加筆として，本文の左欄外に記されている。それゆえ，OCG 版はこれを同断章の本文とは別に，補足文として，〈ページの下部に〉置いている。Cf. OCG, t.II, p.680 & p.1450, n.1, pour fr.397.

103） 得る（obtenir)〉という語は，ここでは〈絶対的な意味〉で用いられている（Cf. GE, XIII, p.182, n.5)。すなわち，神の恩寵を「得る」の謂である。

104） Cf. J.-M. Paul, *op.cit.*, p.136.

105） 同批判の正確な内容は以下の通りある。〈[…]　仄聞するところによれば，貴殿（＝パスカル)）は弛緩した決疑論者《カジュイスト》等の不俱戴天の敵であるという。〔ならば〕貴殿は何故に賭けを非難しないばかりか，宗教と神を〔十字架を使った〕「表か裏か」遊び（jeu de croix et pile）の道具に使おうとするのか。〉（P. Villars〈De la délicatesse〉, Paris, C. Barbin, 1671, p.172)，cit.in OCG, t.II, p.1454, n.7.

106） OCG, t.II, p.797 に従って，〈les malins〉と読む。

107） Pascal, *Écrit trouvé dans l'habit de Pascal après sa mort*, Pascal, *Pensées et opuscules*, Classiques Hachette, 1967, pp.142-43; GE, t.XII, p.5.

第４章　人間存在と思惟

1） パスカルは稀にしかソクラテスに言及しない［Cf. B.769］が，ソクラテス的思想を受諾していたことは間違いない。ソクラテスの「無知の知」を支持するが如き文が残っている。〈[…]　知識には［…］二つの極端がある。［…］他の一つは，偉大な魂に達する無知である。それは人間の知り得ることのすべてを一巡したのちに己れが何も知らぬことを見出し，出発点のあの同じ無知に戻ってくる。が，これは己れを知る賢明な無知である。[…]〉［B.327］

2） Cf. *ENTRETIEN*, OCG, t.II, p.87.

3） Cf. Descartes, *MEDITATIONES, Seconda, Œuvres*, t.VII, pp.27, 28;『著作集 2』pp.41-42。

4） Descartes, *La recherche de la verité*, *Œuvres*, t.X, pp.520-21;『著作集 4』p.323; Cf. OCG, t.II, p.1348, n.3.

5） Descartes, *Discours de la methode*, V^{e} partie, *Œuvres*, t.VI, pp.58-59;『著作集 1』p.59; Cf. OCG, t.II, p.1346, n.2, pour fr.95 & p.1524, n. 5 pour fr.627.

6） これに関して，パスカルはすでに『ド・サシ師との対話』の時点でデカルトの影響下にあったのだが，ド・サシが「反デカルト主義者」であるのを知り，その名を出さず，デカルトの「懐疑」と「思惟の偉大さの確認」を，それぞれモンテーニュとエピクテトスに転化して語ったと見る研究者もいる。Cf. Vincent Carraud, *op.cit.*, pp.70, 82-89.

7） パスカルの言う「空間」はデカルトの所謂「延長」に相当する。Cf. V. Carraud, *op.cit.*, p.91.

8） この順序はデカルトが『省察』で順守した順序でもある。Cf. OCG, t.II, p.1506, n.2 pour Fragment 527.

9） 通称ラフュマ版（Pascal, *Pensées*, Éd. du Luxembourg）の断章 53 から断章 76 まで

（ブランシュヴィク版の番号では，429, 112, 111, 181, 379, 332, 296, 294, 309, 177, 151, 295, 115, 326, 879, 205, 174bis, 165bis, 405, 66, 110, 454, 389, 73 に対応する。

10） ル・ゲルンによれば，この断章［B.323］の冒頭部――〈「私」とは何か。或る人が通行人を見るために窓辺に寄る。そこに私が通りかかる。ならば，その人は私を見るためにそこに身を置いていると言えるのだろうか〉――は，デカルトの『第二省察』の次の一節を想起させるという。確かに，デカルトはこう記している。〈[…］私は往来を通行中の人々を偶々《たまたま》窓外に見る，私は［…］まさに人間を見ていると結論したくなる。が，私はそこから帽子と衣服以外の何を見ているのか。中に自動機械が潜んでいる可能性もあるのではないか。とはいえ，私はそれを人間だと判断する。事程左様に，私は目で見ていると思ったものも，専ら精神の裡なる判断能力によって把握しているのである〉（Descartes, *MEDITATIONES,* Ⅱ *, Œuvres*, t.VII, p.32; t..IX-1, p.25;『著作集 2』p.46; Cf. OCG, t.II, p.1515, n.2）。デカルトが「通行人」の「実体」の把握の困難を説くのは明らかに「物体と精神の二元論」なる己れの哲学を確立するためである。「感性」や「身体」を貶め，「精神」や「悟性」の優位を説くためである。一方，パスカルが「通行人」の「実体」の把握の困難を説くのは何らかの哲学を樹立するためではない。「恋愛」は専ら対象の外見に左右される「空虚」なものであるとの事実を確認するためである。

11） これらの崇拝対象については，アウグスティヌス，J.-P. カミュ，モンテーニュ，グロティウス等がヒントを与えている。Cf. OCG, t.II, p.1368, n.5-8(pour page 591).

12） Pascal, *Prière pour demander à Dieu le bon usage des maladies*, OCG, t.II, p.188;『全集 I』p.154。

13） Cf. V. Carraud, *op.cit.*, p.91.

14） *LA BIBLE DE JÉRUSALEM*, CERF, 1998, p.1055.

15） Cf. Jean Brun, *La Philosophie de Pascal*, pp.67-68;『パスカルの哲学』p.77。

16） Martin Heidegger, *Sein und Zeit*, Max Niemeyer, 1969, S.235;『存在と時間』『ハイデガー』（世界の名著 62）中央公論社，1974 年，p.389。

17） M. Heidegger, *op.cit.*, S.12;『存在と時間』p.79。

18） M. Heidegger, *op.cit.*, S.5;『存在と時間』p.71。

19） *Ibid.*

20） M. Heidegger, *op.cit.*, S.12;『存在と時間』p.80。

21） *Ibid.*

22） M. Heidegger, *op.cit.*, S.12;『存在と時間』p.79。

23） M. Heidegger, *op.cit.*, S.7;『存在と時間』p.73。

24） M. Heidegger, *op.cit.*, S.52;『存在と時間』p.135。

25） M. Heidegger, *op.cit.*, S.252;『存在と時間』p.412。

26） M. Heidegger, *op.cit.*, S.129;『存在と時間』p.244。

27） Cf. M. Heidegger, *op.cit.*, S.142;『存在と時間』p.263。

28） M. Heidegger, *op.cit.*, S.145;『存在と時間』p.266。

29） M. Heidegger, *op.cit.*, S.148;『存在と時間』p.270。

30） M. Heidegger, *op.cit.*, S.253;『存在と時間』p.414。

31） M. Heidegger, *op.cit.*, S.251;『存在と時間』p.410。

32） *Ibid.*

33） Cf. M. Heidegger, *op.cit.*, S.187;『存在と時間』p.325。

34） M. Heidegger, *op.cit.*, S.251;『存在と時間』p.410。

35） M. Heidegger, *op.cit.*, S.252;『存在と時間』p.411。

36） M. Heidegger, *op.cit.*, S.252;『存在と時間』p.412。

37） M. Heidegger, *op.cit.*, S.253;『存在と時間』p.414。

38） M. Heidegger, *op.cit.*, S.253;『存在と時間』p.413。

39） *Ibid.*

40） M. Heidegger, *op.cit.*, S.253;『存在と時間』p.414。

41） M. Heidegger, *op.cit.*, S.253;『存在と時間』p.413。

42） M. Heidegger, *op.cit.*, S.253;『存在と時間』p.414。

43） *Ibid.*

44） M. Heidegger, *op.cit.*, SS.253-254;『存在と時間』p.414。

45） M. Heidegger, *op.cit.*, S.254;『存在と時間』p.415。

46） *Ibid.*

47） M. Heidegger, *op.cit.*, SS.251-252:『存在と時間』p.411。

48） M. Heidegger, *op.cit.*, S.254:『存在と時間』p.415。

49） Cf. Augustinus, *Confessiones*, X, 35, 56, 57, *op.cit.*, t.14, pp.241-44;『著作集 5/11』pp.168-171; Cf.『パンセ』B.11, B.135, B.139, B.140, B.141, B.366。

50） Augustinus, *De libro arbitrio*, I, 16, n.35, *op.cit.*, t.6, pp.260-62;『著作集 3』p.67; Cf. P. Sellier, *op.cit.*, p.163.

51） Cf. Augustinus, *De musica*, lib.2, 12, &14,『著作集 3』pp.323, 332.

52） Thomas Aquinas, *Summa Theologiae*, II-II, q.168, a.2, *op.cit.*, t.III, p.972, p.973;『神学大全 22』p.301。

53） Thomas Aquinas, *op.cit.*, pp.972-973;『神学大全 22』pp.299-302。

54） Thomas Aquinas, *op.cit.*, pp.974-975;『神学大全 22』pp.305-06。

55） Thomas Aquinas, *op.cit.*, p.976;『神学大全 22』p.309。

56） Cf. P. Sellier, *op.cit.*, p.167.

57） Cf. OCG, t.II, p.1350, n.3.

58） Augustinus, *De civitate Dei*, XII, 22; *op.cit.*, p.230;『著作集 13』p.143。

59） M. Montaigne, *Les Essais de Montaigne*, III, 13, PUF, t.2, p.1115:『モンテーニュ（下）』p.390。

60） シャロンにも同様の言説があるという。〈衝突し合い邪魔し合う二つの事柄 , 悲惨と高慢 , 空虚と思い上がり, ［…］ これこそ人間という不思議で妖怪的縫い物（une étrange et monstureuse couture）〉（Charron, *La Sagesse*, I, cit. in OCG, t.II, p.1470, n.3 pour Fr.442.）。

第５章　真の哲学と真の宗教

1）Cf. *PENSÉES*, *Textes,* Éd. du Luxembourg, pp.101-102.

2）*Entretien*, OC, t.III, p.151; OCG, t. Ⅱ , p.94.

3）「哲学史上，両者が中心的もしくは主流であったためしはない」（Cf. Vincent Carraud, *Pascal et philosophie*, p.12.）。

4）Cf. *Entretien*, OCG, t. Ⅱ , p.87.

5）Cf. シュテーリッヒ『世界の思想史』上，p.192。

6）Cf. Epictète, *Propos, IV*, VII; OCG, t.2, p.1367, n.3.

7）Cf. Epictète, *Propos, II*, XX; OCG, t.2, p.1356, n.1, pour fr.131.

8）Cf. Epictète, *Propos, I*, XVIII & *II*, XVI; OCG, t.2, p.1458, n.2 pour fr.689.

9）Cf. *Entretien*, OC, t.III, p.130; OCG, t.2, p.86.

10）Cf. *Entretien*, OC, t.III, p.134; OCG, t.2, p.87.

11）Cf. Epictète, *Propos, I*, IX, & *I*, XII; OCG, t.2, p.1372, n.1.

12）Cf. Epictète, *Propos, II*, XVI; OCG, t.2, p.1366, n.4.

13）パスカルは同哲学者の名を挙げていないが，これはストア哲学者セネカの言葉であり，ジャンセニウスがアウグスティヌスの『ペラギウスの異端について』から自著『アウグスティヌス』（1652 年版 , V, 1, t.1, p.97）の中で引用し，パスカルが孫引きしたものらしい ; Cf. OCG, t.2, p.1367, n.4 et n.5; Sénèque, *Lettres à Lucilius*, XX, 8.

14）*L'Esprit*, OCG, t.2, pp. 158, 161.

15）デカルトの『省察 I』との関連を推量せしめる一節 . デカルトは言う :〈私は絶えず誤謬を犯すほどまでに不完全である。［…］因って，真理の至高の源泉たる神ではなく，私を欺くべく，狡猾にして不実な , しかも強力な悪しき霊の如きもの（un certain mauvais génie）が存在すると仮定しよう〉〈が，神は恐らく私がそのように欺かれるのを欲しなかったろう。神は善の極致（souverainement bon）なりと言われるからである〉（Descartes, *Méditation* Ⅰ *, Œuvres*, t.IX-1, pp.16, 17;『著作集 2』pp.33-35; Cf. OCG, t.2, p.1352, n.2.）。

16）Cf. Montaigne, *Les Essais de Montaigne, II*, XII, PUF, t. 1, p. 596;『モンテーニュ（上）』p.433; OCG, t.2, p.1353, n.3, pour Fr.122.

17）*L'ESPRIT*, OCG, t.II, p.159 et p.158.

18）*Entretien*, OCG, t.II, p.88.

19）Cf. *Entretien*, OCG, t.II, p.93.

20）*Entretien*, OCG, t.II, p.94 .

21）Vincent Carraud, *op.cit.*, p.192.

22）モンテーニュ『エセー』（*III*, IX）の一文 :〈プラトンの言によれば，［…］私事をそつなくこなす（sens injustice）のが各人の最高の福利である〉（*Les Essais de Montaigne*, PUF, t.II, p.955;『モンテーニュ（下）』p.264）に基づく断章 ; Cf. V. Carraud, *op.cit.*, p.192; OCG, t.2, p.1514, n.7 pour fr.577.

23）この一句はおそらくは，A. Arnauld , *De la véritable religion de saint Augustin*（アル

ノーによるアウグスティヌスの『真の宗教について』の仏訳）第 3 章に基づくものである ; Cf. OCG, t.II, p.1501, n.9 pour fr.519.

24） Cf. V.Carraud, *op.cit.*, p.194; Philippe Sellier, *Pascal et saint Augustin*, p.86.

25） Cf. V. Carraud, *op.cit.*, p.195.

26） Cf. Étienne Gilson, *God and Philosophy*, p.31;『神と哲学』p.44。

27） Cf. A. Arnauld, *De la véritable religion de saint Augustin*, cit. in OCG, t.II, p.1505, n.9 pour fr.519.

28） この言説もまたアウグスティヌスの『真の宗教について』のテーマに依拠する ; Cf. V. Carraud, *op.cit.*, p.192.

29） Cf. *PENSÉES DE M.PASCAL*, L'Édition de Port-Royal, Université de laRégion Rhone-Alpes, Éd.de l'Univ. de Saint-Étienne, 1971, p.402.

30） Cf. J.-P. Camus, *Les Diversités*, t.V, XVII, I, pp.18-19, cit. in OCG, t.II, p.1366, n.2 pour fr.135（同書の編者 , 註記して曰く，パスカルは〈知識欲〉に基づく哲学者の列にデカルトを加えてもよかったはずだ，と。); Cf. Augustinus, *De Vera Religione*, XXXVIII, 69 &70, *Œuvres de saint Augustin*, DDB, t.8, 1982, p.124 & p.126;『著作集 2』pp.357-58.

31） Cf. Montaigne, *Essais*, II, XII, *Les Essais de Montaigne*, PUF, t. I, p.578;『モンテーニュ（上）』p.419; Cf. OCG, t, 2, p.1332, n.5, n.6 & n.7 pour fr.56.

32） Cf. Montaigne, *Ibid.*; Cf. Pascal, OCG, t,II, p.1332, n.5 pour fr.56.

33） Cf. Montaigne, *Essais*, II, XII, *Les Essais de Montaigne*, PUF, t.I, p.511;『エセー』『モンテーニュ（上)』p.366:〈昔 , 哲学に従事しながら哲学をさして重要視していないことをとがめられた或る人 , 答えて曰く，それこそ哲学することなり，と。〉

34） *Entretien*, Pascal, OCG, t.II, p.95.

35） Cf. *PENSÉES*, *Textes*, Éd. du Luxembourg, pp.145-49.

36） H. Grotius, *De veritate religionis christianae*, VI, X, p.396; cit. in OCG, t. Ⅱ , p.1406, n.2 pour fr. 204;〔 〕内は引用者による補足である。

37） Montaigne, *Essais*, II, XII, *Les Essais de Montaigne*, PUF, t.I, p. 518;『モンテーニュ 上』*op.cit.*, p.371; Cf. OCG, t. Ⅱ , p.1373, n.2 pour fr.139.

38） モンテーニュの『エセー』の一節に示唆された見解であるという。が，モンテーニュが問題するのは「極悪人たち」である。しかも当人は相手を軽蔑しつつ自らがその同類であるという事実に思い及ばないのである。『エセー』の当該箇所を引く：〈フィリッポス王は手のつけられぬ悪党どもを片っ端から摑まえ，町を造らせ , 全員をそこに住まわせた。[…] 悪党どもは悪徳を政治的に組織し，利便性に富む公正な社会を形成した〉(Montaigne, *Essais*, III, IX, *Les Essais de Montaigne*, PUF, t.II, p.956;『モンテーニュ（下)』p.265; Cf. OCG, t.II, p.1532, n.1 pour fr. 656)。

39） 同断章は，Jean-Louis Guez de Balzac,〈Les Passages défendus, Quatrième défense, ou De l'antiquitéde la religion chrétienne〉(1664 年）に依拠したものとされる ; Cf. OCG, t.II, pp.1422-23, n.1 pour fr.264.

40）〔 〕内は引用者による補足である。

41) 〈腕や舌を今以上に持ちたがる者はいない〉(Descartes, *Lettre du 4 auôt 1645, à Élisabeth*, AT, t.IV, p.266;『著作集 3』p.319; Cf. OCG, t.2, p.1346, n.3.

42) 〈家畜（*pecus*）にあって自然なること〉は〈人間にあっては悪徳（*vitium*）なり（Augustinus, *De gratia Christi et de peccato originali*, t.2, XL, n.46; *Œuvres*, t.22 , 1975, p.262;『キリストの恩寵と原罪』第 2 巻，41 章 , 46;『著作集 29』p.291; Cf. OCG, t.2, p.1349, n.1 pour fr.108.）。

43) アウグスティヌスは云う，〈実《げ》に，神は己《おの》が与えしすべてを自然本性から奪うにあらずして，奪うべきを奪い，残すべきを残す。喪失せしものを嘆く存在者の存続のためなり〉と。（Augustinus, *De Civitate Dei*, XIX, XIII, n.2:*Œuvres*, t.37, p.112:『著作集 15』p.63; Cf. OCG, t.2, p.1349, n.7 pour fr.105.）とはいえ，アウグスティヌスには「悲惨さの感情」が即「偉大さ」の左証であるとの逆説的表現は見られない。

44) *Entretien*, OCG, t.2, p.96.

45) 三小田・道躰『真理への旅――新・基礎の哲学』北樹出版，1997 年，pp.37-42; Cf. プラトン『パルメニデス』『ティマイオス』『パイドロス』。

46) *Ibid.*

47) Cf. A. Arnauld, *op.cit*., cit.in OCG, t.2, p.1505, n.9.

48) Cf. P. Sellier, *op. cit*., p.240; Augustinus, *Contra duas epistolas pelagiorum*, IV, 15, 77, Œuvres complètes de saint Augustin, t.31, Vivès, 1873, pp.317-18:『著作集 30』p.262.

49) Cf. É.Gilson, *op.cit*, pp.44-62;『神と哲学』pp.66-83.

50) モンテーニュ『エセー』に引かれたオヴィディウス（紀元 1 世紀頃のラテン詩人）の言葉をパスカルが要約したものという ; Cf. OCG, t.2, p.1535, n.1 pour fr.662.

51) Cf. Descartes, *Discours, Œuvres*, t.VI, pp.34-35;『著作集 1』pp.40-41。

52) パスカルはなによりも先ず「救霊」に「有用」なるを「有用」と考える。Cf. V. Carraud, *op. cit*., p.16, n.2.

第 6 章　人間学の基礎としての原罪論

1) 同略語は〈à Port-Royal〉（ポール・ロワイヤルにおいて）の謂に解されている。が，〈Apologie à Port-Royal〉（ポール・ロワイヤルにおける護教論），〈Apologie pour la Religion〉（この宗教のための護教論），〈Apologie:Prosopopée de la Religion〉（護教論：この宗教の擬人法）等の略語と解するのも不可能ではない : Cf. OCG, t.II, p.1371, n.5 pour fr.139.

2) 〈神の知恵〉は無論「三位一体」の第二格の属性である ; Cf. Saint-Cyran, *Lettres chrétiennes et spirituelles*, t.I, L, cit. in OCG, t.II, p.1373, n.3 pour fr.139.

3) *ENTRETIEN*, OC, t.III, p.142; OCG, t.II, p.90.

4) *ENTRETIEN*, OC, t.III, pp.142-43; OCG, t.II, p.90.

5) 既述のように，この箇所はデカルトの方法的懐疑を連想させるが，実はデカルト直伝の見解ではなく，モンテーニュ譲りの懐疑的表現であり，同表現がデカルトならびにパスカルに伝わったものとも考えられる。本書第 2 章註 112 参照。

6) これらはまさにモンテーニュニ直伝の観念である ; Cf. *Essais*, II, XII, *Les Essais de Montaigne*, II, PUF, t.1, p.596:『モンテーニュ（上)』p.433:〈人の生を夢に擬えた人々は［…］恐らくは当人が考えた以上に正当であった。夢を見ている人間も , 魂は覚醒時に劣らず , 生動し，全機能を行使している。［…］人は眠りつつ目覚めており，目覚めつつ眠っている。［…］覚醒とはある種の睡眠なのではあるまいか〉。デカルトの『第一省察』にも同見解が表明されている :〈とはいえ，私とて人間であって，夜は眠る習慣を持ち，睡眠中には〔夢の中で〕［…］覚醒時の夢想を一から十まで , あるいは，時にはそれよりさらに真実らしからぬことをも夢想する習慣を有するのではなかろうか［…]〉(Descartes, *Meditationes, Prima, ŒUVRES*, t.VII, p.19;『著作集 2』p.31; Cf. OCG, t.II, p.1353, n.3 pour fr.122.

7) Cf. *L'ESPRIT*, OC, t.III, p.397; OCG, t.II, pp.158-59.

8) この箇所をデカルトの『方法序説』第 4 部（*ŒUVRES*, t.VI, p.32 の以下の文との関連において読むのも可能である :〈「我思惟す , ゆえに我存在す」, この真理はかくも堅固にして確実であるがゆえに，懐疑論者等のいかに常軌を逸した（extravagantes）仮定といえども , これを揺るがすわけには参らぬとの事実に気づき , 因って私はこれを受け入れ得ると判断した〉［Cf. Jeanne Russier, *La Foi selon Pascal* , PUF, 1949, p.48]。確かにパスカル用いるところの〈extravaguer〉(羽目を外す , 常軌を逸した振る舞いに及ぶ）なる語は，デカルトの用語〈extravagantes〉(羽目を外した，常軌を逸した）の直接的影響を止《とど》めている。Cf. OCG, t.II, p.1355, n.3 pour fr.122.

9) この表現に，「キリスト変容」の際に雲の中から聞こえた声 ,〈これは我が愛しむ子 , 汝等これに聞け（Écoutez-le)〉(「マタイ」17・5）の影響を見るのも不可能ではない。Cf. Philippe Sellier, *Pascal et Saint Augustin*, 1970, p.532, n.35.

10) P. シャロンにも同様の主張がある :〈人間は本来的に，かつ何にも増して，真理の認識を欲する。が，神の認識は不可能であり，神の業も , 自然の秘密も，人間の霊魂の原動力も運動も，身体の密かで内的な諸部分の状態も配置も，認識不可能である〉(P. Charron, *Discours chrétien*, I, p.2, cit. in OCG, t.II, p.1447, n.5, pour fr. 380）とはいえ，シャロンには，人間が〈真理〉のみならず〈幸福〉をも希求するとの言説は見られない。

11) 本書第 5 章註 41 参照。

12) 同断章の記述の順序には異説がある。Cf. OCG, t.II, p.1370, n.4 pour fr.139.

13) Pascal, *Écrits sur la grâce*, OCG, t.II, p.287;『全集 II』pp.515-16;『(メナール版）パスカル全集 II』(以下『(メナール版）全集』と略記）白水社，1994 年，p.201; 言うまでもなく，かかる言説は完全にアウグスティヌス的である。アウグスティヌス自身は言う :〈方正にして且つ無欠なるものとして創造されし最初の人間［…]〉(Augustinus, *De correptione et gratia*, X, n.26, *ŒUVRES*, DDB, 1962, t.24, p.326;『著作集 10』p.132;〈永生は己れの裁量に一任されたり。［…］身体には最高の健康 , 霊魂には全き平静さありき〉(*De civitate Dei*, XIV, 26, ŒUVRES, *op.cit.*, t.35, p.456); 身体は〈悪しき邪欲〉も知らなかった（*De peccatorum meritis et remissione*, II, 22, N.36)。Cf. P. Sellier, *op.cit.*,

p.243.

14） *Écrits sur la grâce*, OCG, t.II, p.288;『全集 II』p.517;『(メナール版）全集 II』p.202。

15） *Écrits sur la grâce*, OCG, t.II, pp.287-88;『全集 II』pp.516-17;『(メナール版）全集 II』pp.201-02。

16） Augustinus, *De correptione et gratia*, XI, 29; *ŒUVRES, op.cit.*, p.332 sq.;『著作集 10』p.136。

17） Augustinus, *op. cit.*, XI, 31, p.338;『著作集 10』p.139. ここに言う「恩寵」とはパスカルの所謂「十分なる恩寵」である。

18） Augustinus, *op. cit.*, XI, 32, p.340;『著作集 10』p.140。

19） Augustinus, *De civitate Dei*, XIV, 13, n.2; *ŒUVRES*, t.35, p.414;『著作集 13』p.248; Cf. P. Sellier, *op.cit.*, p.249.

20） Cf. P. Sellier, *op.cit.*, p.243.

21） Cf. P. Sellier, *op.cit.*, p.244

22） Pascal, *Lettre*（au sujet de la mort de M. Pascal), OCG, t.II, p.21;『全集 I』p.282.

23） Pascal, *Écrits sur la grâce*, OCG, t.II, p.288;『全集 II』p.517;『(メナール版）全集 II』p.203。

24） Thomas Aquinas, *Summa Theologiae*, I, q.95, a.1, BAC, t.1, p.679;『神学大全 7』pp.109-10; Cf. Garrigou-Lagrange, *La Synthèse Thomiste*, DDB, 1946, p.307.

25） *Cit. in* Claude Tresmontant, *Introduction à la théologie Christienne*, Seuil, 1974, pp.620-621; Cf. Denzinger-Schönmetzer, *ENCHIRIDION SYMBOLORUM DEFINITIONUM ET DECLARATIONUM*, Herder, 1965, pp.366-367.

26） Cf. C. Tresmontant, *op.cit.*, p.574.

27） しかし，ヘブライ語版「創世記」に登場する「アダム」は普通名詞である。複数では使用されぬ集合名詞的用例で ,「人々」あるいは「人間全体」を意味する。したがって，ヘブライ語のテクストに言う「アダムの罪」とは「アダム」なる一個人の「罪」の謂ではない ; Cf. C. Tresmontant, *op.cit.*, pp.567, 624.

28） Augustinus, *De correptione et gratia*, VI, 9, *ŒUVRES, op.cit.*, p.284;『著作集 10』p.198; Cf. *Contra Secundam Juliani responsionem, Imperfectum opus*, 19[1], *ŒUVRES COMPLÈTES DE SAINT AUGUSTIN*, Vivès, t.32, 1873, p.114; *Contra duas epistolas pelagiorum*, IV, 10, 28: *ŒUVRES COMPLÈTES, op.cit.*, t.31, p.402;『著作集 30』p.379; Cf. P. Sellier, *op.cit.*, p.253, n.31.

29） Augustinus, *Contra Secundam Juliani responsionem, Imperfectum opus*, II, 197, *ŒUVRES COMPLÈTES, op.cit.*, t.32, p.116.

30） Augustinus, *De civitate Dei*, XXII, 22, 1, *ŒUVRES*, DDB, t.37, 1960, pp.642-44;『著作集 15』p.341; Cf. P. Sellier, *Pascal et Saint Augustin*, p.234.

31） Augustinus, *Ibid.*

32） Augustinus, *Ibid.*

33） Augustinus, *Confessiones*, I, VII, 11, *Œuvres*, t.13, 1998, p.290;『著作集 5/1』pp.45-46。

34） Augustinus, *De Peccatorum meritis et remissione et de baptism parvulorum ad Marcellinum*, I, XXXVII, 68, *Augustini Opera Omnia*, Patrologiae Latinae, t.44, 1993, p.150;『著作集 29』1999 年，p.85; Cf. P.Sellier, *Pascal et saint Augustin*, *op. cit*., p.235.

35） Cf. P. Sellier, pp.252-53.

36） Cf. P. Sellier, *Ibid.*

37） Augustinus, *Contra duas epistolas pelagiorum*, III, 12, 24, *ŒUVRES COMPLÈTES*, *op. cit*., t.31, p.227:『著作集 30』p.144; Cf. P. Sellier, *op.cit*., p.253, n.33.

38） Thomas Aquinas, *Summa Theologiae*, I^{a} II^{ae}, q.LXXXI, a.3, BAC, t.II, p.533;『神学大全 12』*op.cit*., p.243.

39） *Cit. in* Claude Tresmontant, *op.cit*., pp.621-22; Cf. Denzinger-Schönmetzer, *op.cit*., p.367.

40） *Cit.* in *op.cit*., p.625; Cf. Denzinger-Schönmetzer, *op.cit*., p.367.

41） *Écrits sur la grâce*, OCG, t.II, pp.288-89;『全集 II』p.517;『（メナール版）全集 II』p.203。

42） *Comparaison des chrétiens des premiers temps avec ceux d'aujourd'hui*, OCG, t.II, p.105;『全集 I』p.96。

43） Pascal, *Lettre, op. cit*., OCG, t.II, p.19;『全集 I』*op. cit*, p.280.

44） Cf. P. Sellier, *Pascal et saint Augustin*, p.243.

45） Sören Kierkegaard, *Der Begriff Angst*, GTB 608, 1995, S.23;『著作集 10』p.39。

46） Sören Kierkegaard, *Der Begriff Angst*, GTB 608, 1995, S.26;『著作集 10』pp.43-44。

47） Sören Kierkegaard, *Der Begriff Angst*, GTB 608, 1995, S.27;『著作集 10』p.45。

48） Augustinus, *De natura boni*, I, 1, *Œuvres*, t.1, DDB, 1949, p.440. また『真の宗教』の中でアウグスティヌスは言う，〈〔万物を〕創造せしは抑《そも》何者か。最高度に存在する者（*Qui summe est*）なり。［…］不変の三位一体なる神なり。［…］被造物自体は［…］存在する限り善なり。最高善は最高の存在なればなり（*quia summum bonum est summe esse*）〉。*De vera religion*, XVIII・35, DDB, t.8, p.70;『著作集 2』p.319。

49） Sören Kierkegaard, *Der Begriff Angst*, GTB 608, S.26;『著作集 10』pp.43-44.

50） Cf. Augustinus, *Contra duas epistolas pelagiorum*, V, 4, 17, *ŒUVRES COMPLÈTES, op. cit*., t.31, p.340;『著作集 30』p.294; Cf. P. Sellier, *op.cit*., p.253, n.35.

51） Cf. Augustinus, *Retractiones*, I, 15, n.2: *ŒUVRES*, t.12, p.364; P. Sellier, *op.cit*., p.253, n.36.

52） Cf. Jan Miel, *Pascal and Theology*, Johns Hopkins Press, 1969, p.74（『パスカルと神学』晃洋書房 , 1999 年，p.87）; Cf. Pascal, *Écrits sur la grâce*, OCG , t.II, p.293;『全集 II』p.523。

53） 誤説（*errores* ）とされたジャンセニウスの第 5 命題とは「キリストは万人のために死せり，あるいは血を流せりと云うは半ペラギウス主義なり」である。Cf. Denzinger-Schönmetzer, *Enchiridion Symbolorum*, p.446, n.2005 (1096); デンツィンガー・シェーンメッツァー『カトリック教会文書資料集』エンデルレ書店，1976 年，p.336。

54） *Écrits sur la grâce*, OCG, t.II, pp.261-62;『全集 II』人文書院，pp.509-11;『（メナール

版）全集 II』pp.198-99; Cf. P. Sellier, *Pascal et saint Augustin*, pp.257-58 & pp.290-91.

55） 断章 B.514 に〈有効な恩寵〉への言及がある。が，これは 1653 年 6 月 6 日付の手紙の下書きの裏面に記された断章である。Cf. OCG, t.II, p.1566, n.4 pour fr.753。また断章 B.925 は〈十分な恩寵〉に言及する。が，この断章は「プロヴァンシヤル」のためのメモか下書きであると思われる。

56） 〔 〕内は引用者による補足である。

第７章 「隠れたる神」と人間の認識

1） Cf. Phillippe Sellier, *Pascal et liturgie*, PUF, 1966, p.103.

2） Nikolai de Cusa, *Dialogus de deo abscondito*; Nikolai de Cusa, *Opera Omnia*, Felix Meiner, t. IV, 1959, pp.1, 6-7, 10; ニコラウス・クザーヌス『隠れたる神』創文社，1972 年，pp.3, 9, 16; Cf. P. Sellier, *op.cit*.

3） 十字架のヨハネ『カルメル山登攀 II』16・7，ドン・ボスコ社，1969 年，p.167; Cf. Jean de la Croix, *Œuvres Complètes*, Cerf, 1993, p.695.

4） Cf. 十字架のヨハネ『カルメル山登攀 II』5･3, p.103; Cf. Jean de la Croix, *op. cit*, p.645.

5） Cf. 十字架のヨハネ『カルメル山登攀 I』5・1-2, pp.44-45; Cf. Jean de la Croix, *op. cit*, pp.595-96; Cf. 鶴岡賀雄「神秘家と詩人」,『宗教研究』日本宗教学会，第 244 号，p.2。

6） 十字架のヨハネ『霊の賛歌』「第一の歌」2-3, ドン・ボスコ社，1968 年，pp.43-44; Cf. Jean de la Croix, *op. cit*., p.1218.

7） Cf. 十字架のヨハネ『霊の賛歌』「第一の歌 4」p.45; Cf. Jean de la Croix, *op. cit*, p.1219.

8） Henri Gouhier, *Blaise Pascal, Commentaire*, Vrin, 1966, p.199.

9） Cf. 十字架のヨハネ『霊の賛歌』「注解 1」p.41; Cf. Jean de la Croix, *op. cit*, pp.1217-18.

10） Cf. 前掲書，p.47; Cf. Jean de la Croix, *Œuvres Complètes, op.cit*., p.361.

11） Augustinus, *Confessiones*, X, 27, Œuvres de saint Augustin, EA, 1996, t.14, p.208.

12） 十字架のヨハネ『霊の賛歌』「第一の歌 4」p.47; Cf. Jean de la Croix, *op. cit*, p. 1220.

13） H. Gouhier, *op. cit*., p.199.

14） *Ibid.*

15） 十字架のヨハネ『霊の賛歌』「第 22 の歌 , 解説 3」p.225; Cf. Jean de la Croix, *op. cit*, p. 1334; 鶴岡 , *op.cit.* , p.3.

16） 十字架のヨハネ『霊の賛歌』「第 22 の歌 , 解説 4」p.227; Cf. Jean de la Croix, *op. cit*, p.1336.

17） 十字架のヨハネ『霊の賛歌』「第 30 の歌 11 次の歌についての註 1 」p.301; Cf. Jean de la Croix, *op. cit*, p.1385.

18） *Ibid.*

19） H. Gouhier, *op.cit*., p.199.

20） Cf. B.194; B.242; B.518; B.585.

21） Cf. F.T.H.Fletcher, *Pascal and the Mystical Tradition*, Oxford, 1954, *cit. in* P. Sellier,

op.cit., p.103, n.3.

22） Cf. M. L. Guern, *L'image dans l'œuvre de Pascal,* A. Colin, 1969, p.164.

23） Cf. M. L. Guern, *Ibid.* また同著者によれば，「隠れたる神」の問題を論じる際に用いられる「暗さ」なる語が神秘主義に通じるものを感じさせるのはパスカルの全著作を通じてただ一箇所に過ぎず（すなわち B.582 の後半），しかも当該箇所自体 ,「欠陥あり」との理由で , 書かれた直後に著者自身の手で削除されているという。

24） Cf. H. Gouhier, *op.cit.*, p.199; B. Sève, *La question philosophique de l'existence de Dieu*, 2010, PUF, p.99.

25） パスカルが〈自然〉の内なる〈自然的根拠（raisons naturelles）〉［B.556］による「神の存在証明」を否定する理由のひとつがこれである。

26） Cf. Augustinus, *Confessiones*, XII, VII, 7, *Œuvres de Saint Augustin*, t.14, pp.352-54;『著作集 5/II』pp.277-78。

27） デカルト曰く，〈［…］私は神と無の間《あい》の子のようなものだ。つまり至高存在と非存在との中間に置かれているようなものだ。が，私を創ったのが至高存在である限り，私を誤らせるようなものは実のところ私の裡には何ひとつないのである。とはいえ，己れを言わば無もしくは非存在に列《つら》なる者と考えれば，つまり自らが至高存在ではない限りにおいては，私は無数の過ちを犯す危険に晒されているのであり，したがって過ちを犯したところで , 驚く謂れはないのである〉。—Descartes, *MEDITATIONS*, IV *Œuvres*, t.IX-1, 1973, p.43;『著作集 2』p.74。

28） Pascal, *Lettres à Mlle de Roannez*, 4; OCG, t.II, p.31;『全集 I』p.356。

29） アントワーヌ・アルノーもまた言う，〈［…］一方では，可視的被造物の美は，同被造物の創造者の不可視的威光をすべての人間に表象しかつすべての人間を促して同創造者を崇拝させ同創造者に仕えさせる明澄なる鏡である。が，〔他方では〕罪が全人類を暗黒と蒙昧とで充たし，ために自然本性は腐敗し，以来［…］神を崇拝し得るほどの者はもはや絶無である。上記の両事象は見事に一致する〉。 Antoine Arnauld, *Apologie pour les saints Pères*, (2^{e}éd. 1651), IV, v, p.205, *cit.in*, OCG, t.II, p.1314(n.3, pour fr.2).

30） Pascal, *Lettres à Mlle de Roannez,* 4; OCG, t.II, p.31;『全集 I』p.356。

31） *Ibid.*

32） *Ibid.*

33） *Ibid.*

34） Cf. B.547; B.617; B.616; B.697; B.705; B.706; B.707; B.714; B.734; B.737; B.738; B.770; B.826, etc.

35） Cf. B.616; B.811; B.826; B.829; B.839; B.851, etc.

36） Cf. B.289; B.675; B.822, etc.

37） Cf. Augustinus, *De civitate Dei*, X, 32, 2:〈［…］全国民の集合体たるべき神の国を預言し予告するべく，［…］彼等（＝天使等と預言者等）は時に明瞭なる言語（*eloquia manifesta*）にて予告せしが，大概神秘的なる（*mystica*）言語にて予告せり〉［*Œuvres de Saint Augustin*, t.34, pp.552-54;『著作集 12』p.381］; Cf. OCG, t.II, p.1482, n.2 pour fr.

456.

38） Augustinus, *Enarrationes in Psalmos*, 65, 10, *Corpus Christianorum*, Series Latina（以後 , CCSL と略記）, XXXIX, Brepols, 1990, p.847; Cf. P. Sellier, *Pascal et saint Augustin*, op.cit., p.519, n.1;〔 〕内は引用者による補足。

39） 他方，アウグスティヌスによれば，神は〈隠れたる処に内奥の家を持てる〉が，地上にも〈幕屋〉すなわち〈教会〉を持つ。〈教会は今なお旅の途上にあるも，[…]〔神の〕家に至る道は幕屋の内に見出される〉。否 ,「教会」の〈信者〉からしてすでに〈地上における神の幕屋（*tabernaculum enim Dei in terra*)〉である。「信者」には「神の似姿」の一端が〈看取〉されるからである。Cf. *Enarrationes in Psalmos* 41, 9, CCSL, XXXVIII, p.466;『著作集 18/II』p.323。

40） Pascal, *Lettres à Mlle de Roannez*, 4, OCG, t.II, p.30;『全集 I』p.356.

41） Cf. Pascal, *Lettres à Mlle de Roannez*, 4, OCG, t.II, p.31;『全集 I』p.356.

42） Les Provinciales, XVI, OCG, t.I, 1998, p.771;『全集 II』p.343.

43） *Ibid.*

44） P. Sellier, *Pascal et la liturgie*, pp.509-10.

45） Pascal, *Lettres à Mlle de Roannez*, 4, OCG, t.II, p.31;『全集 I』p.356.

46） *Ibid.*

47）〈かくて，神の何たるかを知らずとも , 神が存在するのを深く認識するのは可能である〉[B.233]。

48） 原文は〈Dieu a voulu [...] ouvrir le salut à ceux qui le chercheraient〉であり，〈探す（chercher)〉という動詞の時制は間接話法における条件法現在である。

49） 原文は〈[...] qu'il ne pût être reconnu de ceux qui le chercheraient sincèrement〉。〈探す（chercher)〉という動詞の時制は間接話法における条件法現在である。

50） 引用文中，〈かくも多くの〉以下をパスカルはラテン語で記している。

51） Cf. M. L. Guern, *L'image dans l'œuvre de Pascal*, p.165.

52） *Ibid.* しかし，ジャンセニウスによれば，人間を「盲《めしい》」にする「暗闇」は神が与えたものというよりもむしろ人間の「高慢」の然らしめるところである。言わば「高慢」という「腫れ物」が「目を潰した」のである。ジャンセニウスは言う，〈かくて高慢さが人間の意志を腐敗させたがために，人間の目は〔高慢さという〕腫れ物によりて潰れ，曇れる（s'obscurcir）が如くになれり。同時に暗闇（les ténèbres）が生じたり。人間は盲目（aveugle）となれり［…]〉(Jansenius, *Discours de la reformation de l'homme intérieur*, *cit.* in M. L. Guern, *op.cit.*, p.77).

53） かかるパスカルの言説は，発表当時 , ジャンセニウスの救霊予定説に彷彿たるものと受け取られて顰蹙を買った。Cf. G. Truc, *Pascal*, A.Michel, 1949, p.236.

54） Cf. H. Gouhier, *op.cit.*, p.195.

55） Pascal, *Écrits sur la grâce*, OCG, t.II, p.261;『全集 II』p.510;『(メナール版）全集 II』p.198。

56） Augustinus, *In Johannis Evangelium Tractatus CXXIV*, 53, 6; Patrologiae Latinae,

Brepols, t.35, 1993, pp.1776-1777;『著作集 24』教文館，1993 年，p.396; Cf. P. Sellier, *Pascal et saint Augustin, op.cit.*, p.519, n.1; 傍点，引用者。

57）*Œuvres de Blaise Pascal* , GE, t.XIV, p.27, n.2.

58）傍点，引用者。同断章はモンテーニュが『エセー』（*Essais*, II, XII）に引用したアウグスティヌスの『神の国』（11 巻 22 章）の一節に想を得て書かれたものとされる。『エセー』の当該箇所を引く。〈〔事象の〕有用性のかく詳らかならざるは，あるいは〔我等の〕謙虚さを涵養し，あるいは〔我等の〕高慢さを打ち砕くものなり〉―*Les Essais de Montaigne,* t.1, pp.553-54;『モンテーニュ（上）』p.400。

59）この一文は「ロマ書」の一句（8・28):〈神を愛する者すなわち御計画によりて召されたる者には万事が相働きて益となるを我等は知る〉（Cf. OCG, t.II, p.1494, n.2 pour fragment 486）に酷似するが，「神を愛する者」のために「万事が相働きて益となる」のは，パウロによれば，この者が「御計画によりて召されたる者」だからである。すなわち神は「予め知り給う者」を「御子《おんこ》に似たものたらしめん」と「予め定めた」のである。神は同目的達成のためにこの者を「召し出し」，「召し出したる者」を「義」とし，「義としたる者」に「栄光」を与えるのである。「万事が相働きて益となる」とはすなわち成聖へのかかる段階的なる過程を指すが，上記の主張が救霊予定説的見地に立つのは間違いない。一方 ,〈神的明瞭さ（clartés divines)〉の故に「聖書」の〈曖昧さ（暗さ)〉を〈尊ぶ〉のが〈選ばれし者〉の「益」であるというのがパスカルの当該断章の意味するところである。他意はない。

60）パスカルは告白する，〈[…] 私は生涯毎日我が「贖い主」を讃える［…］弱さ , 悲惨さ , 邪欲 , 高慢さ , 野心に満ちた人間を , 恩寵の力によって，かかる一切の悪を免れた人間に創り替えられた「贖い主」を［…]〉［B.550］（傍点，引用者)。

61）Cf. *De la véritable religion*, XVII (A. Arnauld, *Œuvres*, t. IX, p.693), *cit. in* OCG, t.II, p.1374, n.1, pour Fr.159, page 597; またパスカルの前掲断章の一句〈専ら「見る」を欲する者には十分なる光あり，反対の意向を持てる者には十分なる闇あり〉［B.430］はこのアウグスティヌス説の投影であるという。Cf. OCG, t.II, *Ibid.*

62）Augustinus, *De vera religione*, XVII, 33, *Œuvres de Saint Augustin*, t.8, DDB, 1982, p.66;『著作集 2』教文館，1979 年，p.317。

63）アウグスティヌスは言う，〈人間は意志の自由裁量によりて（*libero voluntatis arbitrio*）悪を為す〉と。Augustinus, *De libero arbitrio*, 1, 16, *Œuvres de Saint Augustin*, p.262;『著作集 3』p.68。

64）アウグスティヌスもまた前掲書（アルノー訳）で言う，〈聖書中に諸々の標《しるし》と諸々の象徴なくんば，またかかる象徴の中《うち》に真理の指標と刻印なくんば，そこから認識を得て，それを己《おの》が行動の規矩と為す能わじ〉と。Cf. *De la véritable religion*, XVII: A. Arnauld, *Œuvres*, t.IX, p.693, *cit. in* OCG, t.II, p.1375, n.1, pour Fr.143.

65）*Les Bible, Nouveau Testament*, Pléiade, Gallimard, 1971, p.23.

66）*Op.cit.*, p.16.

67）Augustinus , *De dono persevantiae*, 7, n.13, *Œuvres de saint Augustin*, t.24, DDB, 1962,

p.626;『著作集 10』p.265。

68) Cf. P. Sellier, *Pascal et saint Augustin, op. cit.*, p.350, n.56.

69) Cf. P. Sellier, *Pascal et saint Augustin, op. cit.*, p.350.

70) Augustinus, *De diversis Questionibus ad Simplicianum*, I, qu.2, n.12; *Œuvres de saint Augustin*, t.10, DDB, 1952, p.470;『著作集 4』p.163; Cf. P. Sellier, *Pascal et saint Augustin, op. cit.*, p.350.

71) Cf. Augustinus, *Enchiridion*, IX, 32, *Œuvres de saint Augustin*, t.9, DDB. 1947, p.162;『著作集 4』p.232; Cf. Sellier, *Pascal et saint Augustin, op. cit.*, p.350, n.60; Cf. Pascal, *Écrits sur la grâce*, OCG, t.II, pp.276-77 et pp.293-94;『全集 II』p.87 & p.97.

72) Pascal, *Écrits sur la grâce*, OCG, t.II, p.283;『全集 II』p.96.

73) Cf. Pascal, *Écrits sur la grâce*, OCG, t.II, p.277;『全集 II』p.87.

74) Pascal, *Écrits sur la grâce*, OCG, t.II, pp.282-83;『全集 II』p.96。Cf. Augustinus, *Enarrationes in Psalm*, CXVIII, S.XIV, 2, CCSL, XL, p.1709; Cf. P. Sellier, *Pascal et saint Augustin*, p.352, n.70.

75) Pascal, *Écrits sur la grâce*, OCG, t.II, p.279.;『全集 II』p.90。

76) Pascal, *Écrits sur la grâce*, OCG, t.II, p.265;『全集 II』p.112。

77) 同断章は 1653 年 6 月 6 日付の書翰の下書きの裏に記されていたものという。Cf. OCG, t.II, p.1588, n.4 pour fragment 753.

78) ブランシュヴィクは〈prééminence〉を採用している。*Œuvres de Blaise Pascal*, GE, t.XIII, p.409.

79) Augustinus, *Epistolae*, 194, IV-16; Patrologiae, Latinae, t.33, Brepols, 1983, p.879; Cf. P. Sellier, *Pascal et saint Augustin*, p.352, n.69: パスカルはこれを『恩寵文書』でも二箇所に分けて訳出している。だたし訳文には僅かな字句の異同がある。Cf. Pascal, *Ecrits sur la grâce*, OCG, t.II, p.267 et p.283;『全集 II』pp.96, 114。

80) また『恩寵文書』に言う，縦《よ》しんば「救霊予定説」を奉じて〈選ばれし者と排斥されし者の区別を神の窺い知れぬ秘事として片付ける〉としても〈地上に生きる人間の何人《なんびと》に関しても，当人が悪人であれ不信仰者であれ，寸時なりとも生ある限りは，救霊予定者中に含まれぬとの判断を余儀なくされるものにはあらず。〔却って〕救済のための自助を強いるものなり〉と。—*Écrits sur la grâce*, OCG, t.II, p.262;『全集 II』p.511。

81) ゆえに，使徒パウロは，アウグスティヌスによれば，一方では〈汝等の衷《うち》に働き，御意《みこころ》のままに欲せしめ，行なわしめ給うは神なり〉（ピリピ，2・13）と言い，他方では〈善を欲すること我にあり〉（ロマ，7・18）と断ずるのである。

82) アウグスティヌスは原罪以後の人間における意志（「欲する」）と行為（「行なう」）についても詳説するが，「義人」の「善の堅忍」に関しては以下のように言う，〈義人が堅忍するは専ら堅忍可能にしてかつこれを欲する場合に限られるなり。堅忍の可能性と意志は神の恩寵の賜物なり。義人の意志は聖霊によりて火を点ぜられたるものなれば，かく欲するがゆえにかく為し得るなり（*ideo possint, quia sic volunt*）〉と—Augustinus, *De correptione et gratia*, 12, n. 38, t.24, DDB, p.356;『著作集 10』p.148。如上の説は「採

求」「意志」「行為」の関連性を説明する際にも有効である。「神の召命（呼びかけ）」に応じた結果，「探す」を「欲する」のであれば，探求者の「意志」はすでに「火を点ぜられたるもの」である。ならば探求者は「探す」を「欲する」がゆえに「為し得る」のである。

83） Pascal, *Lettres à Mlle de Roannez, op.cit.*; OCG, t.II, p.31;『全集 I』p.356。

84） *Ibid.*

85） J.-P. Sartre, *Un nouveau mystique, Situation, I*, Gallimard, 1947, p.142;『シチュアシオン I』『サルトル全集 XI』人文書院，1968 年，p.124。